Tatjana Kuschtewskaja

Aus der Küche der russischen Zaren

Kulinarisches aus der Hofküche von Peter I. bis Nikolaus II. mit einem Exkurs in die Kremlküche

Aus dem Russischen von

Steffi Lunau

Die Bilder zum Buch gezeichnet hat

Jana Kuschtewskaja

Den Titel gemalt hat

Ruslan Naida

Berlin 2020

Tatjana Kuschtewskaja, geboren 1947 in der Turkmenischen SSR in der Wüstenoase Dargan-Ata; verbrachte ihre Jugend in der Ukraine; Studium der Musikpädagogik an der Musikhochschule von Artjomowsk (Diplom); arbeitete acht Jahre lang als Musikpädagogin in Jakutien; 1976 bis 1981 Studium an der Fakultät für Drehbuchautoren der Filmhochschule Moskau (Diplom), wo sie 1983 bis 1991 einen Meisterkurs für Drehbuchautoren leitete und als freie Journalistin tätig war; verfasste zahlreiche Drehbücher und Reportagen; unternahm Reisen durch alle Regionen der ehemaligen UdSSR; lebt seit 1991 in Deutschland.

Veröffentlichungen in deutscher Sprache: „Ich lebte tausend Leben", Velbert, 1997; „Russische Szenen", Berlin, 1999; „Mein geheimes Rußland", Düsseldorf, 2000; „Transsibirische Eisenbahn", Berlin, 2002; „Die Poesie der russischen Küche", Düsseldorf, 2003; „Meine sibirische Flickendecke", Düsseldorf, 2005; „Hier liegt Freund Puschkin. Spaziergänge auf russischen Friedhöfen", Düsseldorf, 2006; „Sibirienreise – Die Lena", Berlin, 2007; „Küssen auf Russisch", Düsseldorf, 2007; „Der Baikal", Berlin, 2009; „Tolstoi auf'm Klo", Berlin, 2010; „Liebe – Macht – Passion. Berühmte russische Frauen", Düsseldorf, 2010; „Die Wolga", Berlin, 2011; „Russinnen ohne Russland", Düsseldorf, 2012; „Florus und Laurus. Meine russischen Tiergeschichten", Berlin, 2013; „Der Jenissei", Berlin, 2014; „Zu Tisch bei Genies", Düsseldorf, 2014; „Am Anfang war die Frau", Düsseldorf, 2016; „Die Küche Sibiriens", Berlin, 2016, „Kamtschatka – Unterwegs in Russlands Fernem Osten", Berlin, 2017, „Aus der Apotheke meine Babuschka", Berlin, 2017, „Geheimnisse schöner Frauen", Düsseldorf, 2018, „Der Ural. Reisen entlang der Grenze von Europa und Asien", Berlin 2018.

Redaktionelle Bearbeitung: Peter Franke, Britta Wollenweber
Übersetzung: Steffi Lunau

Umschlag: Ruslan Naida
Zeichnungen: Jana Kuschtewskaja
Layout: Peter Franke, Wostok Verlag
Druck: Bookpress, Olsztyn

Wostok Verlag, Am Comeniusplatz 5, 10243 Berlin
Im Internet: www.wostok.de

ISBN: 978-3-932916-63-2

Inhalt

Köstliche Adelsküche

Iwan IV. Grosny

(1530 bis 1584)

Köstliche Adelsküche

Wenn ich durch die Zeit reisen könnte und mir das Ziel selbst auswählen dürfte, so würde ich das Russland zu Beginn des 19. Jahrhunderts besuchen. Das war die Zeit von Zar Alexander I., dem Enkel von Katharina der Großen. Er herrschte von 1801 bis 1825 und erlangte 1812 den Sieg über Napoleon. Ich würde gern wissen, wie es damals wirklich war und ob das, was ich aus Büchern weiß, richtig ist. In den Büchern heißt es, die Zarenküche der damaligen Zeit sei ein kulinarisches Paradies gewesen. Die Köche seien damals so beliebt gewesen wie heute Fußballstars. Ich würde gern einmal jenen Mann kennenlernen, von dem gesagt wird, er sei der beste Koch aller Zeiten: Marie-Antoine Carême (1784 bis 1833), König der Köche und Koch der Könige! Und natürlich würde ich gerne seine legendären Gerichte probieren.
Marie-Antoine Carême war der Chefkoch Alexanders I. Zuvor war er Chefkonditor und Chefkoch bei einer Reihe bekannter Persönlichkeiten, beim französischen Staatsmann und Diplomaten Talleyrand und beim englischen König Georg IV. Später kochte er für Kaiser Franz I. von Österreich und Baron Rothschild. Der russische Zar sagte über Carême: „Er hat uns das Essen gelehrt!" Und es war Carême, der Europa mit russischen Gerichten wie Borschtsch und Kulebjak (gefüllte Hefeteigpastete) bekannt machte. Während seiner Zeit in Russland erwachte bei Carême neben seinem kulinarischen Talent das architektonische. Er widmete Alexander I. sein Buch „Architekturprojekte", eine Sammlung von Entwürfen zukünftiger Gebäude in Sankt-Petersburg. Der Zar nahm das Geschenk entgegen und versuchte, Carême für immer zum Bleiben zu bewegen. Doch dieser kehrte nach Frankreich zurück.
Es waren vor allem zwei Gründe: Erstens störte Carême das raue russische Klima und zweitens die Korruption. Er klagte, die Stelle des Chefkochs am Zarenhof sei „schändlich erniedrigend durch die permanente Aufsicht, zu der ich aufgrund des allgemeinen Missbrauchs genötigt bin".

Carême war ein Mann mit außergewöhnlichen kulinarischen Fähigkeiten. An der Tafel des Zaren trafen schöpferische Meisterschaft und erlesene Kunst

Speisenfolge

Brühe aus Haselhühnern mit Parmesan und Maronen zum Schlürfen
Große Rinderfilets nach Art des Sultans
Rinderaugen in der Sauce „Am Morgen sind sie erwacht"
Ochsenmaul in Asche gebacken, garniert mit Trüffeln
Ochsenschwänze nach Tatarenart
Gekrümelte Kalbsohren
Hundertblättriges Hammelbein
Tauben nach Stanislawski-Art
Gans in Schuhen
Kehlchen auf Nojalew-Art und Bekassinen mit Austern
Gateau aus grünen Weintrauben
Reiche Creme, Jungfrauencreme

zusammen. Sein Vorbild war François Vatel (1631 bis 1671), eigentlich Fritz-Karl Watel, der legendäre Koch und Maître d'Hotel von Louis II. de Bourbon, Fürst von Condé auf Schloss Chantilly. Vor über 300 Jahren stellte Vatel bei den Vorbereitungen für ein Festessen am Hofe von König Ludwig XIV. fest, dass nicht ausreichend Fisch vorrätig wäre, daraufhin stürzte er sich in seinen Degen. Der Fisch reichte durchaus, doch Vatel erfuhr es nicht mehr ...
Erstaunlich, wie Philosophie und Religion, der nationale Charakter und das individuelle Temperament, die Sitten und Manieren ihren Ausdruck in den Speisen finden, die auf unseren Tisch kommen. Die Festmahle der russischen Zaren und Fürsten illustrierten die Fähigkeiten der Menschen, ihre Kreativi-

tät, ihre Ansprüche, ihren Geschmack, ihre Fantasie und auch den Reichtum der jeweiligen Epoche.

Jahrelang war ich auf der Suche nach Menschen, die mir mehr davon berichten konnten. Ich stöberte in historischen Abhandlungen nach Schilderungen von Festmenüs und nach hochherrschaftlichen Rezepten. Und wenn ich mich in die Memoirenliteratur des 19. Jahrhunderts vertiefte, interessierten mich die kulinarischen Details mehr als alles andere. Das war spannend, denn nirgendwo sonst durchdrangen sich Geschichte, Architektur, Kochkunst, Tischsitten und die Besonderheiten festlicher Essenszeremonien!

Ich beschloss, meine Leser auf Spaziergänge durch das Sankt-Petersburg der Zaren und durch das imperiale Moskau einzuladen. Es sollte mehr als eine Besichtigungstour sein; meine Leser sollten die Städte spüren und schmecken. Ich wollte die Aromen der Epochen einfangen und sie, wenn möglich, mit Hilfe der ursprünglichen Rezepte der klassischen russischen Küche zurückholen. Ich benötigte dafür zunächst die Speisekarten der Festessen der Zaren.

Die Suche nach den Menüfolgen war eine aufregende und unterhaltsame Beschäftigung. Hier ist zum Beispiel die Beschreibung eines Festmahls, das Fürst Grigori Potjomkin (1739 bis 1791) zu Ehren Katharinas der Großen ausrichtete:

Das erste, worüber ich staunte, war das Gericht „Gans in Schuhen". Was sollte das für eine Gans sein? Ich stöberte in vielen Büchern, bis ich auf eine Erklärung für die „Schuhe" stieß: Die Provinz Pskow war berühmt für ihre Gänse. Einst hat man sie von hier zum Zarenhof nach Sankt-Petersburg geliefert. Dort wurde allerdings nur frisches Fleisch verarbeitet. Deshalb mussten die Gänse den 300 Werst (320 Kilometer) weiten Weg im „Gänsemarsch" zurücklegen. Damit sie die Strecke bewältigen konnten, überzog man ihre Füße mit Harz, das mit Sand vermischt war ...

Mein Interesse an ungewöhnlichen Gerichten und an ihrer Zubereitung wurde bereits in meiner Jugend geweckt. Auf dem Dachboden unseres Hauses

fand ich unter alten zerlesenen Büchern ein Buch mit dem Titel „Geschenk für junge Hausfrauen oder eine Anleitung zur Verringerung der Ausgaben im Haushalt" von Jelena Molochowets. Nein, das Buch ist kein geeignetes Geschenk für junge Ehefrauen, dachte ich, als ich darin blätterte, sie vergessen dann völlig, dass sie für ihre Familie kochen müssen, drehen stattdessen verträumt die Augen in den Himmel und lauschen der Musik der kulinarischen Genüsse, die sich schon allein in den Namen der in Vergessenheit geratenen Speisen verbergen: romantische „Blanc manger" und „Rebhühner à la Maréchale", geheimnisvolle „Erdbirnen mit Zabaione". Ich konnte mich viele Jahre lang nicht von diesem Buch losreißen und versuchte, herauszufinden, wer wohl dieses kulinarische Genie Jelena Molochowets war.

Ihr „Geschenk" erschien erstmals 1861, es wurde, wie es heißt, 28mal neu aufgelegt und erreichte eine Gesamtauflage von annähernd 300 000 Exemplaren. Das Buch ist wirklich erstaunlich. Wie die Autorin schrieb: „Das Kochen – ist auch eine Art Kunst." Sie selbst war Waise und wurde im Smolny-Institut für adlige Fräulein erzogen. Dieses galt als erste Bildungsanstalt für Frauen in Russland und hatte das Ziel, junge Frauen auf das Leben als Hofdamen vorzubereiten. Sie war verheiratet mit dem Architekten Franz Molochowets. Die Zielsetzung ihres „Geschenks" war gut überlegt. Molochowets hatte das Buch ausschließlich für junge Hausfrauen geschrieben, um ihnen Beispiele an die Hand zu geben, wie man ohne Erfahrung und in kurzer Zeit ein Verständnis für das Hauswirtschaften bekommt, und um die jungen Frauen dazu zu bringen, sich ernsthaft mit der Wirtschaft und dem Kochen selbst zu befassen. Umfasste die erste Auflage 1 500 Rezepte, zudem detaillierte Tabellen der Maße und Gewichte, Angaben zu den Preisen auf den Märkten, Tipps zur Auswahl der Zutaten, allgemeine Haushaltstipps sowie ein Register der Mittagsmahlzeiten für ein ganzes Jahr, so wies die letzte 1917 noch zu ihren Lebzeiten herausgegebene Ausgabe fast 4 000 Rezepte auf. Die Autorin des „Geschenks für die junge Hausfrau ..." starb im Jahre 1918. Ungewöhnlich für

Auftrag an die Hofküche

Brotkwas in polierten Silberkannen
einige Schwäne im Safransud
Haselhuhn unter Zitronen
Innereien von der Gans
gebratene Spanferkel
gebratene Gänse
Hühner im Zitronengeschmeide
Hühner im Nudelbett
Hühner in üppiger Krautsuppe
und dazu die Anweisung, Brot und Backwaren bereit zu halten,
nämlich:
Verschiedene Grützen zur Genüge, so dass jeder drei gehäufte Kellen
nehmen kann,
zahlreich sättigendes Brot
frische Eier aus dem Hühnerstall
eine Schüssel Hammelfleisch
eine Schüssel gesäuerte Piroggen mit Käse
eine Schüssel voller Nachtigallen
eine Schüssel voller dünner Plinsen
eine Schüssel voller Piroggen mit Eiern
eine Schüssel voller Quarkkeulchen
und eine Schüssel Karauschen mit Hammelfleisch
Und außerdem:
gesalzene Pasteten
tellergroße Pasteten und
Platten mit Riesenpasteten, jede ein Pud schwer ...

die damalige Zeit war, dass alle Rezepte mit genauen Mengenangaben aufgeführt waren. Hier zum Beispiel Rezept 1004:

Chinesische Torte

Zubereitung der Tortenböden:

1 Pfund Butter weiß auslassen. 8 Eier und 8 Eigelb dazugeben, schnell in eine Richtung mit dem Spatel verrühren. Dann 1/4 Pfund geschälte und zerstoßene Süßmandeln, 1 Pfund Zucker, 12 durch ein feines Sieb gestrichene Eigelb von gekochten Eiern, die Schalen von 2 Zitronen, 1/4 Lot Zimt, 1/2 Pfund Mehl hinzugeben. Alles gut verrühren und aus dem Teig 5 Böden backen.

Zubereitung der Creme:

Die Creme: 1 1/2 Gläser Smetana, 1/4 Glas Zucker und 8 Eigelb verrühren, ein wenig Zimt und Zitronenschale einrühren. Alles in einen Topf auf dem Herd geben, mit dem Schneebesen in eine Richtung schlagen, bis es aufkocht, vom Feuer nehmen. Die Creme auf 4 Böden streichen, diese aufeinandersetzen, mit dem 5. Boden abschließen. Die Torte mit Safranglasur Nr. 957 bestreichen und mit Früchten dekorieren.

Aber neben köstlichen Rezepten kann man aus diesem Buch viel über den russischen Alltag am Ende des 19. Jahrhunderts erfahren. Denn es gibt auch handfesten Rat. Beispielsweise zum Karpfen. So heißt es im Buch: „Der Flusskarpfen ist schmackhafter als der Teichkarpfen. Die besten Karpfen gibt es im Mai, Juni, Juli und August. Wenn Sie einen Teichkarpfen haben, können Sie den Geschmack verbessern, indem Sie ihn, bevor er getötet wird, in Essigwasser ziehen lassen." Oder ein ganz anderer Rat, nun schon für die mittleren Schichten, die die Autorin auch immer im Blick hatte: „Kaufen Sie für 5 Kopeken Chlorkalk, geben Sie es in das gusseiserne Geschirr, füllen Sie Wasser auf, bringen Sie das Wasser zum Kochen, bis das Geschirr weiß wird. Abküh-

len lassen. Das Wasser in Flaschen abfüllen. Das Gusseiserne mehrmals in frischem Wasser reinigen. Das abgefüllte Wasser können sie erneut für Gusseisernes verwenden oder Wäsche damit bleichen."
Wenn ich Ihnen hier die ungewöhnlichen Rezepte der Zarenküche und die beliebtesten Gerichte des russischen Adels vorstelle, so verdanke ich das auch Jelena Molochowets, die ihr Leben der kulinarischen Kunst gewidmet hatte.
Dank dem „Geschenk für junge Hausfrauen" richtete ich mein Augenmerk auf die Festgelage der Zaren in historischen Romanen. Ich war entzückt von der Beschreibung des Festmahls am Hof Iwan Grosnys in Alexej Tolstois historischem Roman „Der silberne Fürst". Es schien mir, festlicher und genussvoller könne es nirgends auf der Welt zugehen! Doch dann stellte sich heraus, dass alles der Fantasie des Autors entsprungen war. In seinen funkelnden Bildern sahen die Gelage am Hof Iwan Grosnys viel schöner aus, als sie es in der Realität je waren. In Wirklichkeit war das Essen im alten Russland eher dürftig. Die Menge war wichtiger als die Beschaffenheit, und folglich war auch das Aussehen wichtiger als der Geschmack. Einen vielfarbigen Berg aus Wildgeflügel anrichten, auf einen Fluss aus Wein kleine Karamellschiffe zu Wasser lassen, Fische aus Fleisch formen oder in eine Pastete einige Lerchen so einbacken, dass sie beim Anschneiden fröhlich herausflatterten und nicht gestorben waren, bevor der Zar mit der Begrüßungsrede fertig war. All das gab es, ja. Doch die kulinarischen Vorzüge eines Salats aus Nachtigallenzungen oder des üblichen gebratenen Schwans, der sich im Schmuck seines Federkleides romantisch über die Tafel biegt, als sei er lebendig, sind doch äußerst zweifelhaft ...
Und hier kann ich auch aus eigener Erfahrung sprechen. Einmal hatte ich mich in Sibirien in der Taiga verirrt und erreichte ein Lagerfeuer, wo Wilderer etwas brieten. Sie boten mir an, von ihrer Mahlzeit zu kosten. Es war ein Schwan! Das Fleisch schmeckte abscheulich! Jedes einfache Huhn schmeckt hundert Mal besser.

Hier ist eine historische Aufzeichnung über das Hochzeitsmahl des Zaren Alexej Michailowitsch mit Natalja Naryschkina in der Mitte des 17. Jahrhunderts: Natürlich, all diese Schwäne, all die Berge von Hühnern und Wildvögeln, all die Riesenpasteten wurden während des Festmahls nicht aufgegessen. Wenn der Zar bemerkte, dass die Gäste überfordert waren, ließ er die Speisen in die Stadt schicken, Brot, gekochtes und gesottenes Fleisch, Wild und Fisch wurden an Bedürftige verteilt. Die Dienerschaft schüttete Körbe voller Gemüse und Früchten in die weiten Hemden und Schürzen der Zaungäste. Met und Kwas flossen in Strömen direkt aus den Fässern des Zaren.

Es brauchte einige Zeit, ehe sich die Küche der Zaren und Fürsten in ein kulinarisches Paradies verwandelte. Diese Küche war eine Verbindung aus traditioneller Kochkunst und Einfallsreichtum. Fügen Sie noch die Ästhetisierung des Essensprozesses hinzu, und Sie erhalten eine Vorstellung vom kulturellen Wandel in jener Zeit.

Jedenfalls erhält die Fantasie Nahrung, wenn man in Epochen eintaucht, in denen gleichzeitig 800 Personen an einem Mahl teilnahmen. Das ereignete sich in der Regierungszeit Alexanders II. Damals fanden Festessen im Winterpalast in Sankt-Petersburg statt. Die Gerichte faszinierten durch ihre Erlesenheit und die Tischdekoration mit ihrem überbordenden Reichtum. Hier ein Auszug aus den Erinnerungen des französischen Schriftstellers Théophile Gautier (1811 bis 1872), der an einem solchen Empfang im Winterpalast teilnahm:

„Die Imperatorin, umringt von hochrangigen Würdenträgern, saß erhöht auf einem Podium, auf dem ein hufeisenförmiger Tisch aufgestellt war. Hinter ihrem vergoldeten Sessel rankte sich als riesiges Pflanzenfeuerwerk eine weiß-rosa blühende Kamelie an der Marmorwand entlang. Zwölf hoch gewachsene Neger (man sprach damals noch nicht „politisch korrekt" – Anm. d. A.), ausgewählt unter den schönsten Vertretern der afrikanischen Rasse, gekleidet in die Uniform der Mameluken – weißer Turban und grüne

Jacke mit goldenen Aufschlägen, rote Pluderhosen, von einem Kaschmirgürtel gehalten und an den Nähten mit Litze und Stickerei verziert –, liefen der Reihe nach über die Podiumstreppe, um den Lakaien dic Teller anzureichen oder die leeren Schüsseln in Empfang zu nehmen. Die Bewegungen der Afrikaner waren selbst beim Bedienen äußerst elegant und würdevoll, wie das die Menschen aus dem Orient auszeichnet. Die Söhne des Ostens kamen ihren Aufgaben hervorragend nach, und ohne an Desdemona zu denken, geriet dank ihnen das europäische Abendessen zu einem exotischen Festmahl in bester Tradition.
Die Plätze waren nicht vorgeschrieben, und die Gäste ließen sich nach eigenem Gutdünken an den bereitgestellten Tischen nieder. Am Haupt der Tafel saßen Damen in glanzvollen Kleidern, genäht mit Silber und Gold, verziert mit Ornamenten aus Blumen und Figuren, mythologischen Szenen und Fantasiebildern. Kandelaber wechselten sich ab mit Pyramiden aus Früchten und hohen Gefäßen als Tafelaufsätze für die üppig gedeckten Tische. Von oben war die funkelnde Symmetrie der Kristallleuchter, des Porzellans, des Silbers und der Blumenarrangements besser zu überblicken als von unten. Von dort sah man auch die beiden Reihen weiblicher Brüste, die sich entlang der Tischtücher aus zarter Spitze erhoben – vor Brillanten nur so funkelnd –, dem neugierigen Auge ihre Reize nur andeutend, wenn es über die Scheitel heller und dunkler Haaren hinweg schweifte, die zwischen all den Blumen, Blättern, Federn und Edelsteinen aufschienen.
Der Zar ging von Tisch zu Tisch, wandte sich mit einigen Worten an diejenigen, die er auszeichnen wollte, setzte sich manchmal an einen Tisch und nippte an einem Glas Champagner. Diese kurzen Aufenthalte wurden als große Ehre betrachtet."
Und hier noch ein weiterer Auszug aus den Erinnerungen von Gautier: „Der Saal mit den Gold- und Silbergefäßen ist nicht weniger bemerkenswert und lässt sich leichter beschreiben. Rings um die Tische, die Stützpfeiler des Saals,

sind kreisförmig Kredenzen in Form von Bergen aufgestellt, die ein ganzes Universum an Vasen, Weinkrügen, Wasserkrügen, Karaffen, Pokalen, Bechern, Gläsern, Kännchen, Schöpfkellen, Fässchen, Weingläsern, Bierkrügen, Tassen, Waschkrügen, Pintkrügen, Bastflaschen mit engem Hals, Flakons, Amphoren und allem, was zum Sachgebiet ‚Trinken' gehört, bereithalten. Maître Rabelais hätte seine Freude daran gehabt, die Aufmachung in seiner pantagruelischen Sprache zu beschreiben. Hinter den goldenen und silbernen Gefäßen glänzten goldene und silberne Teller von einer Größe, auf denen die ‚Burggrafen' Victor Hugos (Drama von 1818) ganze Ochsen serviert hätten. Außerdem Pokale mit Deckeln, aber was für Pokale! Es gibt welche, die sind mindestens drei, wenn nicht vier Fuß hoch, und nur die Riesenhand eines Titanen vermag sie zu umfassen und zu heben. Welch ein gewaltiger Aufwand an Vorstellungskraft für diese Vielzahl an unterschiedlichen Gefäßen! Es scheint, alle herkömmlichen Formen, die ein Getränk, Wein, Bier, Kwas oder Wodka, in sich aufnehmen können, hätten sich erschöpft. Welch ein großartiger, unglaublicher, grotesker Geschmack bei den Ornamenten für diese goldenen und silbernen Behältnisse! Mal sind es Bacchanalen, bei denen feiste, frohsinnige Figuren um den gerundeten unteren Teil eines Pokals tanzen, oder es ist filigranes Blattwerk, durch das man eine Jagdszene beobachtet, oder es sind Drachen, die sich um die Henkel winden, oder antike Medaillen an den Seiten einer Schale, römische Triumphzüge oder Hebräer in holländischen Kostümen, die ein Häuflein heiliger Erde tragen, oder entblößte Figurinen der Mythologie, die von Satyren durch dichte Zweige hindurch bewundert werden. Je nach Laune des Künstlers nehmen die Vasen Tierformen an, runden sich zu einem Bären, strecken sich wie ein Storch in die Länge, schlagen mit den Schwingen wie ein Adler, tun sich wichtig wie die Enten, oder werfen ihren Kopf mit Rentiergeweih in den Nacken."

Zur Zeit Katharinas der Großen blieben die Feste der Würdenträger nicht hinter denen des Zarenhofes zurück. Ein überaus gastfreundlicher Adliger war Graf

Alexej Orlow. Ein Dinner beim Grafen begann um 22.00 Uhr. Es wurde für 200 Personen eingedeckt. Der Tisch bog sich unter der Last erlesener Köstlichkeiten. Beim Abendessen des Grafen Orlow wurden arschinlange (1 Arschin sind 71 Zentimeter) Sterlets und Zander aus eigener Zucht aufgetischt, Spargel aus dem eigenen Garten, „fast so dick wie eine gute Eiche", Kalbfleisch, „weiß wie Schnee, von Kälbern, die gleichsam in der Wiege aufgezogen wurden", das vom Landgut des Grafen stammte. Pfirsiche und Ananas und andere südliche Früchte kamen selbstverständlich aus der gräflichen Orangerie, und „selbst der köstliche Wein aus Beeren, in der Art von Champagner" stammte aus eigener Herstellung.

Auch die Tische des Fürsten Grigori Potjomkin, ein Protegé von Katharina der Großen, bogen sich unter den Wundern der Kochkunst. Zehn Chefköche aller Nationalitäten arbeiteten für das leibliche Wohl des Fürsten und seiner zahlreichen Gäste. Das Lieblingsgericht von Zarin Katharina II. war eine Kreation des französischen Leibkochs André Noel de Périgeux des Fürsten Potjomkin. Das war „Bombe de Sardanapal". Dabei handelte es sich um kleine Hackbällchen aus dem Fleisch verschiedener Wildtiere.

Die Speisen der Festgelage machen deutlich, wie man sich die russische Adelsküche vorstellen kann. Eigentlich ist es eine Verschmelzung der französischen und der russischen Küche. Die Köche, die gemeinsam mit ihren Herrschaften vor der Französischen Revolution nach Russland geflohen waren, schufen eine Vielzahl von Gerichten, die uns Russen heute einheimisch scheinen, angefangen beim unverzichtbaren Salat „Olivier" bis hin zur Torte „Napoleon" ...

Geneigte Leser, lassen wir den Worten Taten folgen. Dieses Buch ist eine Sammlung von Kochrezepten. Jedes Kapitel enthält Rezepte der Küche der Zaren und beginnt mit einer kurzen historischen Einführung. So kann man sein Wissen über Russland erweitern, ohne sich vom Herd zu entfernen. Der Gebildete unterscheidet sich vom Ungebildeten darin, dass er seine Bildung als stets unvollendet begreift. Was den Wunsch betrifft, mit dem Kochen zu beginnen, so wird er sich hoffentlich beim Lesen dieses Buches einstellen. Denn die kulinarische und die literarische Kreativität haben vieles gemeinsam - sowohl beim Kochen als auch beim Schreiben braucht man Inspiration. Und falls Sie in der Seele ein Dichter oder aber ein Feinschmecker sind (was letztendlich auf das Gleiche hinausläuft), so kann ein Funke fremder Inspiration durchaus das eigene Feuer entfachen. Und vielleicht werden Sie auf Ihren Kühlschrank blicken wie auf ein weißes Blatt Papier, das unendliche, noch verborgene Möglichkeiten bereithält.

Die Rezepte der Zaren- und Fürstenküchen sind dazu geeignet, der Fantasie Nahrung zu geben. Zudem ist Essen das, was uns am meisten im Leben beschäftigt, und es wäre dumm, diese Sache dem Schicksal zu überlassen. Die Küche der russischen Zaren und Fürsten galt immer als eine der abwechslungsreichsten, üppigsten und schmackhaftesten aller Küchen europäischer Herrscher- und Adelshäuser.

Wenn man mit einem Auge in die Vergangenheit blickt, erfährt man, was die russischen Zaren im Alltag aßen, und was sie an Feiertagen ihren Gästen auftischten. Wir besuchen gemeinsam das Festmahl aus Anlass der 300-Jahrfeier der Romanow-Dynastie in Sankt-Petersburg. Diese Stadt ist eine der wenigen Städte der Welt, deren Erscheinungsbild sofort den Begriff „Imperium" assoziiert. Dann verweilen wir bei einem grandiosen Mittagessen im Moskauer englischen Klub, das zu Ehren des Grafen Michail Woronzow gegeben wurde. Aus Moskau reisen wir nach Liwadija ans Schwarze Meer, in die Sommerresidenz von Zar Nikolaus II., und nehmen an einem Frühstück des Zaren teil. Von der Krim kehren wir nach Sankt-Petersburg zurück, wo uns das Krönungsbankett von Zar Nikolaus II. erwartet ...

Die Kochkünstler der Vergangenheit machten bei der Überlieferung ihrer Rezepte selten genaue Angaben, und ich denke, sie sind auch in diesem Buch nicht immer nötig oder wichtig. In den historischen Rezepten fehlen häufig

Maß- und Mengenangaben, jedoch sollte es für einen erfahrenen Koch offensichtlich sein, worauf es ankommt.
In Russland gibt es die Redewendung „den Gast bewirten wie ein Zar". Das bedeutet, den Tisch üppig zu decken und erlesene Speisen aufzutragen, so dass der Gast begeistert ausruft: „Gott, wie wunderbar ist die Welt!"

„Alle Bojaren müssen ihre Bärte stutzen, deutsche Kleidung tragen, Gavotte tanzen lernen und sich bei Tisch gut benehmen."

Peter I. der Große

(1672 bis 1725)

„Alle Bojaren müssen ihre Bärte stutzen, deutsche Kleidung tragen, Gavotte tanzen lernen und sich bei Tisch gut benehmen." (Zarenerlass)

Peter I. der Große (1672 bis 1725)

Düster, hager und über zwei Meter in die Länge geschossen, fiel Peter der Große in jeder Menschenmenge auf. Zar Peter I., der von 1682 bis 1725 regierte, gründete Sankt-Petersburg, die neue Hauptstadt Russlands, und pflanzte dem Land europäische Sitten und neue Feste ein. In einem Erlass des Zaren hieß es, dass alle Bojaren ihre Bärte stutzen, deutsche Kleidung tragen, Gavotte tanzen lernen und sich bei Tisch gut benehmen müssen. Für die Bojaren war vielleicht weniger schrecklich, dass sie deutsche Anzüge tragen und sich die Bärte stutzen lassen mussten, aber schlimm war für sie, wie sie im Fall der Fälle während der so genannten Assembleen bestraft wurden. Die Assembleen waren von Zar Peter angeordnete Zusammenkünfte, bei denen die Bojaren lernen sollten, gepflegte Konversation zu machen und europäische Sitten und Manieren an den Tag zu legen. Wer gegen den guten Ton verstieß, wurde bestraft. Die Strafe war in der Tat furchtbar, denn es galt, den „Pokal des Großen Adlers" auszutrinken. Das hieß: der Bestrafte musste einen Riesenbecher Wodka austrinken. War der Becher leer, fiel der Gast wie tot um, so konnte er nicht mehr gegen die Regeln des guten Tons verstoßen.
Als Peter jung war, war er wild und unbeherrscht. Er veranstaltete gerne laute und skandalträchtige Orgien im Kreis seiner engsten Freunde. So beschreibt Alexej Tolstoi derlei Ausschweifungen in seinem historischen Roman „Peter der Erste": „Den Fürsten Beloselski zog er zur Strafe für seine Dickköpfigkeit nackt aus und schlug auf seinem Hinterteil Hühnereier auf. Um Boborykin für seine Fettleibigkeit zu demütigen, klemmte er ihn zwischen zwei

Stühle ein, zwischen die auch ein dürrer Mensch kaum gepasst hätte. Dem Fürsten Wolkonski wurde eine Kerze in den Hintern gesteckt und angezündet und dann sangen alle rings um ihn eifrig Psalmen, so lange, bis sie vor Lachen umfielen ..."

Irgendwann waren alle diese Jugendausschweifungen überstanden. Peter war erwachsen geworden. Er bereiste die Welt, entwickelte Ideen, wie Russland zu erneuern sei. Er führte seine Reformen durch und forderte von den Bojaren, dass sie lernten, sich in europäischer Weise galant zu benehmen.

In dieser Zeit wurden die glanzvollsten Bälle und Empfänge in Sankt-Petersburg auf der Wassili-Insel gegeben, genauer im Palast des Fürsten Menschikow, der von Peter I. persönlich in den Adelsstand erhoben worden war. Hier trafen sich die „angesagten" Persönlichkeiten, kamen miteinander ins Gespräch und spannen ihre tollkühnen Pläne. Alkohol floss in Strömen, aber was erstaunlich war: Peter trank gemeinsam mit allen und in Menge, wurde aber kaum einmal betrunken. Diese Besonderheit der petrinischen Zechgelage bemerkte der französische Schriftsteller Henri Troyat, der zwischen 1977 und 1991 zahlreiche Zaren-Biographien veröffentlicht hat: „In den meisten Fällen blieb der Monarch bei klarem Bewusstsein, trotz der gewaltigen Mengen Alkohol, die getrunken wurden. Wenn die Gäste um ihn herum schwächelten, sich entspannten, wenn sich ihre Gesichter zu Grimassen verzogen und sich ihre Zungen lösten, beobachtete er diese Szenen mit angespannter Aufmerksamkeit und merkte sich alle trunkenen Bekenntnisse. Es war seine besondere Methode, den Menschen in seiner Umgebung ihre Geheimnisse zu entreißen. Selbst die banalste Zecherei nutzte er im Interesse des Staates."

Peter der Große hatte seine Lieblingsspeisen. Beginnen wir mit einer besonderen Bouillon, dem „Katerfrühstück", mit der er sich nach durchzechter Nacht „kurierte". „Kater" bezeichnet den Zustand eines Menschen, der am Vorabend sehr viel getrunken hat. Am Morgen darauf fühlt er sich schlecht.

Der Zar hatte da sein bewährtes Mittelchen. Es musste aber schon am Vortag zubereitet werden.

„Katerfrühstück" Peter des Großen

Zutaten:

Hühnerfleisch • Kalbsknochen

Zubereitung:

Aus Hühnerstückchen und Kalbsknochen eine Bouillon kochen. Sie kann ruhig 5 bis 6 Stunden vor sich hin köcheln. Am nächsten Tag aufwärmen, abseihen und trinken. Es gibt kein besseres Mittel, um nach einem schweren Rausch wieder fit zu werden.

Während seiner Herrschaft ereignete sich am 19. Februar 1699 in Moskau Unerhörtes. Zum Abschiedsessen für den brandenburgischen Gesandten in Moskau waren Frauen zugelassen! Es war das Ereignis des Jahres! Bevor Peter in Russland an die Macht kam, hatten Frauen nicht einmal das Recht, ein Gespräch mit Männern zu führen oder sich ohne Erlaubnis ihres Mannes fremden Blicken auszusetzen, außer natürlich beim Kirchgang. Festgelage der Zaren mit den Gesandten konnten sechs Stunden und länger dauern, aber es waren stets reine Männergesellschaften. Und es wurde auch nicht getanzt, denn das Solo eines Einzeltänzers hätte komisch und unanständig gewirkt.
Bevor Peter I. den Zarenthron bestieg, war es in Russland so: Wenn der Bojar, also der adlige Hausherr, seinem Gast eine besondere Ehre erweisen wollte, führte er seine Frau und die Kinder zu den Gästen. Die Frau brachte dem Gast einen Becher Wodka und zog sich darauf sofort mit den Kindern in ihre Gemächer zurück ...
Mitunter hinterließ die Frau eines russischen Bojaren einen unauslöschlichen Eindruck bei einem Gast aus dem Ausland. Aber nicht nur, weil ihr Gesicht

kräftig in Weiß und Rot bemalt war, wie es der Mode der damaligen Zeit entsprach. Nein, es waren die schwarzen Zähne, die sie zeigte, wenn sie lächelte! Um dem Schönheitsideal der „zuckerweißen" Zähne nahezukommen, benutzten die Moskauer Aristokratinnen des 17. Jahrhunderts ein quecksilberhaltiges Zahnweißmittel. Dies gestattete den damaligen Modeköniginnen, für kurze Zeit in „Höchstform" aufzutreten und einen Ehemann zu finden. Wenn die Schöne dann in den Hafen der Ehe eingelaufen war, verwandelten sich ihre Zähne in graue Stummel, da das Quecksilberweiß den Zahnschmelz vollständig zerstörte. Um die erschreckenden Ergebnisse der Zahnweißmethode zu kaschieren, war es unter den Moskauerinnen einige Zeit lang modisch, die Zähne zu schwärzen. Stellen sie sich das Bild vor: eine füllige junge Frau, mit dick umrandeten Augen und schwarzen Zähnen. Den Europäern ist das Lächeln dieser Frauen sicher lange in Erinnerung geblieben. Nicht ohne Grund meinten die Europäer, dass die Russen „eine Schönheit verehrten, die dem Hässlichen gleicht". Zum Glück hielt sich die Mode der schwarzen Zähne wie auch die Quecksilberzahnweißmethode nicht allzu lange. Sie dauerte nur ein halbes Jahrhundert und ist später auch nie wieder aufgekommen.
Hoch im Kurs stand zudem weibliche Fülligkeit. Die Bojaren hielten ihre Töchter dazu an, ihren Appetit mit Wodka anzuregen. War eine junge Frau von Natur aus schlank, musste sie diesen Makel unter vielschichtiger Kleidung verbergen.
Vieles änderte sich unter Peter dem Großen. In allen Gebieten des riesigen Reiches, in die die europäische Aufklärung vordrang, gab es nun also Tänze, festliche Kleidung und gutes Essen. Das Silbergeschirr wurde von Porzellan verdrängt, und zu Beginn des 18. Jahrhunderts tauchten auf den Banketttischen der russischen Würdenträger Löffel, Gabeln und Messer auf.
Doch zurück in den Lefortowo-Palast, zurück zum 19. Februar 1699, als der gesamte Moskauer Adel, Männer wie Frauen, die eingeladenen Gesandten wie die zahlreichen Gäste, zum ersten Mal zusammen feierten und tanzten.

Der Sekretär der österreichischen Botschaft Johann Karb beschrieb dieses Festmahl in seinem Tagebuch: „Dieser Tag schwächte die Strenge der russischen Bräuche ab, die es dem weiblichen Geschlecht bisher nicht gestattet hatten, an öffentlichen Zusammenkünften und Festen teilzunehmen; jetzt war es einigen erlaubt, nicht nur beim Festessen dabei zu sein, sondern auch bei den darauf folgenden Tänzen." Und aus dem Nebenraum, versteckt hinter einem schweren Brokatvorhang, verfolgte Peters achtjähriger Sohn, der Zarewitsch Alexej, den Tanz, er war verwirrt und begeistert.
Zar Peter führte noch eine weitere Neuerung ein. Vor seiner Herrschaft gab es auf den russischen Festgelagen nur einheimische Getränke: Bier, Kwas, Beerensaft, Met, Tee und Wodka. Für den Zaren und die Bojaren wurde nun Wein aus dem Ausland importiert. Peter selbst liebte ungarischen Tokajer, aber wie bei allen Dingen in seinem Leben schätzte er auch bei den Getränken die Abwechslung: Auf der russischen Festtafel tauchte zum ersten Mal Champagner auf, außerdem Cognac, Likör, Punsch, Rum, Kaffee und Kakao. Limonade und Schokolade galten als Seltenheit, und es gab sie nur auf den Bällen des Herzogs von Holstein.
Herzog Karl-Friedrich von Holstein-Gottorf, 1725 verheiratet mit Prinzessin Anna, der Tochter von Zarin Katharina I., und Vater des späteren Zaren Peter II., hatte einen außergewöhnlich talentierten Koch, der in den Moskauer Adelshäusern in aller Munde war. Eine seiner Kreationen ging unter dem Namen „Holsteiner Krebssuppe" in die Geschichte der russischen Küche ein, und seine Auerhuhnschnitzel waren sensationell.

Holsteiner Krebssuppe

Zutaten:

1 1/2 Pfund Rindfleisch • 1/2 Pfund Kalbsscheibe
Möhre • Sellerie • Petersilie • Zwiebel • 1/2 Glas Graupen

½ Esslöffel Öl • einige getrocknete Morcheln • ½ Pfund Spargel
1 Blumenkohl • 15 Flusskrebse • 3 Esslöffel zerriebenen Zwieback
Dill und grüne Petersilie
1 bis 2 Eier • ½ Esslöffel Öl • Muskatnuss
½ Glas Milch oder Sahne • Eigelb

Zubereitung:

Eine klare, nicht zu kräftige Bouillon aus Rindfleisch, Kalbsscheibe, Möhre, Sellerie, Zwiebel und Petersilie kochen; ½ Glas Graupen mit Wasser abspülen, leicht in ½ Esslöffel Öl anrösten, mit einem Teil der abgeseihten Bouillon vermischen, die in heißem Wasser eingeweichten Morcheln hinzufügen, alles kochen. Den Spargel und den zerteilten Blumenkohl in einem Topf in Salzwasser kochen. Die Flusskrebse kochen. Die Krebspanzer mit einer Füllung aus Zwieback (man kann auch Weißbrot nehmen), vermischt mit 1 bis 2 Eiern, etwas Öl, Dill und Petersilie versehen. In jeden gefüllten Krebspanzer einen Krebsschwanz hineinstecken, in die abgeseihte Bouillon geben, aufkochen, die Graupenbouillon hinzugießen, den Spargel und die Blumenkohlröschen hinzugeben, erneut aufkochen lassen. Nun Milch oder Sahne mit Eigelb und Muskatnuss verquirlen, hinzugeben, erhitzen, aber nicht mehr kochen, direkt servieren.

Schnitzel aus Auerhühnern

Zutaten:

3 bis 4 Auerhühner • 2 Eier • Salz • 5 Körner Piment • 5 Körner Pfeffer
2 Löffel Öl • 3 bis 4 Zwieback • Steinpilze

Zubereitung:

Die Auerhühner säubern, in Hälften zerteilen, die Knochen herauslösen, die Flügel bis zum ersten Glied abtrennen, die Oberhaut vorsichtig ablösen.

Leicht mit dem Messer klopfen und eine Art Schnitzel daraus formen, mit verquirltem Ei bestreichen, mit Salz, gemahlenem Piment und etwas Pfeffer sowie geriebenem Zwieback bestreuen, in Öl braten. Mit frischen gebratenen Steinpilzen servieren.

Ein Mitstreiter des Zaren erinnert sich: „Peter der Große machte sich nichts aus Luxus, er mochte keinen Pomp oder viele Bedienstete um sich herum ... Zu seinen Lieblingsspeisen im Alltag gehörten Saure Schtschi (Kohlsuppe), Sülze, Kascha (Grütze, Brei), Braten mit Gurken oder mit Salzzitronen, Solonina (Salzstück, gepökelter Schinken), Wild vom Spieß, Hammelrippchen mit Grütze, Kulebjaka (große Hefepastete) mit Wels, gekochter Schinken, und ganz besonders schätzte er Limburger Käse ... Seinen Wodka trank der Zar mit Anis, sein tägliches Getränk war Brotkwas. Zum Mittagessen gab es Wein aus Ungarn, Fisch aß er nie roh, hinter seinem Stuhl stand immer ein diensthabender Offiziersbursche, der ihn bediente; Lakaien lehnte er ab und pflegte über sie zu sagen: ‚Knechte dürfen keine Kenntnisse davon erhalten, was ihr Herr isst und auf welche Weise er sich mit seinen Freunden vergnügt. Sie verbreiten nur Gerüchte und schwatzen Dinge herum, die es nie gegeben hat.'"
In der Liste der Lieblingsgerichte des Zaren taucht Kascha auf, Grütze oder Brei aus Getreidekorn. Dieses Gericht verlangt einen kleinen Exkurs. Kartoffeln lernte man in Russland erst im 18. Jahrhundert kennen. Bis dahin gab es als Beilage, aber auch als eigenständiges Gericht die so genannte Kascha. Seit Jahrhunderten essen in Russland Arm und Reich, Jung und Alt Kascha. Es gibt sogar ein Sprichwort: „Schtschi und Kascha – das ist unsere Nahrung." Als Kascha kann man alle in Wasser oder Milch gekochten Körner bezeichnen – Grieß, Reis, Graupen, Hafer, Dinkel, Buchweizen. Bis heute wird in Russland Zarenkascha gegessen. Sie wird aus Perlgraupengerste und Pilzen zubereitet und im Ofen gebacken. Oder Hirse-Kürbis-Kascha, die mit Aprikosen verfeinert werden kann.

In Russland isst man die Kascha in einem sehr festen, körnigen Zustand. Bis heute ziehen die Russen Buchweizen allen anderen Körnersorten vor. Buchweizen wird in Russland großflächig angebaut. Auf die Russische Föderation entfallen 75 Prozent der weltweiten Buchweizenernte.

Hier sind die Rezepte für die Lieblingsspeisen von Zar Peter I.:

Saure Schtschi (Sauerkrautsuppe)

Zutaten:

3 Pfund Rindfleisch oder 2 Pfund Rindfleisch und
1 Pfund gekochter Schinken • 2 bis 3 getrocknete Pilze
1 Esslöffel Mehl • 1 Zwiebel • 5 bis 10 Körner Piment
1 bis 2 Lorbeerblätter • 3 Glas (1 ½ Pfund) Sauerkraut
½ Esslöffel Butter • ½ bis 1 Glas Smetana (Schmand)

Zubereitung:

Eine klare Bouillon ohne Salz aus reinem Rindfleisch von der Brust (oder aus Rindfleisch und Kochschinken) kochen, abseihen, Fleisch beiseite stellen. 1 ½ Pfund fein geschnittenes Sauerkraut ausdrücken. Manchmal ist das Kraut so sauer, dass man es vor der Verwendung unter kaltem Wasser abspülen sollte. Den Saft auffangen, beiseite stellen. Das Sauerkraut mit kochendem Wasser überbrühen, durch ein Sieb abgießen. ½ Löffel Butter zerlassen, 1 klein geschnittene Zwiebel und das fein gehackte Sauerkraut hinzugeben, alles umrühren und anbraten. 1 Löffel Mehl in der Pfanne rösten, 2 bis 3 getrocknete Pilze in 1 Glas Wasser kochen, Mehl darin auflösen, umrühren, bis eine glatte Konsistenz erreicht ist, das Sauerkraut hinzufügen, mit der abgeseihten Bouillon angießen, Piment und Lorbeerblätter hinzufügen und bei kleiner Flamme 1 Stunde lang köcheln lassen. Wenn die Krautsuppe nicht sauer genug ist, etwas von dem Sauerkrautsaft hinzufügen, dann ½ bis 1 Glas Smetana (Schmand) einrühren, noch einmal aufkochen lassen, das Rindfleisch und den Kochschinken mundgerecht schneiden, separat zur Sauren Schtschi servieren.

Blini zur Krautsuppe mit einer Füllung aus Rindfleisch

Zutaten für 20 dünne Plinsen (Blini):

2 Glas Mehl • 3 Glas Milch • 3/4 Löffel Salz
1/8 Pfund weißer Speck oder Fett • 2 Eier oder 2 Eigelb
1/4 Pfund Öl

Zutaten für die Füllung:

1 Pfund gesiedetes Rind- oder Kalbfleisch • 1 Esslöffel Öl • 1 Zwiebel
2 bis 3 hart gekochte Eier • Salz • Pfeffer • Dill • 1 Eiweiß
Petersiliengrün • Öl zum Frittieren

Zubereitung:

Mehl, Milch, Salz, Eier zu einem Teig verrühren. Eine große Pfanne erhitzen, den Speck darin auslassen oder mit Fett ausstreichen. Etwas Teig hineingeben, so dass eine dünne Schicht den gesamten Pfannenboden ausfüllt. Von einer Seite backen! Dann auf die Plinse einen Löffel Füllung geben, die wie folgt zubereitet wird:

1 Pfund gekochtes Rind- oder Kalbfleisch klein schneiden; dann 1 klein geschnittene Zwiebel in einem Esslöffel Öl anbraten, das Rindfleisch hinzufügen, alles leicht anbraten, 2 bis 3 fein gehackte hart gekochte Eier hinzufügen, dazu Salz, Pfeffer und Dill. Nun die Plinse zu einer Rolle formen. Damit sie nicht auseinanderfällt, den Rand mit etwas Eiweiß bestreichen, dann wird er zusammenhalten. So verfahren bis der Teig verbraucht ist. Die Plinsen in eine mit heißem Öl gefüllte Pfanne legen, so lange frittieren, bis sie von allen Seiten schön braun sind, zum Abkühlen auf ein Gitter mit Backpapier legen, dann in einem gleichmäßigen Haufen auf einem länglichen Teller anrichten,

mit grüner gebratener Petersilie bestreuen, oder an den beiden Längsseiten mit je einem Sträußchen frischer Petersilie dekorieren.

Es gibt vier weitere Varianten, um die Plinsen zuzubereiten: Braten Sie die gerollten Plinsen in der Pfanne in etwas Butter an. Oder Sie können sie in 2 aufgeschlagenen Eiern wenden, in Zwieback wälzen und dann in Butter braten. Oder Sie wenden sie in 2 mit Olivenöl aufgeschlagenen Eigelb, panieren sie in Semmelbröseln und backen sie in Butter aus. Oder Sie wenden sie im restlichen Teig und braten sie in Butter oder Öl aus.

Hammelrippchen mit Buchweizenkascha

Zutaten:

1 Kilogramm Hammelrippchen • 2 bis 3 Knoblauchzehen • 1 Zwiebel
1 Möhre • 1 Glas Bouillon (Fleisch- oder Gemüsebouillon) • 1 Glas Buchweizenkörner • 2 Glas Wasser • Salz • Pfeffer

Zubereitung:

Die Hammelrippchen waschen, trocknen, entlang der Rippen zerteilen, salzen. Den Knoblauch schälen, in dünne Stifte schneiden und das Fleisch damit spicken. Dann die Rippchen mit Öl bestreichen. Die gespickten Rippchen in eine heiße, tiefe Pfanne legen und 20 Minuten lang von allen Seiten schön braun anbraten. Zwiebel in Ringe und Möhre in Scheiben schneiden, zum Fleisch hinzufügen und 5 Minuten braten. Die Bouillon hinzugießen, pfeffern, mit einem Deckel verschließen und 15 Minuten auf kleiner Flamme köcheln lassen. Die Buchweizenkörner waschen, in einen Topf geben, mit 2 Glas Wasser bedecken, salzen und kochen, bis sie weich sind. Die gebratenen Rippchen an den Rand der Pfanne schieben, die Buchweizenkascha in die Mitte geben, so dass sie die Sauce, die sich gebildet hat, aufnimmt. 7 bis 10 Minuten dünsten.

Kulebjaka (Hefepastete) mit Wels gefüllt

Zutaten für den Teig:

1 Glas Mehl • 1 1/2 Glas Milch • 50 Gramm Butter • 1 Teelöffel Salz
5 Gramm Hefe • 2 Eier • 2 1/2 Esslöffel Zucker

Für die Füllung:

1 Wels • Wurzelgemüse (Möhre, Sellerie, Petersilienwurzel)
1 Zwiebel • Petersilie • 2 Eigelb • Knoblauch • 1/4 Kohlkopf • Zwiebel
2 Tassen Reis • 3 Eigelb • Smetana (Schmand)

Zubereitung:

Einen Teig aus 1 Teelöffel Salz, 5 Gramm Hefe, 2 Eiern, 2 1/2 Esslöffel Zucker, 1 Glas Mehl, 50 Gramm Butter und 1 1/2 Glas Milch zubereiten. Den Wels mit der Zwiebel und dem Wurzelgemüse kochen. Die Filets aus den Gräten lösen. 2 Eigelb, Knoblauch, Petersilie vermischen, zu den Filets geben. Den fein geschnittenen Kohl und die gehackten Zwiebeln andünsten, den Reis kochen. 3 Eigelb unter die Kohl-Zwiebelmischung geben. Den Teig auf einem Backblech einen Zentimeter dick ausrollen. Eine Schicht gekochten Reis daraufgeben, dann eine Schicht Welsfilet und darüber die Kohl- und Zwiebelmischung. Die Füllung mit Smetana begießen. Mit Teig bedecken und fest zusammendrücken. Mit einer Gabel an einigen Stellen einstechen. 40 Minuten im Ofen backen.

Sülze aus Kalbshaxe

Zutaten:

4 Kalbshaxen • 1 Kalbskopf • 1 Möhre,
1 Zwiebel • 1 Petersilienwurzel • Sellerie • 1 Esslöffel Salz
Essig • 2 bis 3 Lorbeerblätter • Pimentkörner • Pfeffer
Salz • Senf • Meerrettich

Zubereitung:

Den Kalbskopf und die 4 Kalbshaxen mit dem klein geschnittenem Wurzel- und Knollengemüse (Petersilienwurzel, Möhre, Sellerie) und der gewürfelten Zwiebel in Wasser kochen, Lorbeerblätter, Piment und Pfeffer hinzugeben. Wenn die Haxen weich sind, herausnehmen, das Fleisch sorgfältig von den Knochen lösen, in kleine Stücke schneiden, aus den Knochen und dem Kalbskopf weiter die Bouillon einkochen, salzen, etwas Essig hinzugeben, aufkochen lassen, abseihen, so dass 5 bis 6 Gläser Bouillon entstehen, etwas von den weichen Innereien, Zunge und Hirn hineingeben. Das Haxenfleisch auf zwei Formen aufteilen, mit der Bouillon auffüllen und abkühlen lassen. Vor dem Servieren auf einen Teller stürzen, die Form dabei mit heißem Wasser anfeuchten. Zur Sülze werden Senf, Essig und Meerrettich gereicht.

Buchweizenkascha in Pilzbouillon

Zutaten:

2 Glas Buchweizen • 2 Eier • 5 bis 10 getrocknete Pilze
Salz • 3 bis 4 Esslöffel Öl • 4 Möhren • 1/2 Petersilienwurzel
1/2 Sellerie • 1 Zwiebel • 1/4 Stange Porree
5 bis 6 Körner Piment

Zubereitung:

2 Glas Buchweizen mit 2 verquirlten Eiern vermischen und trocknen lassen, dann durch einen Durchschlag passieren, 5 bis 10 getrocknete Pilze einweichen, mit kochendem Wasser abspülen, in frischem Salzwasser mit dem Gemüse und den Gewürzen kochen, die Pilze herausnehmen, klein hacken; die Bouillon abseihen, dann von dieser Bouillon 2 1/2 Glas abnehmen, 2 Esslöffel in Öl gebratene fein gehackte Zwiebeln hinzugeben, aufkochen lassen, den gesamten Buchweizen auf einmal hineingeben, dabei ständig umrühren, auf großer Flamme etwa 5 Minuten kochen lassen, ehe die Temperatur reduziert

wird. Einen Deckel auflegen, nach 10 Minuten umrühren, damit sich keine Klumpen bilden, noch etwas Öl hinzufügen, die klein gehackten Pilze hineingeben, in die Backröhre schieben, um die Kascha leicht anzurösten, vor dem Servieren in einer Schüssel anrichten.

Rinderbraten mit Gurken

Zutaten:

3 bis 4 Pfund Rindfleisch • Rinderfett • Salz • 1 Zwiebel • 1 Möhre
2 Lorbeerblätter • 1 Sellerie • 1 Petersilienwurzel • 1 Flasche Brotkwas
5 bis 10 Körner Pfeffer • Bouillon

Zubereitung:

Das Rindfleisch vom Rand aus in kaltem Wasser abwaschen. In einen Bräter Rinderfett geben, das Rindfleisch hineinlegen, salzen, mit dem fein geschnittenen Gemüse – Zwiebel, Möhre, Sellerie, Petersilienwurzel – bedecken, 2 Lorbeerblätter und Pfefferkörner nach Geschmack hinzugeben, alles anbraten, dann langsam Brotkwas angießen und den Bräter in die Backröhre stellen. Das Rindfleisch immer wieder wenden, einstechen und mit Kwas begießen. Wenn das Rindfleisch weich ist, die gesamte Sauce in einen kleinen Topf gießen, etwas abkühlen lassen, das Fett abschöpfen, dann durch ein Sieb passieren, mit Bouillon aufgießen, das Rindfleisch in Scheiben schneiden, auf einen Servierteller legen, ein wenig Sauce angießen, die übrige Sauce gesondert in einer Sauciere reichen.

Einige Tipps zur Zubereitung von Rinderbraten:

1) Man darf den Braten nach dem Herausholen nicht sofort anschneiden, sondern muss ihn mindestens 15 Minuten ruhen lassen.

2) Man muss im Auge haben, dass der Braten genau im richtigen Moment fertig ist, das heißt, nach dem Aufschneiden sofort serviert werden kann.

3) Der Braten muss quer zum Verlauf der Fleischfasern geschnitten werden. Aus der Schnittfläche wird sogleich herrlicher Bratensaft austreten.
4) Wenn die aufgeschnittenen Scheiben auf dem Servierteller angerichtet werden, sollte man sie so anordnen, dass sie die natürliche Form des Bratens nachbilden.
5) Wenn der Braten bald aus dem Ofen geholt werden kann, sollte man sich beeilen, eine Sauce zuzubereiten, indem man die Bratensauce in ein breites Gefäß füllt, mit 1/4 oder 1/2 Glas sehr kaltem Wasser aufgießt, und alles möglichst schnell auf Schnee oder Eis stellt. Dann kann man das Fett nach dem Erkalten entfernen, den Bratensaft aufkochen, abseihen und in einem Saucenkännchen zum Braten reichen.
6) Für Braten am Knochen, wie zum Beispiel Roastbeef, rechnet man mit 3/4 Pfund pro Person, für Rindfleisch ohne Knochen etwa 1/2 Pfund pro Person. Zum Rinderbraten passen hervorragend Schmorgurken.

Schmorgurken zum Rinderbraten

Zutaten:

6 bis 10 frische oder gesalzene Gurken • Bouillon aus Kalbshaxe
1 Esslöffel Öl • 1 Zwiebel • 1/2 Esslöffel Mehl • 1/2 Glas Smetana

Zubereitung:

6 bis 10 frische oder gesalzene Gurken putzen, in Scheiben schneiden. Nimmt man frische Gurken, diese salzen und 30 Minuten stehen lassen, damit sie Wasser ziehen, dann das Wasser abgießen. In 1 Esslöffel Öl die klein geschnittene Zwiebel anrösten, mit den Gurken vermischen, braten, bis sie weich sind, mit Mehl bestäuben, nun mit ein wenig Kalbsbouillon auffüllen, dann je nach Geschmack mit 1/2 Glas Smetana verfeinern. Diese Schmorgurken passen nicht nur hervorragend zu Rinderbraten, sondern auch zu Hammelfleisch.

Buchweizenkuchen mit Smetana

Zutaten:

2 1/2 Glas Buchweizenmehl • 2 Eier • 2 1/2 Glas Smetana • 1 Teelöffel Zimt
knapp 1/2 Glas feiner Zucker • 1/2 bis 1 Glas abgekochte Rosinen

Zubereitung:

2 1/2 Glas Buchweizenmehl mit 2 Eiern verrühren, durch einen Durchschlag passieren, 2 1/2 Glas allerfrischeste Smetana unterrühren, knapp 1/2 Glas feinen Zucker, 1 Teelöffel Zimt, 1/2 oder 1 Glas abgekochte und abgetrocknete Rosinen hinzugeben, unterrühren, in eine Form geben, diese in die Backröhre schieben und backen. Vor dem Servieren auf einen Teller stürzen.

Solonina

Solonina, auch Salzstück genannt, ist ein Schinken vom Kalb, der gekocht wird. Solonina kann heiß oder kalt serviert werden. Falls Sie den Kochschinken so zubereiten möchten, wie es im alten Russland üblich war, so finden Sie hier das Rezept:

Zutaten:

Hinterteile vom Kalb • 1 Pfund Salz • 15 Gramm Salpeter
1/8 Pfund Zucker

Zubereitung:

Man nehme die beiden Hinterteile eines fetten, großen Kalbs, die Beinknochen abtrennen, die Teile für den Schinken sollen schön rund bleiben, das überflüssige Fett abschneiden. 1 Pfund Salz, 3 Solotnik (ca. 15 Gramm) Salpeter und 1/8 Pfund Zucker fein im Mörser zerstoßen, mischen und die Kalbskeule von allen Seiten damit einreiben, in einen Trog legen, mit dem restlichen Salz bestreuen, einen Ring und ein schweres Gewicht darauf legen, einen Tag bei Zimmertemperatur ruhen lassen, dann 2 Wochen an einen kühlen Ort stellen, die Stücke alle 2 Tage wenden. Manche Menschen mögen den Schinken saftiger, sollte sich zu wenig Saft bilden, eine Tasse Wasser mit einem halben Löffel Salz aufkochen und nach dem Abkühlen über das Kalbfleisch gießen. Nach 2 bis 3 Wochen die Schinken aus dem Trog holen, mit einer Serviette abreiben, trocknen lassen und anschließend in Wasser kochen, bis er gar ist.

Dieser Kochschinken wird mit grünen Erbsen oder grünen Bohnen gereicht. Hervorragend schmeckt er auch mit einer Tatarischen Sauce.

Kochschinken mit Tatarischer Sauce

Zutaten:

Scheiben von Kochschinken • Meerrettich

Zutaten für die Sauce:

5 Eigelb • Zucker • 1 1/2 Esslöffel Olivenöl • Essig
1 Glas Meerrettich

Zubereitung:

5 Eigelb mit Zucker verrühren, bis sie weiß sind, 1 1/2 Esslöffel Olivenöl unterrühren, etwas Essig und 1 Glas geriebenen Meerrettich hinzufügen. Alles gut verrühren. Die dünn geschnittenen Kochschinkenscheiben mit Meerrettich und Tatarischer Sauce servieren.

Kapaun oder Poularde, am Spieß gegrillt

Zutaten:

1 Kapaun oder 1 Poularde • 1/4 Pfund Butter • 1/2 Glas Mehl
1 bis 2 Esslöffel geriebenes Weißbrot • Salz • Öl nach Geschmack

Zubereitung:

Den Kapaun oder die Poularde ausnehmen, gut säubern, auf einen Spieß stecken, mit Faden zusammenbinden. 30 Minuten, bevor das Geflügel serviert werden soll, mit Butter und Salz einreiben und grillen, der Spieß muss sehr langsam gedreht werden. Mehl sieben. Wenn das Fleisch leicht angebräunt ist, mit Mehl bestäuben, von oben zerlassene Butter darauf sprühen, weiter grillen, nach etwa 5 Minuten wieder mit Mehl bestäuben und mit Butter besprühen, dann mit geriebenem Weißbrot bestreuen, alles gut braun werden lassen, vom Spieß nehmen, die Fäden ablösen und den Vogel auf eine Platte legen. Mit Öl angießen, mit frischem oder mariniertem Salat servieren.

Nierchen mit Smetana und Salzgurken

Eine der beliebtesten Speisen der Bojaren der Petrinischen Zeit waren Nierchen mit Smetana und Salzgurken. Das Gericht, bei dem auch der würzige Sud der Salzgurken verwendet wurde, zählt zu den ältesten Speisen auf dem russischen Tisch. Wenn Sie dafür Kalbs- oder Schweinenieren verwenden wollen, beginnen Sie die Zubereitung mit Punkt 3 des unten angeführten Rezepts. Entscheiden Sie sich hingegen für Rinderniere, dauert die Zubereitung länger. Ich persönlich habe mich immer mit dem Gedanken getröstet, dass die Briten für ihren „Steak and Kidney Pudding" noch dreimal so viel Zeit benötigen.

Zutaten:

Etwa 1 Kilogramm Nieren • 3 bis 4 Salzgurken • 1 Zwiebel
1 große Möhre • 2 Stangen Staudensellerie • 1 Knoblauchzehe
1 Glas Smetana • 1 Esslöffel Butter • 2 Esslöffel Pflanzenöl
2 Lorbeerblätter • 1 Esslöffel Mehl • Salz
frisch gemahlener schwarzer Pfeffer
gebackene oder gekochte Kartoffeln als Beilage

Zubereitung:

1. Nieren vom Rind muss man gut waschen und in kaltem Wasser etwa 4 Stunden einweichen, dabei von Zeit zu Zeit das Wasser erneuern. Wenn Sie das Wasser nicht des öfteren wechseln können, müssen Sie gleich von Beginn an eine große Menge Wasser verwenden.
2. Von den Nieren das Fett, die Äderchen und die Haut entfernen. In Wasser zum Kochen bringen. Sobald das Wasser kocht, abgießen. Die Nieren wieder gut spülen. In frischem Wasser aufsetzen, zum Kochen bringen und auf kleinem Feuer 1 ½ Stunden köcheln lassen.

Wenn Sie Kalbs-, Lamm- oder Schweinenieren gekauft haben, können sie bei der Zubereitung mit Punkt 3 beginnen.

3. Nehmen sie eine gusseiserne Kasserolle, geben sie ein Stück Butter hinein, dazu etwas Pflanzenöl. Wenn das Fett beginnt, Blasen zu werfen, geben Sie die fein geschnittene Zwiebel, den Staudensellerie und die Möhre hinzu. Auf kleiner Flamme unter Rühren anbraten, bis die Zwiebelstücke glasig sind.
4. Die Nieren vierteln, zum Gemüse hinzufügen. Salzgurken in Scheiben oder Würfel schneiden, je nachdem, wie groß sie sind, und ebenfalls in die Kasserolle geben. Alles mit Smetana ablöschen. Falls nötig, etwas Wasser hinzufügen. Lorbeerblätter und Pfeffer nach Geschmack hinzugeben, den Deckel auflegen und 30 Minuten köcheln lassen.
5. Jetzt muss die Konsistenz der Sauce geprüft werden. Wenn sie zu flüssig ist, muss sie mit Mehl angedickt werden. Dazu 1 Esslöffel Mehl in etwa 50 Milliliter Wasser anrühren, damit sich keine Klümpchen bilden, und langsam zugießen. Alles gut umrühren und beobachten, wie die Sauce dicker wird. Den Knoblauch mit einer Prise Salz zerstoßen, zu den Nieren geben, noch einmal umrühren und vom Feuer nehmen.

Eine bessere Beilage als gekochte oder gebackene Kartoffeln hat sich bisher noch niemand zu diesem Gericht ausgedacht. Wenn ich meine Gäste mit einem der ältesten russischen Gericht bewirten will, greife ich auf dieses Rezept zurück.

Übrigens. Natürlich findet man in der ersten Sammlung kulinarischer Rezepte noch ältere Gerichte. Die wurde vom Protopopen Silvester Mitte des 16. Jahrhunderts auf Anweisung des jungen Zaren Iwan Grosny unter dem Titel „Domostroi" („Hausordnung") zusammengestellt. Es war eine Art Gesetzeskodex, der alle Lebensbereiche – das gesellschaftliche, religiöse, familiäre Leben – berührte und eine Anleitung zur richtigen Haushaltsführung umfasste. Unter den Fleischrezepten stachen die mit Innereien hervor: Suppe aus Lamminnereien, mit Ei und Zwiebel gefüllte Lammleber, mit Haferbrei und Grieben gefüllte Rindsnieren oder Sülze aus Kutteln und Lippen der Kuh.

Hier also ein weiteres Rezept, das in Petrinischer Zeit beliebt war.

Leber auf altrussische Art

Zutaten für 6 Portionen:

750 Gramm Rinderleber • 300 Gramm weißer Speck • 3 Zwiebeln
2 Glas Fleischbouillon • 1 Möhre • 1 Petersilienwurzel
6 Zehen Knoblauch • 3 Esslöffel Pflanzenöl
3 Esslöffel geschmolzene Butter • Salz • frische Kräuter

Zubereitung:

Die Leberstücke horizontal aufschneiden und wie ein Buch öffnen. Auf die Leberstücke die Speckscheiben legen. Im Öl die Zwiebeln und den fein gehackten Knoblauch anbraten, Salz hinzufügen. Die Leber zu einer Art Wurst einrollen. Butter schmelzen lassen, die Leberrollen anbraten, bis sich eine goldene Kruste gebildet hat. Zwiebel und Knoblauch hinzugeben, mit Fleischbouillon auffüllen, gestiftelte Petersilienwurzel und Möhre hinzugeben, köcheln lassen, bis das Gemüse weich ist. Die Leberrollen herausnehmen, in Scheiben schneiden, den Bratenfonds angießen und alles mit Grün dekorieren.

Zar Peter der Große starb im Jahre 1725. Vor seinem Tod, des Sprechens nicht mehr mächtig, schrieb er mit schwächer werdender Hand: „Gebt alles ...", aber wem alles gegeben werden sollte, vermochte er nicht mehr zu notieren.
Im Kampf um die Thronfolge obsiegte Katharina I., die von ihrem Mann Peter I. bereits 1724 zur Mitregentin erhoben worden war und seine unmittelbare Nachfolgerin wurde. Jedoch regierte sie nur zwei Jahre, nämlich von 1725 bis 1727, dabei überließ sie die Regierungsgeschäfte mehr oder weniger Fürst Alexander von Menschikow.
Eine Version der Ursache ihres Todes besagt, dass die Zarin am Trunk gestorben sei, wobei sich diese Version indirekt mit Zahlen belegen lässt. In den zwei Jahren ihrer Herrschaft gab Katharina I. eine Million Rubel für diverse Schnäpse aus Danzig und ungarische Weine aus. Die Staatseinnahmen in dieser Zeit beliefen sich auf insgesamt zehn Millionen Rubel.
Doch sei an dieser Stelle noch das Lieblingsgericht der Zarin angefügt. Das waren Wachteln.

Wachteln in Traubensaft

Zutaten:

8 Wachteln • 400 Gramm Weintrauben • 1 Esslöffel Öl
Wild- oder Kalbsbouillon • Muskatnuss • 1 Gläschen Kognak
Salz

Zubereitung:

Wachteln säubern, salzen und in Öl in einer tiefen Pfannen anbraten. Die angebratenen Wachteln in einen Topf legen, die Weintrauben hinzugeben, dann ein wenig Traubensaft angießen, leicht köcheln lassen, dann mit der Wild- oder Kalbsbouillon auffüllen, aufkochen. Geriebene Muskatnuss nach Geschmack hinzugeben, einen Schuss Kognak zugießen und 10 Minuten im Ofen backen.

Auch Peter II., der Enkel von Peter I., war kein starker Zar, zumal er zunächst unter der Vormundschaft von Alexander Menschikow, des damals reichsten Mannes Russlands, und der Töchter von Zarin Katharina I. Anna und Elisabeth stand. Allerdings konnten sich die alten Fürstenfamilien Dolgorukow und Golyzin, die verächtlich auf den Emporkömmling Menschikow herabsahen, in den Auseinandersetzungen um Einflussnahme auf das Herrscherhaus gegen diesen durchsetzen. Unter Dolgorukows Einfluss wurde die Hauptstadt wieder nach Moskau verlegt. Und der Fürst fädelte die Verlobung des Zaren mit seiner Tochter Jekaterina Dolgorukowa ein, zur Hochzeit kam es allerdings nicht mehr, da Zar Peter II. im Januar 1730 verstarb, womit die männliche Linie der Romanow-Familie ausgestorben war.

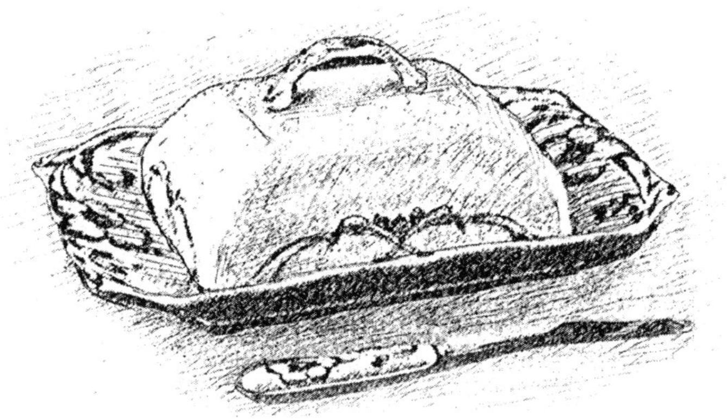

„Der Koch ist schnellstens zu hängen!“

Zarin Anna

(1693 bis 1740)

„Der Koch ist schnellstens zu hängen!“

Zarin Anna (1693 bis 1740)

Anna war die Tochter von Zar Iwan V., des älteren Halbbruders Peters des Großen, sie regierte von 1730 bis 1740. Anna hatte den kurländischen Herzog Friedrich Wilhelm geheiratet und war jung Witwe geworden. Von Zeit zu Zeit schrieb sie aus ihrem kurländischen Herzogtum, die heutige Republik Lettland, Briefe an ihre Verwandten in Russland, in denen sie sich über ihre Armut als Witwe beklagte. Anna zeichnete sich weder durch besonderen Verstand noch durch Willenskraft aus.

Der damalige Kanzler Andrej Iwanowitsch Graf von Osterman (Heinrich Johann Friedrich Ostermann), ein Deutscher, der bereits unter Peter I. Karriere im russischen Staatsdienst gemacht hatte, trat über die von ihm favorisierte Thronfolge Annas mit den Bojarenfamilien in Verhandlungen und unter dem schriftlichen Zugeständnis, dass Adel und Senat politische Mitbestimmungsrechte bekommen sollten, wurde Anna im Februar 1730 zur Zarin von Russland gekrönt. Der Krönungstag war von düsteren Vorzeichen überschattet. Der Himmel über Moskau leuchtete an diesem Abend purpurrot und wirkte unwirklich, überwältigend und beängstigend. Die Farbe des Himmels blieb im Gedächtnis zurück.

Das Dokument über die Mitbestimmungsrechte wurde von Anna nach der Krönung widerrufen, sie rief sich zur Alleinherrscherin aus. Graf von Osterman wurde 1734 mit dem Ministerium für Auswärtige Angelegenheiten betraut. Der deutschbaltische Adel in Person ihrer Günstlings aus kurländischen Zeiten Ernst Johann von Biron gewann beachtlichen Einfluss. Im Jahr 1732 zog die neue Zarin mit ihrem Hofstaat zurück nach Sankt-Petersburg. Es war gerade Zarin Anna, die das Zentrum der Stadt von der Petrograder auf die Große Seite um die Admiralität verlegte. Unter ihr wurde das heute die Stadt

noch bestimmende dreistrahlige Straßensystem angelegt. Die eitle Anna begann, kaum dass sie Zarin von Russland geworden war, auf großem Fuß zu leben. Vielleicht war das ein Grund, dass sie sich ständig vor Verschwörungen fürchtete. Die zehn Jahre (1730 bis 1740) ihrer Herrschaft waren geprägt von Grausamkeit. Menschen wurden auf den leisesten Verdacht hin, oft aufgrund von Denunziationen, von der Geheimen Kanzlei ergriffen und zum Tode verurteilt. Im Namen der Zarin ließ Biron 12 000 vermeintliche Verschwörer hinrichten und mehr als 20 000 in die sibirische Verbannung schicken. Bekannt ist die Tatsache, dass die Zarin befohlen hatte, vor den Fenstern ihres Palastes, also direkt vor ihren Augen, den Koch zu erhängen, der ihr ranzige Butter serviert hatte.
Weil es sich gerade anbietet, will ich hier das beste Rezept anführen, um verdorbene Butter zu retten.

Erfrischen von Butter

Zutaten:

Ranzige Butter • Wasser • Salz
Zitrone • frisch gepresster Möhrensaft

Zubereitung:

Wenn Butter ranzig geworden ist, muss sie mehrmals in frischem Wasser gewaschen werden. Dann Salz, einige Spritzer Zitronensaft und den Saft geriebener und ausgepresster Möhren hinzugeben. Gut mischen. Der Möhrensaft verleiht der Butter einen frischen, angenehmen Geschmack, am besten ist es, den Saft unmittelbar vor Verwendung der Butter zu pressen und unterzumischen.

Ein imperialer Nachtisch

Zarin Elisabeth
(1709 bis 1761)

Ein imperialer Nachtisch

Zarin Elisabeth (1709 bis 1761)

Zwanzig Jahre lang (1741 bis 1761) regierte Elisabeth Russland, und nach ihrem Tod äußerte sich die ihr folgende Zarin Katharina die Große mit großer Hochachtung über sie. Während Elisabeths Herrschaft wurde die Moskauer Universität gegründet. Es gab Siege in kriegerischen Auseinandersetzungen, und es gab große Reformprojekte. Es schien, als führte Elisabeth das Vermächtnis ihres Vaters, Peters I., fort. Nicht von ungefähr schrieb der Dichter Alexander Schuwalow: „In Gestalt Elisabeths hat Peter I. den Thron noch einmal bestiegen. An Elisabeth hat er seine Ideen weitergegeben." Elisabeth sah ihrem Vater auch äußerlich sehr ähnlich. Sie war mit 180 Zentimeter Körpergröße sehr groß, sah gut aus und amüsierte sich gern. Mit zwölf Jahren beherrschte sie bereits Französisch, Deutsch und Schwedisch. Die Zarenkrone setzte sie sich selbst aufs Haupt. Der alten aristokratischen Elite, darunter viele Ausländer, entledigte sie sich, aus den ihr treu ergebenen Garderegimenter, die ihre Machtübernahme ermöglicht hatten, erhob sie viele in den Adelsstand.

Zeit ihres Lebens schätzte sie Bälle, den Tanz, festliche Kleidung und das Zubettgehen am frühen Morgen. Jeden Tag erschien sie vor ihren Hofleuten in neuen Kleidern, die von den besten Pariser Schneidern gefertigt wurden. Nach ihrem Tod wurden in ihren Gemächern 15 000 Kleider gefunden, dazu Truhen voller Seidenstrümpfe, die damals mit Gold aufgewogen wurden, und Tausende Paar Schuhe. Von ihren exzentrischen Gewohnheiten waren zwei allgemein bekannt. Sie liebte es, beim Einschlafen Märchen und Geschichten zu hören, die ihr alte Märchenerzählerinnen vortragen mussten, die aus ganz Russland in den Zarenpalast befohlen wurden. Während der Märchenstunden musste ihr ein besonders vertrauter Diener die Fersen kraulen, damit sie einschlafen konnte. Die zweite Gewohnheit bestand darin, dass Elisabeth aus Angst vor Verschwörern selten zwei Nächte hintereinander am gleichen Ort schlief. Sowohl in Moskau wie auch in Sankt-Petersburg standen ihr zwei Dutzend gut eingerichteter Vorstadtpaläste zur Verfügung. Und sie dachte frühzeitig darüber nach, wer ihr auf dem Thron nachfolgen sollte. Elisabeth hatte keine eigenen Kinder. Gleich nach ihrer Krönung bestellte sie den jungen Karl Peter Ulrich von Schleswig-Holstein-Gottorp, den Sohn des Herzogs von Schleswig-Holstein-Gottorp und ihrer Schwester Anna, zu ihrem Nachfolger. Nach seiner Ankunft in Russland wurde er russisch-orthodox auf den Namen Peter getauft und in der Kunst, Russland zu regieren, unterwiesen. Nun ja, Peter III. erwies sich als nicht eben begabt dafür, im Gegensatz zu seiner zukünftigen Frau, der deutschen Prinzessin Sophie Auguste von Anhalt-Zerbst, die 1744 in Russland ankam und unter dem Namen Katharina die Große berühmt wurde.

Die Regierungszeit Elisabeths prägte sich bei ihren Untertanen durch die Vielzahl an Festen und Zerstreuungen ein. Es wurden großartige Bälle gegeben, Maskeraden und Theaterspiele fanden statt, während ihrer Regentschaft wurde 1756 von Fjodor Wolkow in Jaroslawl das erste russische Theater gegründet. Erlesene Kostüme und eine hervorragende Küche spielten unter ihrer Herrschaft eine wichtige Rolle. „Sie hat zwar den so genannten Weiberverstand, aber davon viel," schrieb ein Zeitgenosse über sie.

Die Zarin hatte zwei absolute Lieblingssüßspeisen, die sie sich gern zum Nachtisch servieren ließ. Das waren die so genannte Honigpastila und die auch als Trockenkonfitüre bezeichneten Kiewer Zuckerfrüchte, glasierte und kandierte Früchte, darunter die aus saftigen Zitrusfrüchten gewonnene Sukkade. Seit 1742 stellte sie der Konfektmeister Frans Andreas in Kiew für den Hof Elisabeths her. Eines Tages ging eine Bestellung ein, die alles bisher Gesehene in den Schatten stellte: Vom Hof in Sankt-Petersburg wurden alle möglichen Konfitüren und Sukkaden in einer Gesamtmenge von 15 Pud (240 Kilogramm) geordert. Auch früher waren manchmal gewaltige Mengen dieser Konfitüre in Kiew bestellt worden, zum Beispiel als Hochzeitsgeschenk für den litauischen Fürsten Jagailo. In den damaligen Zeiten war es in wohlhabenden Familien durchaus üblich, mehr als 30 Konfitüresorten vorrätig zu haben. Die Kunst, Konfitüre zu kochen, gehörte wie das Tanzen und das Klavierspiel zur Ausbildung der höheren Töchter. Eine eher ungewöhnliche Konfitüre der damaligen Zeit wurde aus Auberginen gemacht. Außer den für das Zarenreich nicht gewöhnlichen Zutaten waren Zeit und Geduld zur Zubereitung dieser Konfitüre nötig.

Konfitüre aus Auberginen

Zutaten:

20 bis 25 kleine, etwa 8 bis 10 Zentimeter lange Auberginen

2 Kilogramm Zucker • 1/2 Teelöffel Vanille • 2 Teelöffel Salz • Wasser

Zubereitung:

Die Auberginen schälen, halbieren, jede Hälfte mehrfach mit der Gabel einstechen. 7 Glas Wasser mit 2 Teelöffeln Salz vermischen, die Auberginen dazugeben und 5 bis 6 Stunden im Salzwasser ziehen lassen, anschließend gut mit kaltem Wasser abspülen. 1 Kilogramm Zucker in eine große Kasserolle geben, mit 6 Glas kaltem Wasser aufgießen, aufkochen, dann bei kleiner Hitze etwa 10 bis 15 Minuten köcheln lassen. In den kochenden Sirup die Auberginen geben, weitere 15 Minuten köcheln lassen, dann vom Feuer nehmen. Einen Deckel auf den Topf setzen und 12 Stunden stehen lassen. Am nächsten Tag 1 Kilogramm Zucker hinzugeben, alles zum Kochen bringen und 3 Stunden köcheln lassen. Etwa 5 Minuten vor Ende der Kochzeit 1/2 Teelöffel Vanillin hinzufügen. Etwas abkühlen lassen, die Konfitüre in trockene, saubere Gläser abfüllen, diese luftdicht verschließen.

Und hier kommt nun das erste Lieblingsdessert von Zarin Elisabeth.
Im Städtchen Kolomna wurde 1735 die erste Pastila-Fabrikation eröffnet. Seither wurde der russische Zarenhof mit Pastila, einer Süßigkeit aus getrocknetem Früchtepüree, aus Kolomna beliefert. Ab Mitte des 19. Jahrhunderts gelangte Pastila als russische Süßigkeit nach Westeuropa. Erst kürzlich fand man Handschriften in einer Klosterbibliothek, die belegen, dass die russischen Hausfrauen bereits im 15. Jahrhundert ihre Pastila auf diese Art herstellten, indem sie aus gebackenen Äpfeln ein schaumiges Mus rührten und dieses in dünnen Schichten im Ofen trocknen ließen. Natürlich gibt es die Süßigkeit in den verschiedensten Abwandlungen, aber hier ist das traditionelle Rezept für die Pastila der Zarin.

Apfel-Honig-Pastila

Zutaten:

1 Kilogramm Äpfel • 1 Glas Honig

Zubereitung:

Die Äpfel halbieren und die Apfelhälften ohne Kerngehäuse auf ein Backblech legen, so dass die Schnittfläche nach oben zeigt. Etwas Wasser hinzugießen und so lange backen, bis die Äpfel weich sind. Die Äpfel dann durch ein Sieb passieren und das entstandene Apfelmus so lange rühren, bis es eine weiße Farbe annimmt. Honig in gleicher Menge wie das Apfelmus abmessen und ebenfalls rühren, bis der Honig weiß ist. Dann das Apfelmus und den Honig miteinander vermischen und aufschlagen. Die Masse in 2 bis 3 Zentimeter hohe Blechförmchen geben, auf ein Backblech stellen und in der Backröhre bei 40 bis 50 Grad Celsius einige Stunden trocknen lassen. Die Pastila aus den Förmchen holen, jeweils zwei aufeinanderlegen, in der Mitte mit Honig bestreichen.

Sehr beliebt waren auch andere Arten von Pastila, hier noch zwei weitere Rezepte:

Pastila nach Hausfrauenart

Zutaten:

1 Kilogramm Äpfel • 2 Glas Zucker • 2 Eier • Puderzucker

Zubereitung:

Die gewaschenen Äpfel in einem Topf mit etwas Wasser ansetzen und solange kochen lassen, bis sich in der Apfelschale Risse bilden. Die gekochten Äpfel durch ein Sieb passieren. Auf 4 Glas Püree 2 Glas Zucker geben und gut vermischen. Dann 2 schaumig geschlagene Eiweiß hinzugeben und so lange rühren, bis sich ein weißer Schaum bildet. Die Masse in einer 2 Zentimeter dicken Schicht in eine ausgefettete Form geben, mit Papier bedecken und in den warmen Backofen bei einer Temperatur von 40 bis 50 Grad Celsius schieben. Nach 2 bis 4 Stunden, wenn die Oberfläche hart wird, die Pastila herausnehmen, abkühlen lassen und in Stücke schneiden, mit Puderzucker bestreuen, und wieder von allen Seiten trocknen lassen. In einer mit Pergamentpapier ausgelegten Schachtel aufbewahren.

Pastila aus Beeren und Früchten

Zutaten:

1 Kilogramm Beeren und Früchte • 2 Glas Zucker
100 Gramm Walnüsse • 100 Gramm Zitronat • 50 Gramm Puderzucker
50 Gramm gehackte Walnüsse

Zubereitung:

Beliebige Beeren und Früchte mit einer kleinen Menge Wasser ansetzen, zum Kochen bringen und anschließend durch ein Sieb passieren. 2 Glas Zucker hinzufügen und wieder kochen, dabei häufig umrühren. Sobald sich die Masse beim Rühren hinter dem Löffel nachzieht und vom Topfboden löst, die gemahlenen Walnüsse und das Zitronat hinzugeben. Auf ein mit gefettetem Pergamentpapier abgedecktes Backblech geben, die Oberfläche glatt streichen, so dass eine 1 bis 2 Zentimeter hohe Schicht entsteht, und in der Backröhre bei geöffneter Tür bei 60 Grad Celsius langsam trocknen lassen. Die Pastila zu einer Rolle drehen, dann mit gehackten Walnüssen bestreuen und mit Puderzucker bestäuben.

Aus der großen Vielfalt der Speisen am Zarenhof fiel mir ein Mittagsmenü besonders auf, das am Hof in Zarskoje Selo bei Sankt-Petersburg am 6. Januar 1748 serviert wurde. Auf Elisabeth geht übrigens nicht nur der Katharinenpalast in Zarskoje Selo zurück, sondern auch der Große Palast in Peterhof und der Winterpalast in Sankt-Petersburg.

In Russland wurde der Charakter eines Mahls in erster Linie davon bestimmt, in welche Zeit es fiel, in die Fastenzeit oder in die Zeit, in der nicht gefastet wurde. Der 6. Januar ist in Russland ein Tag, an dem traditionell gefastet werden muss. Doch leitet er zugleich das Ende des großen Fastens ein, und man setzt sich zu Tisch, wenn der erste Stern am Himmel aufgegangen ist. Der Stern erinnert an Bethlehem. Zum Abendessen wurden der Zarin 12 verschiedene Gerichte serviert, das entspricht der Zahl der Apostel. Dann folgt Weihnachten, das in Russland drei Tage lang gefeiert wird, am 7., 8. und 9. Januar.

Was also aß die Zarin an Fastentagen? Zwar hatte Peter I. die Kartoffel aus Europa mitgebracht, doch fasste die vom einfachen Volk zunächst „Teufelsapfel" genannte Kartoffel erst ab Ende des 18. Jahrhunderts richtig Fuß in Russland. Die verbreitetsten vegetarischen Gerichte waren die Kaschas.

Über Kascha haben wir bereits berichtet. Zur Fastenzeit wird sie mit Sonnenblumenöl verfeinert, zu allen anderen Zeiten mit Butter, Milch oder Smetana.

Außerdem kann man Quark, Eier, Pilze, Fisch, Fleisch, gebratene Zwiebeln, Erbsen, Kräuter, Nüsse, Honig, Früchte und Beeren verwenden, um eine Kascha zu bereichern. Zur Roggenkascha wurde in alten Zeiten Kürbispüree hinzugefügt, zur Graupenkascha Mohn. Zucker, Honig und Konfitüre wurden den so genannten weißen Kascha-Arten zugegeben, also der Kascha aus Reis oder Grieß. Das weltweit neben dem Weizen am weitesten verbreitete Getreide, den Reis, lernten die Russen im 14. und 15. Jahrhundert kennen. Als Lieblingskascha der Russen gilt die Buchweizenkascha. Die beliebteste Fleischart im alten Russland war das Hammelfleisch. Erst mit großem Abstand folgte das Rindfleisch. Über Schweinefleisch wird in den alten Chroniken kein Wort verloren. Es fand in Russland erst im 18. Jahrhundert unter dem Einfluss der Ukrainer Verbreitung.

Also, was beliebte die Zarin zur Fastenzeit zu speisen? Zum Frühstück gab es Sauerkraut, Hering, Salzgurken, einen Salat Vinaigrette, mit Sauerkraut gefüllte Fastenpiroggen, eine einfache Kascha, gebratene Pilze, Piroggen mit Buchweizen- und Pilzfüllung. Zum Mittag wurden Suppe aus gelben Erbsen, Ucha (Fischsuppe), Borschtsch, Schtschi ohne Fleisch, Pilzsuppe, Botwinija (kalte Suppe aus Kwas, Gemüse und Fisch) sowie Buchweizenkascha auf Pilzbouillon gereicht.

In der Fastenzeit wurden vornehmlich Getränke aus getrockneten Früchten serviert. Und dazu gab es Watruschka (Quarkküchlein) mit Warenije (Konfitüre).

Fastenpiroggen

Zutaten:

½ Liter lauwarmes Wasser • 1 Esslöffel Zucker • 40 Gramm Trockenhefe
900 Gramm Mehl • 3 Esslöffel Sonnenblumenöl • Salz
gedünstetes Sauerkraut

Zubereitung:

½ Liter Wasser, 1 Esslöffel Zucker, 40 Gramm in warmem Wasser aufgelöste Hefe und 900 Gramm Mehl zu einem Teig verarbeiten, mehrere Esslöffel Sonnenblumenöl hinzugeben, den Teig gut durchkneten und an einem warmen Ort gehen lassen, wieder durchkneten und noch einmal aufgehen lassen. Aus dem Teig Kugeln ausstechen, ausrollen, 1 Löffel Fastenfüllung aus gedünstetem Sauerkraut daraufgeben, die Ränder mit den Fingern gut verschließen, mit Öl bestreichen und in der Pfanne braten.

Von den vegetarischen Lieblingsgerichten der Zarin führe ich zwei Rezepte an, gefüllte Forellen und gedämpfter Fisch mit Gemüse.

Gefüllte Forellen an Salat

Zutaten:

4 Forellen • 8 Scheiben Weißbrot • 12 getrocknete Tomaten
2 Bund Petersilie • 250 Gramm gemischte Pflücksalate
2 Knoblauchzehen • 10 Esslöffel Olivenöl • Salz • Pfeffer • 1 kleine Zwiebel
3 Esslöffel Weinessig • 2 Teelöffel Honig

Zubereitung:

Das Weißbrot entrinden. 6 Scheiben in kleine Würfel schneiden. Knoblauch schälen und fein hacken. Tomaten würfeln. Petersilie waschen, trocken schütteln und hacken. 3 Esslöffel Olivenöl in einer Pfanne erhitzen. Brotwürfel und Knoblauch darin anrösten. Etwas abkühlen lassen, dann Tomaten und Petersilie untermischen. Mit Salz und Pfeffer würzen. Das restliche Weißbrot fein zerkrümeln. Forellen waschen und trocken tupfen. Forellen mit der Bauchhöhle nach oben drehen und mit einem scharfen Messer auf beiden Seiten vorsichtig die Gräten bis zum Rückgrat vom Fleisch lösen. Dann die Gräten mit Rückengräte herauslösen. Brot-Tomaten-Mischung, bis auf einen

kleinen Rest, in die Bauchhöhlen füllen und diese mit Holzspießchen zusammenstecken. Forellen mit drei Esslöffeln Olivenöl einreiben. Mit Salz und Pfeffer würzen. Auf ein mit Alufolie belegtes Backblech legen. Mit Brotkrümeln bestreuen und ca. 25 Minuten bei 200 Grad Celsius backen.
Zwiebel schälen, fein würfeln. Mit Essig, Salz, Pfeffer, Honig und 4 Esslöffel Olivenöl zu einer Vinaigrette verrühren. Salate putzen, waschen, trocken schleudern, klein zupfen. Mit der Vinaigrette mischen. Die Forellen auf dem Salat anrichten und servieren.

Gedämpfter Fisch mit Gemüse

Zutaten:

500 Gramm Lachs, Filet ohne Gräten • 400 Gramm kleine Kürbisse
1 Tomate • 1 Gurke • Zitronensaft • würzige Kräuter
frisch gemahlener schwarzer Pfeffer • Meersalz nach Geschmack

Zubereitung:

Den Fisch salzen, mit Kräutern und Pfeffer würzen, nach Geschmack salzen, 25 Minuten dämpfen. Die kleinen Kürbisse in Scheiben schneiden, auf dem Grill rösten und auf eine Servierplatte legen. Den Fisch darauf platzieren, alles mit Zitronensaft beträufeln. Mit Tomaten- und Gurkenscheiben garnieren.

Vom Salat Vinaigrette auf dem Fastentisch der Zarin haben wir schon gesprochen. Hier sei noch ein wahrhaft zaristischer Salat Vinaigrette auf altrussische Art angefügt.

Salat Vinaigrette auf altrussische Art

Zutaten:

2 Rote Bete • 3 bis 5 Kartoffeln • 3 gesalzene Gurken

100 Gramm marinierte Pilze • Salz • Pfeffer • 50 Gramm Kapern
100 Gramm Weiße Bohnen • 100 Gramm Zanderfilet
etwas Kohl • 1 Prise Zucker • 1 Teelöffel Senf • 3 Esslöffel Pflanzenöl
½ Glas 35-prozentiger Essig

Zubereitung:

Die Rote Bete kochen oder backen, die Kartoffeln und die Weißen Bohnen kochen. Kohl hacken, mit heißem Wasser übergießen, abkühlen lassen, in ein Sieb geben und auspressen. Zanderfilet salzen, pfeffern und in Öl anbraten. Rote Bete, Kartoffeln, marinierte Pilze und Salzgurken in Würfel schneiden, untermischen, Bohnen, Kohl, Kapern und den in Würfel geschnittenen Zander hinzugeben, unterrühren. In ein wenig Wasser Zucker, Senf, Pfeffer und Salz verrühren, nach und nach und unter ständigem Rühren das Öl zugeben, dann den Essig einrühren. Über den Salat geben, ziehen lassen. Mit einigen Rote-Bete-Scheiben und Salzgurken dekorieren.

Kalatsch ist die älteste Art von Weißbrot in Russland. Die Rezeptur des Brotes war lange Zeit ein Rätsel, gab es doch im russischen Brotrepertoire nur auf Sauerteig basierendes Roggenbrot. Selbst die Herkunft des Namens „Kalatsch" ist umstritten. Die einen Linguisten führen es auf „kolo" (Reigen), „kolesso" (Rad) zurück, die anderen auf das tatarische „kalatsch", was wörtlich „sei hungrig" bedeutet. Kalatsch ist seit dem 16. Jahrhundert bekannt. Moskauer Kalatsch ist eine Spezialität, von der es heißt: „So backen die Deutschen nicht!" I. A. Rajewski schrieb: „Die Abreise nach Sankt-Petersburg war ein wahres Unglück und war immer begleitet von Verzweiflung und bitteren Tränen. In Moskau, wo wir auf der Durchreise hielten, tröstete uns der große Hof unseres Hauses auf der Wosdwischenka und die heißen Kalatschi, die wir sehr liebten." Und Fürst Tsitsianow berichtet, dass er von Fürst Potjomkin von Moskau nach Peterhof befohlen worden sei, um Zarin Katharina II. leckere Kalatschi für den Frühstückstisch zu bringen – er reiste so schnell, dass „das

Schwert an jeden Werstpfosten klopfte". Aus Dankbarkeit schenkte die Herrscherin Potjomkin einen Zobel. In einem Sprichwort heißt es: „Kjachtinsker Tee, Moskauer Kalatsch – und der Nachmittag ist reich." Kjachta in Burjatien war eines der bekanntesten Teeanbaugebiete im Zarenreich. Oder: „Mit Kalatsch – ein feines Antlitz" und „Nicht in der Hand des Bauernsohnes ist der Kalatsch", soll heißen: Kalatsch war stets ein Hefegebäck der Aristokratie.

Kalatsch

Zutaten:

10 Gramm frische Hefe • 250 Gramm abgekochtes warmes Wasser
225 Gramm Mehl • 225 Gramm Weizenmehl (Type 405)
25 Gramm abgekochtes warmes Wasser • 9 Gramm Salz

Zubereitung:

Hefe in 25 Gramm lauwarmem Wasser auflösen, mit Mehl vermischen, mit einem Handtuch bedecken und 2 Stunden an einem warmen Ort gehen lassen. Nun geben Sie 225 Gramm warmes Wasser in eine große Schüssel und legen den Teig hinein, darüber geben Sie 225 Gramm feinst gemahlenes weißes Mehl und Salz. Nun kneten Sie den Teig durch, sollten Sie mehr Wasser benötigen, dieses immer nur löffelweise zugeben. Nach dem Kneten den Teig in ein Behältnis mit einem Volumen von mindestens 3 Litern geben. Mit einem Tuch bedecken und 12 Stunden ruhen lassen. Den Teig auf einen mit Mehl bestäubten Tisch legen, mit Mehl bestäuben, durchkneten und mit den Händen in Stücke teilen. Rollen Sie jedes Stück auf Mehl zu runden Fladen. 30 Minuten ruhen lassen. Nun rollen Sie die Fladen zu Würsten, wobei die Mitte dicker als die dünnen Enden ist. Ziehen Sie die Ende zusammen, verbinden Sie sie und legen Sie den geschlossenen Kranz auf ein mit Mehl bestäubtes Brett. Wieder 20 bis 30 Minuten gehen lassen. Mit einem scharfen Messer in den dicken Teigteil einen Schnitt machen, ein wenig Weizenmehl hineingeben, den Schnitt schließen. Den Kranz auf ein mit Papier ausgelegtes Blech legen, auf den Boden des Ofens eine Tasse Wasser stellen. Den Kalatsch im auf 250 Grad vorgeheizten Ofen 20 bis 25 Minuten backen. Den Kalatsch auf ein Gitter legen, mit einem Handtuch bedecken, ein wenig abkühlen lassen und warm genießen.

Kalja aus Geflügel

Zutaten pro Person:

100 Gramm Huhn • 40 Gramm Schinken • 40 Gramm gesalzene Gurken
45 Gramm Petersilienwurzel • 15 Gramm Sellerie
30 Gramm Pastinake • 40 Gramm Zwiebeln
10 Gramm geschmolzene Butter • 10 Gramm Smetana • Lorbeerblatt
Schwarzer Pfeffer • Petersilie • Salz

Das Huhn salzen, in Wasser kochen, herausnehmen und pro Person in 3 bis 4 Stücke teilen. Zwiebel andünsten, in die kochende Hühnerbouillon geben, zudem geschnittene Petersilienwurzel, Sellerie, Pastinake. Etwas Mehl goldgelb in Butter anbraten, in die Bouillon geben und verrühren. Nun geben Sie den gewürfelten Schinken, die in Scheiben geschnittenen Salzgurken, Lorbeerblätter und zerstoßenen Pfeffer hinzu, köcheln lassen, bis die Gurken gar sind. Die Hühnerstücke dazugeben, nach Geschmack etwas Salzgurkensud zugießen. Mit Smetana und gehackter Petersilie servieren.

Unter den alkoholischen Getränken bevorzugte Zarin Elisabeth wie Peter I. ungarischen Tokajer. Elisabeths Vorliebe für den „goldenen Nektar" bewirkte übrigens einen sprunghaften Anstieg der Tokajerexporte nach Russland. Ihre Leidenschaft für ungarischen Wein bezeugt ein Postskriptum unter einer Order der Zarin vom 8. November 1745, die an den russischen Gesandten in Ungarn gerichtet war: „Schickt mir, wenn möglich per Eilboten, drei Antal (Fäs-

ser mit einem Fassungsvermögen von 75 Litern – Anm. d. Red.) Aszú, hier gibt es den nirgends, aber ohne ihn kann ich nun mal nicht leben, wie Ihr wisst."
Die Zarin gab astronomische Summen für das „goldene Getränk" aus. In ihrem Brief vom 13. November 1745 befahl sie General Wischnewski, fünf Antal Tokaji Aszú Jahrgang 1727, den teuersten Süßwein unter den Tokajern, zu besorgen. Ein Antal Wein kostete damals 120 Tscherwonzen, das waren 276 Goldrubel.
Die Erzherzogin von Österreich Maria Theresia war seit dem Jahre 1741 auch Königin von Ungarn, und sie kannte die exzentrische Leidenschaft ihrer gekrönten Kollegin sehr genau. 1746 bestellte sie für die russische Herrscherin 600 Flaschen Aszú und ließ sie an den Zarenhof liefern.
Zu ihrem Lebensende hin begann die kräftige Gesundheit der Zarin zu schwächeln. Der österreichische Gesandte Graf Florimond von Mercy-Argenteau berichtete: „Ihr beständiges Ansinnen war es, ihre Schönheit ins rechte Licht zu setzen, jetzt jedoch, da die Veränderung ihrer Gesichtszüge sie dazu zwingt, das unvorteilhafte Nahen des Alters zu spüren, nimmt sie sich das sehr zu Herzen." Den Palast in Zarskoje Selo bevölkerten Wunderheiler und Wahrsager. Aber nichts half. Am 25. Dezember 1761 starb die Zarin.
Heute erinnert man nur an „Tatjanas Tag" an Zarin Elisabeth. Im julianischen Kalender ist das der 12. Januar, nach dem gregorianischen Kalender der 25. Januar. An diesem Tag im Jahr 1755 hatte die Zarin den Erlass über die Gründung der Moskauer Universität unterzeichnet. „Tatjanas Tag" war der größte studentische Feiertag im zaristischen Russland, auch in der Sowjetzeit war er nicht ganz vergessen, und seit den 1990er Jahren wird der Tag wieder ausgiebig gefeiert. In der Kirche der Heiligen Tatjana der Moskauer Universität wird regelmäßig ein Dankgottesdienst für die Gründerin der Universität abgehalten. An andere Herrscher in Russland erinnert man sich heute noch weniger.

Ein Smaragdring für Stachelbeerkonfitüre

Katharina die Große

(1729 bis 1796)

Ein Smaragdring für Stachelbeerkonfitüre

Katharina die Große (1729 bis 1796)

Am 28. Juni 1762 kam es im Russischen Reich zur Palastrevolte. Mit dem Umsturz begann eine Epoche, die viele als das Goldene Zeitalter Russlands bewerten. Gestützt auf die Garderegimenter ließ sich Katharina II. zur Zarin ausrufen und ihren Mann Zar Peter III. für abgesetzt erklären. Am 22. September 1762 wurde Katharina II., die kurz darauf die Ordnungszahl in ihrem Namen gegen das schmückende Beiwort „die Große" tauschte, in der Himmelfahrtskathedrale des Moskauer Kreml zur Zarin gekrönt.

Das Goldene Zeitalter Russlands geht einher mit dem Mythos von Katharina als einer gerechten und gnädigen Herrscherin, die ihrem Volk mildtätig und ihren Feinden unerbittlich gegenüberstand. Katharina herrschte in Russland 34 Jahre lang. Ihr staatsmännisches Geschick und ihre weitsichtigen Entscheidungen machten sie berühmt. Während ihrer Herrschaftszeit wurden in ganz Russland Krankenhäuser, Apotheken und Schulen gebaut. Sie lud Fachleute und Wissenschaftler aus dem Ausland ein. 1783 gründete sie die Russische Akademie der Wissenschaften.

Im 18. Jahrhundert hatte sich das Antlitz Russlands verändert. Aus dem Moskowiter Zarenreich war das Russische Imperium geworden. Dessen neuer Glanz zeigte sich auch in den staatlichen Orden und Auszeichnungen, deren wichtigster Schmuckstein der Brillant wurde. Deshalb nennt man das 18. Jahrhundert in Russland auch das „Brillant-Jahrhundert".

In einer Ausstellung in der Schatzkammer der Sankt-Petersburger Eremitage erregten Zahnbürsten meine Aufmerksamkeit. Sie waren aus Gold gefertigt, und die hohen Damen, darunter Katharina die Große, hatten sie einst an einem Kettchen um den Hals getragen. Neben den Zahnbürsten waren kleine Schaber aus Gold zu sehen, die sich als Zungenschaber entpuppten. Unter

den russischen Aristokraten war es damals Mode geworden, sich vor jedem neuen Gang die Zunge zu putzen, um die Aromen der erlesenen Speisen vollumfänglich auskosten zu können.
Und noch etwas in dieser Ausstellung erstaunte mich. Das war die riesige Samowar-Sammlung der Zarin. Dabei wurde mir klar, wie sehr Katharina II. versucht hatte, den Geheimnissen der russischen Seele auf den Grund zu kommen. Doch sie ahnte nicht, dass sie mit einem Federstrich ein russisches Sprichwort schuf, das heute jeder kennt: „Man fährt nicht nach Tula und bringt seinen Samowar mit!" So, wie man keine Eulen nach Athen trägt. Unter Katharina II. setzte sich die Mode des Teetrinkens nicht nur unter den russischen Aristokraten, sondern auch bei den einfachen Bürgern durch. Es entstand ein riesiger Bedarf an Samowaren, die bis dahin eher als exotisch galten und nur auf Bestellung in kleiner Stückzahl gefertigt wurden. Die überlasteten Schmiede aus Tula richteten im Jahr 1778 ein Gesuch an die höchste Würdenträgerin im Land. Katharina gestattete ihnen daraufhin, eine der Werkstätten zur Waffenherstellung ausschließlich für die Fertigung von Samowaren umzurüsten. 50 Jahre später waren die Begriffe „Tula", „Samowar" und „Russland" zu einer Einheit verschmolzen. Es war also Katharina die Große, die die Samowar-Mode in Russland begründete!
Unter Katharina II. änderten sich die Tischsitten. Auf den Esstischen gab es nun Messer, Gabeln und Löffel zur Genüge. Teures Tafelgeschirr aus Silber und Porzellan trat in Erscheinung, und zwar bei allen Anlässen: für die Kaffeetafel, für den Tee, für den Mittagstisch, und es gab da Dinge, die zuvor völlig unbekannt waren: Tässchen und Untertässchen, Zuckerdosen, Milchkännchen, Teekannen, Kaffeekannen. Jede Person am Tisch hatte ein eigenes Gedeck. Zu einem Tischgedeck gehörten Messer, Gabel und Löffel, Teller und Becher standen bereit, und es gab Servietten. Die Tische wurden mit Blumen oder Pomeranzenbäumchen und kleinen Springbrunnen geschmückt. Überliefert ist, dass die Tische in einem Winter sogar mit frischen Maiglöckchen

dekoriert waren. Das Mittagessen bestand in der Regel aus zwei Gängen mit jeweils 200 Gedecken, wobei das Dessert nicht mitgerechnet wurde. Gäste wurden mit Kaffee, Tee und anderen erfrischenden Getränken bewirtet.

In den Palästen der russischen Hocharistokratie des 18. Jahrhunderts waren besondere Säle für die Festessen vorgesehen: Bankettsäle, in denen lange Tische in Form von Figuren – etwa eines Doppeladlers oder einer Lyra – oder Ornamenten angeordnet waren. Ein Beispiel ist das Essen der Zarin am 3. Mai 1750. Ihre Hoheit speiste im Winterpalast in Sankt-Petersburg mit den Stabsoffizieren ihrer Leibgarde. Die Tische bildeten die Form einer Krone.

Fürst Nikolai Repin war einer der glänzendsten Würdenträger seiner Epoche. Aus Anlass des Geburtstages der Zarin richtete der Fürst ein Festessen für 3 000 Gäste aus. 25 Köche hatten alle Hände voll zu tun, um die Speisen zuzubereiten.

Und ein weiteres Fest ging in die Geschichte der russischen Kochkunst ein. Der durchlauchtige Fürst Grigori Potjomkin veranstaltete es für Zarin Katharina im Taurischen Palais. Während des Essens bediente der Fürst seine Herrscherin selbst, bis sie ihm befahl, sich zu setzen. Am Tisch der Zarin saßen die 48 ranghöchsten Personen des Russischen Reiches. Im Theatersaal, in dem das Essen stattfand, waren weitere 14 Tische in Form eines Amphitheaters aufgestellt, sieben an jeder Seite. Die Gäste saßen in einer Reihe, mit Blickrichtung auf Katharina. Alle Tische wurden mit Lampions aus weißem und buntem Glas beleuchtet. 20 weitere Tische waren in den anderen Speisezimmern des Palastes eingedeckt, mit Geschirr aus bestem Porzellan und Silberbesteck. Die Bediensteten, die in die honiggelben Livreen mit hellblauen und silbernen Verzierungen des Fürsten Potjomkin gekleidet waren, trugen erlesene Speisen auf. Nach dem Essen begann ein Ball, der bis in die Morgenstunden andauerte.

In Sankt-Petersburg, und ganz besonders in den Kreisen bei Hofe, erfreute sich die französische Küche großer Beliebtheit. Köche aus Frankreich waren begehrt. Doch die wahren Genießer unter den russischen Würdenträgern interessierten sich weniger für die erlesenen Feinschmeckerrezepte oder für die außergewöhnlichen Rituale bei Tisch, sondern vielmehr für die Abwechslung und die Effekte, die die Mahlzeiten in ein „Theater und Maskenspiel" verwandelten. Solche Festmahle hatten vor dem Hintergrund des strengen und steifen Hofzeremoniells einen ganz besonderen Unterhaltungswert.

Doch kehren wir zurück zum großen Fest des Fürsten Grigori Potjomkin. Einige der Gerichte der erlesenen Menüfolge wollen wir hier vorstellen: die Haselhühnersuppe zum Schlürfen, Rinderfilet nach Art des Sultans oder Kalbskopf in Trüffelsauce.

Eiskrem gab es auch, und sie wurde in Gefäßen angerichtet, die aus Eis geformt waren. Zeitgenossen berichteten, diese Eiskelche hätten gewirkt, als seien sie aus Glas gemacht und ihre Form sei außergewöhnlich gewesen.

Suppe zum Schlürfen aus Haselhühnern mit Parmesan und Maronen

Zutaten:

3 Pfund Rindfleisch • 1/2 Pfund Kalbsknochen • 1 Strauß Kräuter
2 Möhren • 1 Petersilienwurzel • 1/2 Sellerie • 1/2 Porree
1 Haselhuhn oder Bekassine, alternativ 1 Fasan oder 1 Waldschnepfe
1/2 Esslöffel Öl • 1 Esslöffel Mehl • 1/2 Flasche Champagner
1/2 Teelöffel geriebene Muskatnuss • grüne Petersilie und Dill
6 Stangen Spargel • 1 Eigelb • 1/2 Glas Smetana

Zubereitung:

Eine klare Bouillon aus 3 Pfund Rindfleisch und 1/2 Pfund Kalbsknochen kochen und abseihen. Die Wildhühner in Öl braten, bis sie gar sind. Das Fleisch von den Knochen lösen, mit dem Messer in kleine Stücke schneiden, im Mörser zerstoßen, durch ein Sieb geben. Die Geflügelknochen zusammen mit

dem Rindfleisch und den Kalbsknochen weiter kochen, zudem den Strauß Kräuter und das klein geschnittene Gemüse hinzugeben. Eine Mehlschwitze aus ½ Esslöffel Öl und 1 Esslöffel Mehl zubereiten, mit einem Glas abgeseihter Bouillon ablöschen, gut verrühren, damit sich keine Klumpen bilden, aufkochen. Mit dem Fleischpüree mischen, ein Eigelb und ½ Glas Smetana hinzufügen, nun alles in die Bouillon geben, mit Muskatnuss, Petersilie und Dill würzen, bis zum Siedepunkt erwärmen. Unmittelbar vor dem Servieren eine halbe Flasche Champagner hineingießen.
Zu dieser Suppe wird Röstbrot mit Parmesan gereicht.

Röstbrot mit Parmesan

Zutaten:

1 Baguette • ½ Esslöffel Butter • 1/8 Pfund Parmesan

Zubereitung:

Die Rinde von einem trockenen Weißbrot abschneiden, es in kleine Scheiben oder lange gleichmäßige Streifen oder Würfel schneiden. In einen Bräter legen, jeden Streifen vorsichtig mit geschmolzener Butter bestreichen, mit geriebenem Parmesan bestreuen, langsam im heißen Backofen rösten, bis die Farbe goldgelb ist.

Gebackene Maronen

Zutaten:

Maronen • Butter

Zubereitung:

Den hellen Boden der Maronen über Kreuz einschneiden, damit sie beim Backen nicht aufplatzt. Im Backofen ca. 15 Minuten lang rösten, in einer Serviette servieren. Die Schale lösen und die Maronen mit geschmolzener Butter essen.

Großes Rinderfilet nach Sultansart

Zutaten:

5 bis 6 Pfund Rindfleischfilet • 1/4 Pfund Butter • 2 bis 3 Stück Zwieback
Salz • 1 Teelöffel fein gemahlener Pfeffer • Wasser

Zubereitung:

Am Vorabend 5 bis 6 Pfund Rindfleisch gut mit einem Holzhammer mürbe klopfen, mit 1 Teelöffel fein gemahlenem Pfeffer bestreuen; in einen Tontopf legen, abdecken, bis zum nächsten Tag ruhen lassen. Zwei Stunden vor dem Mittagessen das Fleisch reichlich mit Salz einreiben und in einen Bräter legen, Butterflocken auf das Fleisch setzen, den Bräter in den Backofen schieben. Wenn es von allen Seiten leicht angebraten ist, mit etwas Wasser ablöschen und etwa alle 10 Minuten (immer wenn das Wasser verdampft ist) Wasser nachgießen. Nach dem letzten Guss mit Krümeln von Zwieback bestreuen.

Das Filet wird mit einer Beilage aus Gemüse gereicht.

Beilage aus Gemüse mit Krebsschwänzen

Zutaten:

Die Menge der Zutaten hängt von der Anzahl der Gäste ab.
Sellerie • Petersilie • Schalotten • Champignons • Krebsschwänze
gesalzene Gurken • Kapern • Cornichons
Oliven • marinierte Steinpilze • Bouillon (am besten Gemüsebouillon)
Salz • Wasser • 450 Gramm vollreife Tomaten • 1 Zwiebel
1 Knoblauchzehe • 1 Esslöffel Olivenöl • Zucker

Zubereitung:

Den Sellerie und die Petersilienwurzel putzen, in kleine Stücke möglichst der gleichen Form schneiden, also etwa Stifte oder kleine Würfel, in kochendes

Salzwasser geben, einmal aufkochen lassen, durch ein Sieb abgießen, mit kaltem Wasser blanchieren und in eine Pfanne geben. Mit Bouillon aufgießen, so dass das Gemüse knapp bedeckt ist, weich kochen. Eine Schalotte und in Scheiben geschnittene Champignons in einer Pfanne in etwas Öl anbraten, die gekochten Krebsschwänze putzen, in Stücke schneiden. Salzgurken in Wasser kochen, in Scheiben oder Würfel schneiden. Kapern, längs halbierte Cornichons, entsteinte Oliven und die in dünne Scheiben geschnittenen marinierten Steinpilze anbraten. Alle Zutaten gut mischen, mit Tomatensauce angießen, einmal aufkochen lassen.

Für die Tomatensauce: Die Tomaten kurz mit heißem Wasser überziehen und häuten. Anschließend sehr klein schneiden. Das Olivenöl erhitzen und die Zwiebel, Knoblauch und Zucker darin anbraten. Die Tomaten hinzugeben und mit Salz und Pfeffer abschmecken. Die Sauce etwa 10 Minuten kochen lassen. Die Tomatensauce sollte nicht mit Smetana angereichert werden, sie kann mit einem Sud aus allen oben erwähnten Gemüsearten gewürzt werden.

Kalbskopf in Trüffelsauce

Zutaten:

1 Kalbskopf • 1 Möhre • ½ Petersilienwurzel • ½ Sellerie
5 bis 10 Körner Piment • ½ Stange Porree • (1 Zwiebel)
1 Tasse Zwiebackbrösel • 1 bis 2 Lorbeerblätter • englischer Küchenpfeffer
2 Esslöffel Öl • 1 bis 2 Eier • Essig • Salz

Zubereitung:

Den Kalbskopf kurz in kochendes Wasser tauchen, das Fell ablösen, waschen, in zwei Hälften zerteilen, das Hirn entnehmen, den Kopf in kaltem Wasser mit englischem Pfeffer, Lorbeerblättern, Möhre, Petersilienwurzel, Sellerie, Porree, alles klein geschnitten, und Essig, jedoch ohne Salz aufsetzen. Wenn das Fleisch gar ist, herausnehmen, kurz in kaltem Wasser abwaschen, das

Fleisch von den Knochen lösen, in Stücke oder Scheiben schneiden, unter eine Presse legen. Wenn es abgekühlt ist, salzen, jedes Stück in verquirltem Ei und Zwiebackbröseln wälzen, in Öl anbraten. Dazu passt hervorragend eine Trüffelsauce.

Trüffelsauce

Zutaten für 6 Personen:

6 Trüffel • 2 Gläser kräftige Fleischbouillon mit Fettaugen
Butter • 1 Likörglas Madeira.

Zubereitung:

Die Trüffel vorsichtig putzen, in der fetten Fleischbouillon kochen, herausnehmen, in feine Scheiben schneiden, auf das in der Pfanne angewärmte Fleisch legen, ein Likörglas Madeira zugießen, alles kochen, dabei den Deckel fest verschließen. Die kräftige Bouillon hinzufügen, auch etwas kalte Butter, das Fleisch mit den Trüffeln herausnehmen und auf einem Servierteller anrichten, ein wenig Sauce angießen, und die übrige Sauce in einer Sauciere reichen.

Hammelfleisch

Zutaten:

4 bis 5 Pfund Hammelfleisch • 2 bis 2 ½ Teelöffel Salz • 1 Esslöffel Öl
Wasser • Zwiebackbrösel

Zubereitung:

Eine Hammelkeule einige Stunden in kaltes Wasser legen, dann abwaschen, mit Salz abreiben, wobei jeweils ½ gestrichener Teelöffel für 1 Pfund Hammelfleisch verwendet wird, mit der Fettseite nach oben in einen Bräter legen; eineinhalb Stunden, bevor der Braten fertig ist, 2 bis 3 Esslöffel Wasser in den Bräter geben. Sollte das Hammelfleisch zu mager sein, 1 Esslöffel Öl auf die Oberfläche der Keule streichen. Wenn die Keule gut durchgebraten ist, die Hitze reduzieren, nun muss das Fleisch alle 10 Minuten mit dem Bratensaft begossen werden, dabei jedes Mal 1 Esslöffel Wasser hinzufügen und das Fleisch an einigen Stellen mit einer Gabel einstechen. Nach dem letzten Beträufeln mit fein zerstoßenem Zwieback bestreuen, noch weitere 10 Minuten im Ofen lassen. Auf einen Servierteller legen, mit einem scharfen Messer aufschneiden. Den Bratensaft durch ein Sieb gießen, 1/2 Glas Wasser hinzufügen, aufkochen und setzen lassen, alles überflüssige Fett abschöpfen, die Sauce langsam heiß werden lassen. Beim Anrichten des Bratens etwas von der Sauce auf den Servierteller gießen, den Rest in einem Saucenkännchen reichen.

Das auf diese Art zubereitete Hammelfleisch wird mit Buchweizenkascha serviert.

Buchweizenkascha

Zutaten:

1 Pfund Buchweizen • Wasser

1/4 Pfund Butter • 1/2 Esslöffel Salz

Zubereitung:

1 Pfund Buchweizenkörner mit kaltem Wasser begießen, so dass die Körner knapp bedeckt sind. Ein 1/4 Pfund geschmolzene Butter und 1/2 Esslöffel Salz hinzufügen, gut umrühren. Den Topf in eine Pfanne mit kochendem Wasser stellen und zugedeckt mindestens 3 Stunden köcheln lassen, dabei immer wieder kochendes Wasser in die Pfanne nachgießen. Die Kascha nimmt langsam eine rötliche Farbe an, wenn sie fertig ist, ist jedes Korn einzeln zu erkennen.

Tauben auf Stanislawski-Art

Zutaten:

5 bis 6 junge Tauben • 1/4 bis 1/2 Pfund Speck
1/2 Pfund Butterschmalz

Zubereitung:

5 bis 6 Tauben ausnehmen, mit Speck spicken und in einer Pfanne zugedeckt mit 1/2 Pfund Butterschmalz 1 1/2 Stunden lang braten lassen, dabei von Zeit zu Zeit wenden.

Die Tauben geraten deutlich schmackhafter, wenn sie gefüllt werden.

Zutaten für die Füllung:

1 Baguette • 1/4 bis 1/2 Glas Korinthen • 1 Esslöffel Butter • 2 Eier
Muskatnuss • 1 Glas Milch (oder Bouillon) • 1/2 Pfund Butterschmalz

Zubereitung:

Vom Baguette dünn die Rinde abschneiden, den weichen Teil in Bouillon oder Milch einweichen, leicht salzen, 2 Eier, 1 Esslöffel Butter, 1/4 bis 1/2 Glas Korinthen, Muskatnuss hinzugeben, alles gut vermischen, den Bauchraum der Tauben damit füllen, mit Küchengarn zusammenbinden, die Vögel im Backofen braten, dabei häufig mit Butterschmalz übergießen, bis das Fleisch weich ist und die Haut eine goldbraune Farbe angenommen hat. Beim Servieren mit dem Butterschmalz, in dem sie gebraten wurden, anrichten und gekochte Kartoffeln als Beilage servieren. Einen Gurkensalat dazu reichen.

Gans in Schuhen (Gans mit Äpfeln)

Als „Gans in Schuhen" wurde eine besonders schmackhafte Gänseart bezeichnet, die „zu Fuß" aus der Provinz an den Hof laufen mußte. Damit die Gänse den weiten Weg bewältigen konnten, wurden ihre Füße mit Sand, vermischt mit Harz, überzogen, so dass es aussah, „als trügen sie Schuhe".

Zutaten:

1 Gans • 1/2 Teelöffel Kümmel • Salz • 2 Zwiebeln
12 kleine Äpfel • 6 bis 8 große Äpfel • 1 Esslöffel Mehl
etwas Majoran nach Geschmack • Bouillon

Zubereitung:

Überflüssiges Fett von der Gans entfernen, diese dann von innen und außen mit 1/2 Teelöffel gemahlenen Kümmel und Salz einreiben, sie mit den kleinen Äpfeln füllen, die zuvor in Spalte geschnitten und mit Salz und Majoran (nach Geschmack) bestreut wurden. Dann das Geflügel im Bräter im Backofen braten, dabei eine Handvoll klein gehackter Zwiebeln in den Bräter geben und am Anfang mit 2 bis 3 Esslöffeln Bouillon, anschließend immer wieder mit dem eigenen Saft begießen. Parallel 6 bis 8 große Äpfel im Ofen braten und damit die auf der Servierplatte zerteilte Gans dekorieren. Für die Zubereitung der Sauce wird das beim Braten abgeschöpfte Fett mit Bouillon vermischt, aufgekocht, abgeseiht und über die Gans gegossen.

Tipp: Wenn Sie einen Truthahn, eine Ente oder eine Gans zubereiten wollen, so beachten Sie Folgendes: Geflügel ist in der Regel trocken, deshalb muss Feuchtigkeit von innen kommen, dazu eignen sich Früchte hervorragend, etwa Mandarinen, Orangen, Äpfel oder Datteln. Je reichhaltiger die Obstmischung ist, umso schmackhafter wird das Geflügelfleisch.

Wildentenbraten in Sauce

Zutaten:

2 bis 3 Enten (zu jeweils etwa 3 Pfund) • Öl • 1/4 Pfund Speck

Zutaten für die Sauce:

2 Esslöffel Öl • 1 Esslöffel Mehl • 2 Gläser kräftige Bouillon
1/2 kleines Glas Cornichons oder Kapern oder 10 bis 12 marinierte Pilze

Zubereitung:

Die Enten säubern, salzen, mit 1/4 Pfund Speck spicken, am Drehspieß oder im Bräter mit 2 Esslöffeln Öl braten, jede Ente in 2 oder 4 Teile zerschneiden, auf einen Teller legen und mit Sauce anrichten, die wie folgt zubereitet wird: 2 Esslöffel des abgeseihten Öls, in dem die Enten gebraten wurden, und 1 Esslöffel Mehl vermischen, alles mit 2 Gläsern kräftiger Bouillon auffüllen, aufkochen lassen, abseihen, 1/2 kleines Glas Cornichons oder Kapern oder 10 bis 12 marinierte Pilze hinzufügen, und die Enten mit der Sauce angießen.

Gebratene Bekassinen

Zutaten:

6 Bekassinen (die Köpfe abschneiden)
1/4 Pfund Speck • zerstoßene Wacholderbeeren
2 bis 3 Esslöffel Öl • Backpapier

Zubereitung:

Die Bekassinen nicht ausnehmen sondern lediglich rupfen, waschen, salzen, mit 1/4 Pfund in dünne Scheiben geschnittenen Speck ummanteln, mit Backpapier umwickeln, das mit einem Esslöffel Öl bestrichen wurde, mit Küchenschnur festbinden, am Spieß braten. Wenn das Fleisch weich ist, das Papier ablösen und die Bekassinen auf einen Teller legen. Man kann sie auch in 2 bis 3 Esslöffeln Öl in einer Pfanne auf dem Herd braten. Es dauert nur etwa 15 bis 20 Minuten, bis sie gar sind. Bekassinen mit zerstoßenen Wacholderbeeren einreiben, sofort servieren.

Gebratene Bekassinen mit Sauce

Zutaten:

6 Bekassinen • 2 bis 3 Esslöffel Öl • 5 Körner Piment • 5 Körner

schwarzer Pfeffer • 1 Esslöffel Mehl • 2 Esslöffel Smetana
½ Zitrone • ½ Zwiebel • 1 Glas Bouillon

Zubereitung:

Die Bekassinen rupfen, ausnehmen, am Drehspieß oder in einer Pfanne im Ofen mit 2 bis 3 Esslöffeln Öl braten. Die Innereien fein hacken und im restlichen Öl braten, dazu ½ fein gehackte Zwiebel und ½ Esslöffel Mehl geben; 5 Körner Piment und 5 Körner zerstoßener Pfeffer hinzufügen, salzen, den Saft aus der Zitronenhälfte auspressen; auf Wunsch 2 Esslöffel Smetana hinzugeben, alles mit 1 Glas Bouillon aufgießen, aufkochen lassen und die gebratenen Bekassinen damit angießen.

Alternativ können Sie die Bekassinen in der Pfanne braten und mit einer leckeren Weinsauce servieren:

Weinsauce

Zutaten:

1 Esslöffel Mehl • ½ Esslöffel Öl • 1 Glas Bouillon
½ Glas Madeira • ½ Glas Sauternes • ½ Esslöffel Butter

Zubereitung:

Aus ½ Esslöffel Öl, 1 Esslöffel Mehl eine Mehlschwitze bereiten, mit 1 Glas Bouillon ablöschen, ½ Glas Madeira und ½ Glas Sauternes hinzufügen, ein kleines Stück Butter, etwa ½ Löffel, hineingeben, einmal aufkochen lassen. Dieses Gericht sollte mit einem schönen Blattsalat gereicht werden.

Gateau aus grünen reifen Weinbeeren

Zutaten:

6 Gläser Weintrauben • ¼ bis ¾ Pfund Zucker • 1 Glas Maraschino

Zubereitung:

6 Gläser Weintrauben von der Krim säubern und schälen, auf einen Servierteller geben. Aus 1/4 bis 3/4 Pfund Zucker und 1 Glas Maraschino (Sauerkirschlikör) einen Sirup kochen, abkühlen lassen und die Weintrauben damit übergießen.

Reiche Creme, Jungfrauencreme

Zutaten:

4 1/2 Gläser Milch • 1/2 Glas feiner Zucker
fein geriebene Zitronenschale • 6 Eigelb.

Zubereitung:

Milch, Zucker, die fein geriebene Zitronenschale und 6 Eigelb miteinander verrühren, durch ein Sieb streichen, in ein Porzellangefäß füllen und in den Backofen stellen. Wenn die Masse so dick geworden ist, dass man sie mit dem Messer schneiden kann, aus dem Ofen holen. Die Creme heiß servieren.

Im Alltag bevorzugte Katharina die Große gekochtes Rindfleisch mit Salzgurken und eine Sauce aus gedörrten Rentierzungen. Bei Suppen schätzte sie an heißen Tagen eine Kaltschale mit dem Namen „Botwinija", im Winter eine kräftige Bouillon. Bei festlichen Mittagessen aus Anlass eines Staatsfeiertages liebte die Zarin besonders eine Pastete aus Hühnerleber mit Rosinen und Pistazien und gekochte Kalbsbrust mit einer Sauce aus Sahne und Eigelb. Und zu allen Anlässen und zu allen Jahreszeiten liebte sie Stachelbeeren, seien sie frisch oder als Kompott oder Konfitüre verarbeitet, seien sie gezuckert, gesalzen oder mariniert. Wir können uns ihre Lieblingsgerichte durchaus unter einer dicken Schicht Stachelbeeren vorstellen. Es heißt sogar, die Zarin hätte ihrer Köchin einen Smaragdring geschenkt, weil sie von deren Stachelbeerkonfitüre so begeistert war. Wie wurden also die Lieblingsgerichte Katharinas der Großen zubereitet?

Gebrühtes Rindfleisch

Zutaten:

5 bis 6 Pfund Rindfleisch • Wasser • Salz • eventuell Zwiebackbrösel

Zubereitung

Das Geheimnis des guten Rindfleischgeschmacks bei einem Siedefleisch für 6 bis 8 Personen besteht in der Bouillon. Das Rindfleisch darf nicht in kaltem Wasser aufgesetzt werden, sondern muss in kochendes Salzwasser gelegt werden, damit sich die Oberfläche des Fleisches sofort verschließt und das Fleisch beim Kochen seine Saftigkeit behält. Mehrmals aufkochen lassen, mit einem Deckel abdecken, den Schaum von Zeit zu Zeit mit einer Schaumkelle abschöpfen, auf kleiner Flamme weiter kochen lassen, denn das Fleisch soll gleichmäßig gegart sein. Es dauert etwa 3 ½ Stunden, bis das Rindfleisch gar ist: Wenn das Fleisch mit einer Nadel angestochen wird, darf kein Tropfen Blut mehr austreten, die Nadel muss leicht in das Fleisch eindringen. Darauf achten, dass es nicht zu lange kocht, denn dann wird Rindfleisch zäh.

Wenn das Fleisch gar ist, kann man es mit Zwiebackbröseln bestreuen und für einen Moment in den heißen Backofen stellen. Vor dem Servieren das Fleisch mit einem sehr scharfen Messer quer zu den Muskelfasern in längliche Scheiben schneiden, auf einen Teller legen, dabei nach Möglichkeit die Form des Fleischstücks nachformen. Das Siedefleisch wird als Hauptgericht serviert, dazu reicht man entweder Senf oder Meerrettich mit Essig. Als Beilage passen gekochte Kartoffeln. Diverse Saucen oder Salate runden die Mahlzeit ab.

Sauce aus gedörrten Rentierzungen zum Rindfleisch

Zutaten:

2 gedörrte Rentierzungen • ½ Esslöffel Öl

1 Esslöffel Mehl • 2 bis 3 Gläser Wasser

2 bis 3 Trüffel • 1/2 bis 1 Esslöffel Butter
1/4 bis 1/2 Glas trockener Rheinwein.

Zubereitung:

Die Rentierzunge sehr klein hacken. Dann in einem tiefen Tiegel 1/2 Esslöffel Öl mit einem Esslöffel Mehl anrösten, die klein gehackte Rentierzunge dazugeben, 2 bis 3 Gläser Wasser hinzufügen, unter Rühren aufkochen lassen, abseihen, etwas Trüffel hinzugeben, salzen, wieder aufkochen. In die leicht köchelnde Sauce 1/2 oder 1 Löffel Butter im Stück hinzufügen, 1/4 bis 1/2 Glas Rheinwein hineingeben, umrühren und sofort von der Flamme nehmen. Sobald die Butter geschmolzen ist, mit dem Rindfleisch servieren.

Salzgurken nach altem russischen Rezept

Zutaten:

kleine Gurken – frisch geerntet • Wasser • Salz • Dill
Blätter vom Johannisbeerstrauch • Meerrettichwurzel

Zubereitung:

Am besten ist es, die Gurken in einem kleinen Fass zu salzen und dafür die richtige Zeit auszuwählen: die Gurken sollen kräftig und knackig sein. Am besten beginnt man 5 bis 6 Tage vor Vollmond, dann sind sie bei Neumond fertig. Für das Salzen werden nur kleine Gurken verwendet, in Russland heißt diese Sorte „Neschinski".

Die frisch geernteten Gurken kurz in kochendes Wasser geben. Danach sofort das Fässchen füllen, wobei die Gurken eine neben der anderen aufrecht stehen sollten. Jede Schicht Gurken mit einer Handvoll Kräutern bedecken: Dill, die Blätter vom Johannisbeerstrauch, und Wurzelmeerrettich (die Wurzeln werden grob gerieben). Dann Wasser mit Salz aufkochen (für 1 Eimer Wasser wird 1 bis 1 1/4 Pfund Salz verwendet), die Gurken begießen, das Fass verschließen und mit Harz versiegeln.

Sommerliche Kaltschale Botwinija

Zutaten:

700 Gramm Sterlet oder Stör • 120 Gramm frischer Spinat
120 Gramm junge Brennnesselblätter • 120 Gramm Sauerampfer
100 Gramm frischer Meerrettich • 4 hart gekochte Eier
4 kleine frische Salatgurken • 1 Zwiebel
3 Bund Schnittlauch • 1 Bund Dill • 1 Zitrone, in Scheiben geschnitten
600 Milliliter Kwas • Salz • Pfeffer • 1 Prise Zucker

Zubereitung:

Den Fisch in Salzwasser bissfest garen, abtropfen und auskühlen lassen. Mit einem scharfen Messer in dünne Scheiben schneiden. Spinat waschen, im eigenen Saft dünsten und pürieren. Brennnesselblätter und Sauerampfer zusammen fein hacken, Meerrettich reiben. Eier, Gurken, Zwiebel und Schnittlauch klein schneiden oder hacken und alles gut mit dem Spinatpüree vermischen. Kwas mit zwei Dritteln des Pürees vermengen und mit Salz, Pfeffer und 1 Prise Zucker abschmecken.
Für jeden Gast drei Teller vorbereiten: zunächst einige Fischscheiben überlappend in die Mitte eines Tellers legen, mit je einer Zitronenscheibe und einem Stängel Dill garnieren und um die Fischtranchen Tupfen des restlichen Pürees setzen. Das Kwas-Spinat-Gemüse-Gemisch in den zweiten Teller geben und den dritten tiefen Teller mit Eiswürfeln füllen. Mit den Eiswürfeln kann der Genussfreudige entweder den Fisch oder den Kwas kühlen.

Kwas für die Botwinija-Kaltschale

Kwas ist in Russland weit mehr als ein aufgrund seiner Schmackhaftigkeit beliebtes Getränk, in Deutschland wird er oft als Brottrunk bezeichnet. Kwas wird seit alters her aufgrund seines hohen Nährstoffgehalts geschätzt, davon zeugen Sprichwörter wie: „Kwas wie Brot gibt es nie im Überfluss.", „Haben wir Brot und Kwas, haben wir alles.", „Gibt es keine Schtschi mit Fleisch – dann haben wir Brot und Kwas." Kwas wird für die Zubereitung zahlreicher Gerichte verwendet: Okroschka mit Kwas, Schmorbraten mit Kwas, Suppen mit Kwas. Der Kwas für die hier genannte Botwinija-Kaltschale wird auf der Basis von Roggenbrot hergestellt.

Zutaten:

1 Kilogramm Roggenbrot • 8 Liter abgekochtes Wasser
100 Milliliter warmes Wasser • 18 Gramm Trockenhefe
120 Gramm Weizenmehl • 250 Gramm Honig

Zubereitung:

Das Brot in Scheiben schneiden und im Backofen bei 180 Grad Celsius braun rösten. Mit 8 Litern abgekochtem Wasser übergießen, aufweichen und auf 35 Grad Celsius abkühlen lassen. Die Trockenhefe in warmem Wasser auflösen, mit Mehl vermengen und an einem warmen Ort gären lassen. Wenn der Sauerteig gegangen ist, gut mit dem eingeweichten Brot vermischen. Mit einem Handtuch bedecken und bei Zimmertemperatur 24 Stunden gären lassen. Alles durch ein Sieb gießen, mit Honig süßen und in Flaschen abfüllen. Kühl lagern. Der Kwas ist nach drei Tagen trinkbar.

In unserer Familie wurde Botwinija ohne Spinat zubereitet. Das ist eine ältere Version des oben genannten Rezepts. Ich möchte glauben, dass es diese Art von Suppe war, die die Zarin an heißen Tagen schätzte.
So, wie die Suppe bei uns zu Hause auf den Tisch kam, hatten Schnitze von Roter Bete den größten Anteil. Außerdem kam geräucherter Stör, Krebsschwänze, gepökelter Lachs und geräucherter Sternhausen hinein und unbedingt Sauerampfer und junge Brennnesselblätter. Das alles wurde mit Kwas angegossen! Die Mutter war eine Kennerin und eine anerkannte Autorität für alte Rezepte. Für eine Botwinija an Festtagen goss sie Schampanskoje in die

Suppe. Das hört sich vielleicht exotisch an, aber es schmeckte einfach göttlich!

Die Botwinija wird wirklich auf drei Tellern gereicht: Der Kwas mit dem Grünzeug auf dem einen, der Fisch auf dem zweiten und zerstoßenes Eis auf dem dritten. Es schmeckt unglaublich gut, wenn man die Botwinija, der Reihe nach aus allen drei Tellern löffelnd, an einem heißen Tag im Garten oder auf der Terrasse genießen kann!

Pastete aus Hühnerleber mit Rosinen und Pistazien

Zutaten:

250 Gramm frische gekühlte Hühnerleber • 150 Gramm Butter
weitere 50 Gramm Butter zum Aufgießen • 4 Esslöffel Kognak
1 Zwiebel • 1 Knoblauchzehe • 1 Handvoll Rosinen ohne Kerne
1 Handvoll Pistazien • 1 kleine Handvoll getrocknete Moosbeeren
oder Sauerkirschen • Pfeffer • Salz

Zubereitung:

Die Rosinen etwa 1 Stunde in Kognak einweichen. Die Zwiebel in Ringe, den Knoblauch in feine Scheibchen schneiden und beides in Butter anbraten. Wenn die Zwiebel glasig ist, herausnehmen und in eine Schüssel geben. Dann die Hühnerleber in der Butter braten. Sie darf höchstens 10 Minuten gebraten werden, sonst wird die Pastete nicht zart. Nun die Leber, die Rosinen in Kognak, die Zwiebel, Butter, Knoblauch und Pistazien in einen Mixer geben. Salz und Pfeffer hinzufügen, alles pürieren. In die fertige Hühnerlebermasse getrocknete Moosbeeren geben, damit die Pastete festlich aussieht, dann alles in eine Form geben. Butter in einem Tiegel schmelzen lassen. Nach dem Stürzen die Pastete mit geschmolzener Butter begießen. Das schützt sie vor dem Austrocknen. Vor dem Servieren unbedingt einige Stunden in den Kühlschrank stellen.

Diese Pastete kann man wunderbar für belegte Brote verwenden. Im Sommer legt man Pfirsiche oder Feigen darauf, im Winter nimmt man eingelegte Äpfel oder Cornichons.

Einmal arbeitete ich an einem Dokumentarfilm über die Adelssitze rund um Moskau, die zum nationalen Kulturerbe gehören. Es gibt rund um die russische Hauptstadt etwa 320 solcher Landhäuser und Paläste. Etwa 100 davon sind unwiederbringlich zerstört, die anderen stark beschädigt und einsturzgefährdet. Die Natur, leider aber auch Vandalismus tragen zum Verfall der Gutshäuser bei. Ich drehte damals einen Film über den Landadel in Russland. Als ich in den Archiven nach Dokumenten über die Adelshäuser suchte, stieß ich auf zahlreiche Memoiren und Erinnerungen unserer aristokratischen Vorfahren. In zwei dieser Adelssitzen bei Moskau war Zarin Katharina II. zu Gast gewesen. Sogar die Speisekarten der ihr zu Ehren gegebenen Festessen hatten die Zeit überdauert.
Das erste Gutshaus fand ich 60 Kilometer von Moskau entfernt, in der Nähe des Dorfes Semjonowskoje. Es war ein altes Landhaus mit dem Namen „Otrada" („Freude"), das zu Zeiten Katharinas den Brüdern Orlow gehört hatte. Es war ein prächtiger Barockpalast aus rosafarbenen Ziegelsteinen mit reichen Ornamenten aus weißen Steinen, gekrönt von einer Wappenkartusche. Im Park gab es einen Schwanensee, und mitten im See stand auf einer künstlichen Insel ein Pavillon, in dem die Ankunft Katharinas in „Otrada" gefeiert worden war. Zeitgenossen haben ihre Erinnerungen an das Fest überliefert. Es ist einfach, sich die ehemalige Großartigkeit des festlichen Palastes vorzustellen: die bemalten Decken, den goldenen Stuck, die riesigen Wandgemälde, feine, polierte Parkettböden, in denen sich die edlen Möbel, Marmorbüsten und Statuen spiegelten. Wie schön die Frauen auf den alten Porträts waren! In ihren Festkleidern, ihren Kamisolen, ihren Perücken und im Glanz ihrer Brillanten!

Als ich den Palast besichtigte, war ich zutiefst erschrocken! Nicht nur die Zeit hatte an dem herrschaftlichen Haus genagt. Das luxuriöse Anwesen der Grafen Orlow war verlassen und verfallen, die Fenster ohne Glas, die Kachelöfen zerstört, die Parkettböden vermodert und stellenweise eingebrochen. Selbst die Gruft der Brüder, die von Domenico Gilardi von 1832 bis 1835 gebaut worden war, war aufgebrochen und zerstört worden ... Der Tag ging zur Neige und der ehemalige Palast, in fliederfarbene Dämmerung gehüllt, verschwand in der Dunkelheit.
Ich suchte mir einen Platz im verwilderten Park, auf dem Rondell, das einst von einem kleinen Pavillon geschmückt war. Lange schaute ich auf das Massiv aus alten Bäumen, das sich in der Dunkelheit langsam auflöste. Alles war verschwunden, die Laubengänge und Bänkchen, die Springbrunnen, Teiche, Brücken und auch der Schwanensee, auf dessen Insel Zarin Katharina so köstlich gespeist hatte. Die Speisefolge des Festessen zu Ehren der Zarin wurde jedoch überliefert.
Und es war ein herrschaftliches Mahl. Es begann mit einer Suppe aus frischen Pilzen. Zur Suppe wurden Blätterteigpiroggen in Form von Füllhörnern gereicht, dann folgte gekochte Kalbsbrust mit einer Sahne-Eigelbsauce. Die Gäste wurden mit einer so genannten Maiones aus einem ganzen, gefüllten und gebratenen Fisch verwöhnt, und dann folgten Selleriesalat, gebratene Bekassinen und Birkhühner in Rotwein. Zum Dessert gab es Königspunsch, verschiedene Käsesorten und Konfitüren aus verschiedenen frischen Beeren. Und selbstverständlich Tee, Kaffee, französischen Cognac, Rum und Likör.

Suppe aus frischen Pilzen

Zutaten:

3 Pfund Rindfleisch • Möhre • Sellerie • Petersilienwurzel
1 bis 2 Zwiebeln • 1 Teller frischer Pilze • 6 bis 9 Kartoffeln

1 Handvoll Zwiebellauch • 1 bis 2 Esslöffel Öl • 1 Esslöffel Mehl
½ bis 1 Glas Smetana oder Sahne • frische Kräuter nach Geschmack
Salz • Pfeffer

Zubereitung:

Eine klare Bouillon aus 3 Pfund Rindfleisch und den klein geschnittenen Gemüsen – Möhre, Sellerie, Petersilienwurzel – kochen, abseihen. Eine Stunde vor dem Mittagessen einen gut gefüllten Teller frischer und geputzter Pilze zur Hand nehmen: Steinpilze, Butterpilze, Pfifferlinge, es dürfen nur keine Täublinge sein. Kurz abbrühen, in Öl und Zwiebeln anbraten, mit einem Esslöffel Öl beträufeln, die Bouillon angießen, 6 bis 9 klein gewürfelte Kartoffeln hinzugeben, kochen, eine Handvoll geschnittenes Zwiebellauch sowie Smetana oder Sahne hinzufügen, salzen, alles in eine Suppenschüssel füllen und mit frischen Kräutern oder einfach nur mit grob gemahlenem Pfeffer bestreuen.

Blätterteigpiroggen mit Pilzfüllung in Form von Füllhörnern

Zutaten:

1 Zwiebel • 1/8 Pfund getrockneter Pilze • 1 ½ Esslöffel Öl
2 bis 3 Esslöffel Smetana • ½ Esslöffel Mehl oder 2 bis 3 Stück Zwieback
Salz • Piment • 1 hart gekochtes Ei • 1 geschlagenes Ei
frittierte Petersilie • Öl • fertiger Blätterteig

Die Füllung kann auch für Mürbe- oder Hefeteigpiroggen verwendet werden.

Zubereitung:

Die gehackte Zwiebel in Öl anbraten, Mehl oder fein zerstoßenen Zwieback darübergeben, die Pilze kochen, fein hacken und hinzugeben, 2 Esslöffel Smetana angießen, Salz und Piment hinzugeben, wer möchte, fügt noch ein hart gekochtes, gehacktes Ei hinzu, alles gut verrühren, bis die Masse eine dicke Konsistenz hat, dann die gebackenen Blätterteigstücke in Form von Füllhörnern mit der Masse füllen.

Blätterteigpiroggen in Form von Füllhörnern werden wie folgt zubereitet: Den Teig in lange Streifen von 1,5 Fingern Breite schneiden, die Streifen um Stöckchen, die speziell dafür gedacht sind, wickeln, so dass die Form eines Füllhorns entsteht (die Stöckchen sollten etwa 2,5 Werschki – 11 Zentimeter – lang und unten 1 Finger, oben jedoch 2 Finger dick sein); die Piroggen mit geschlagenem Ei bestreichen und sofort in den heißen Ofen schieben. Wenn sie fertig sind, vorsichtig das Stöckchen herausziehen und die heiße Füllung hineingeben. Falls die Piroggen abgekühlt sind, noch einmal für 5 Minuten in den Ofen schieben und füllen, vor dem Servieren mit frittierter Petersilie garnieren.

Gekochte Kalbsbrust mit einer Sauce aus Sahne und Eigelb

Zutaten:

Kalbsbrust • Wasser oder Bouillon • 1 Glas fette Sahne • 1/8 Pfund Butter
Champignonessenz nach Geschmack • 2 bis 3 Eigelb • ½ Zitrone • Salz

Zubereitung:

Die unzerteilte, nicht zu fette Kalbsbrust waschen, für 1 ½ Stunde in siedendem Wasser oder Bouillon kochen, dabei den Topf mit einem Deckel fest verschlossen halten, jedoch von Zeit zu Zeit den Schaum abschöpfen. Wenn das Fleisch weich ist, herausnehmen, für fünf Minuten in kaltes Salzwasser tauchen, dann unter eine Presse legen. Entlang der Knochen zerschneiden. Die Bouillon abseihen.

Zubereitung der Sauce:

5 Gläser der abgeseihten Bouillon, 1 Glas fette Sahne und Champignonessenz nach Geschmack erhitzen und die Flüssigkeit auf die Hälfte reduzieren, durch ein Haarsieb abseihen. In einen Topf 2 bis 3 Eigelb trennen, 1/8 Pfund kalte Butter in kleinen Stückchen hinzufügen, von der reduzierten Sauce hinzugeben, dabei die ganze Zeit alles mit einem Schneebesen schlagen, über Dampf erhitzen, nach Geschmack Salz und Zitronensaft hinzufügen.

Vor dem Servieren die Kalbsbrust mit der Sauce übergießen, im Dampf erwärmen, das heißt, über einen Topf mit kochendem Wasser erhitzen. Auf einem Servierteller anrichten, mit Sauce angießen, sofort servieren.

Hier eine Anmerkung zum folgenden Gericht. Maiones, das ist ein Fleisch-, Fisch- oder Wildgericht überzogen mit Gelee, das mit Mousse und Aspikwürfeln sowie Beilagen serviert wird.

Maiones aus gefülltem und gebratenem Fisch

Zutaten:

1 Hecht, Zander oder Lachs – etwa 6 Pfund • Salz
(Mengenangabe für 12 bis 18 Personen)

Für die Füllung:

3 Pfund Fisch ohne Gräten • 1 1/2 Baguette • 1 Glas Milch
10 Körner Piment • Salz • 1/2 Muskatnuss • 6 bis 10 Eier • Öl
2 Zwiebeln (optional)

Für das Aspik und das Mousse:

3 Solotnik (etwa 15 Gramm) Fischgelantine • 6 Pfund Kleinfisch, Gräten und Schuppen • 1 1/2 Petersilienwurzel • 1 1/2 Stangen Porree • 2 Sellerie • 4 bis 6 Zwiebeln • 10 Körner Piment • 2 bis 3 Lorbeerblätter • 1 Glas Sherry
2 Esslöffel Essig • 1 1/2 Gläser Olivenöl • 2 bis 3 Blatt rote Gelatine

Zubereitung:

Den Fisch säubern, entlang der Hauptgräte aufschneiden, die Gräten entfernen, salzen.

Zubereitung der Füllung:

3 Pfund Fisch ohne Gräten klein hacken, in eine Schüssel geben, dazu 1 1/2 in Milch eingeweichtes und ausgedrücktes Baguette, 2 1/2 Esslöffel Öl, 10 Körner Piment, Salz, 2 fein gehackte und in 1 Esslöffel Öl angebratene Zwiebeln, 1/2

Muskatnuss, 6 bis 10 Eier, alles gut vermengen und mit dem Holzlöffel durch ein Sieb passieren, dann den Fisch mit der Masse füllen, zusammenbinden und in den gefetteten Bräter legen. Mit gehackter Petersilie, Zwiebel, Porree und Salz bestreuen, ½ bis 1 Glas fette Bouillon angießen, alles mit einem sauberen, in fetter Bouillon getränktem Baumwolltuch bedecken, im Ofen garen lassen, dabei häufig mit der Sauce beträufeln.

Zubereitung von Mousse und Aspik:

Aus den Kleinfischen, Gräten, Schuppen sowie dem klein geschnittenen Gemüse eine Fischbouillon kochen, Piment, Lorbeerblatt und Salz hinzugeben. Köcheln lassen, abseihen und erneut aufkochen lassen. Mit Eiweiß oder Presskaviar klaren. Ein Glas Sherry zugießen. Fischgelantine hinzugeben. Für die Mousse nun 2 ½ Gläser Fischbouillon in ein tiefes Gefäß geben und über Eis schlagen, wobei Sie tropfenweise 1/3 Glas Olivenöl zugeben. Bevor sich das Mousse in einen dichten weißen Schaum verwandelt, geben Sie ebenfalls langsam 2 Esslöffel Essig hinzu. Wird der Schaum zu fest, nehmen Sie das Gefäß vom Eis und schlagen Sie bei Raumtemperatur weiter. Damit das Gelee eine schöne Farbe bekommt, 3 Blatt rote Gelantine zugeben. Den Fisch auf einen Teller legen, mit dem Fischaspik überziehen und mit Mousse und anderen Verzierungen dekorieren.

Selleriesalat

Zutaten:

4 Knollen Sellerie • 1 Zwiebel • Salz • ½ Esslöffel Olivenöl
1 Esslöffel Essig • Pfeffer

Zubereitung:

Die Sellerieknollen putzen, waschen, mit kaltem Wasser aufsetzen, so dass sie knapp vom Wasser bedeckt sind, kochen, bis sie weich sind, das dauert etwa 1 Stunde. Es soll kein Salz hinzugegeben werden. Dann abgießen, mit kalten

Wasser übergießen und abkühlen lassen. Jede Knolle zunächst vierteln, dann die Viertel in feine Scheiben schneiden. In eine Salatschüssel geben, eine sehr fein geschnittene Zwiebel, 1/2 Esslöffel Olivenöl, 1 Esslöffel Essig, Pfeffer und Salz hinzugeben, alles mischen, ziehen lassen und servieren. Im alten Russland wurde ein Kanten trockenes und mit ausgedrücktem Knoblauch bestrichenes Schwarzbrot in den Salat gelegt.

Birkhühner mit Rotwein

Zutaten:

2 Birkhühner • 2 Esslöffel Butterschmalz • 2 Gläser Bouillon
1/2 Pfund Speck • 1 Zwiebel • 1 Petersilienwurzel • 1/2 bis 1 Glas Rotwein
1/2 Esslöffel Mehl • Wasser • Butter

Zubereitung:

2 küchenfertige Birkhühner mit 1/2 Pfund Speck spicken, in einer Pfanne mit 2 Esslöffeln Butterschmalz anbraten, dann 2 Gläser Bouillon hinzugießen, fein geschnittene Zwiebel und Petersilienwurzel hineingeben, alles köcheln lassen, bis das Fleisch weich ist, dabei den Topf mit einem Deckel fest verschließen. Die Birkhühner herausnehmen. Nun 1/2 bis 1 Glas Rotwein in die Bouillon geben, köcheln lassen. 1/2 Esslöffel Mehl und ein Stück Butter in kochendem Wasser auflösen, langsam unter Rühren in die Bouillon geben, aufkochen lassen. Die Birkhühner zerteilen, auf einem Servierteller anrichten und mit der Sauce begießen.

Königspunsch

Zutaten:

2 bis 3 Ananas • 1 Flasche Champagner • 1/4 Flasche Likör • 1/2 Flasche Rum
6 Zitronen • 3 Orangen • 2 bis 3 Pfund Zucker • Wasser

Zubereitung:

Die Ananas, den Champagner, den Likör, den Rum, den Saft aus 6 Zitronen, 3 Orangen, 2 bis 3 Pfund Zucker und Wasser bereitstellen. Zunächst den Zucker mit dem Zitronensaft und etwas Wasser aufkochen, bis ein durchsichtiger Sirup entsteht. Dann die Ananas zerschneiden und im Mixer zerkleinern, mit dem heißen Sirup begießen, den Rum hinzufügen und abkühlen lassen. Dann abgeseihten Orangensaft sowie Likör und Champagner hinzufügen, alles zusammen durch ein feines Sieb geben, abkühlen lassen, bis alles die Konsistenz von flüssiger Eiskrem hat. In Weingläsern servieren.

Gelee aus frischen Beeren

Zutaten:

1 1/2 Pfund Beeren • einige Kirschen ohne Stein • 3/4 Pfund Zucker
3 Gläser Wasser • 8 Blättchen weiße Gelantine • 2 bis 3 Blatt rote Gelatine

Zubereitung:

Man benötigt 1 1/2 Pfund verschiedener frischer süßer Beeren der Saison, etwa: Himbeeren, Walderdbeeren, Gartenerdbeeren, Weintrauben, vollreife Stachelbeeren. Die Beeren von den Stielen befreien; 1/2 Pfund besonders schöner Beeren zur Seite stellen, einige Kirschen ohne Stein, die man beispielsweise aus einer Kirschkonfitüre nehmen kann, hinzufügen. Ein Pfund Beeren mit dem Löffel zerdrücken, den Saft auspressen. Die Beerenschalen einmal mit 3 Gläsern Wasser aufkochen, die ausgepresste Gelatinemasse hinzugeben, alles verrühren, nun so viel Beerensaft hinzugießen, dass es für 4 Gläser Gelee reicht, abseihen. Das Gelee mit den ganzen Beeren und einigen Kirschen großzügig dekorieren.

Ende der 1980-er Jahre erhielt ich als junge Dokumentarfilmerin den Auftrag, eine Reportage aus einem Gerichtssaal in der Stadt Krasnogorsk bei

Moskau zu liefern. Ich machte mich auf den Weg. Es war nicht weit, nur sieben Kilometer von Moskau entfernt. Das Gericht und die Staatsanwaltschaft befanden sich in einer alten Adelsvilla, die einst dem Fürsten Wassili Dolgoruki-Krymski gehört hatte!
Während der Eroberung der Krim im Jahre 1771 befehligte der Fürst die 38 000 Soldaten der Zarenarmee. Katharina die Große liebte und schätzte die Verdienste des Fürsten. Sie besuchte sein Anwesen „Snamenskoje-Gubailo", eines von dreien, über die er verfügte, zweimal. Über ihren zweiten Besuch auf dem Landgut des Fürsten und späteren Gouverneur von Moskau sind Aufzeichnungen überliefert. Anlass war die Einweihung der Kirche der Heiligen Gottesmutter am 21. Dezember 1773. Anschließend gab es ein Festessen zu Ehren der Zarin.
Nun, das Gericht und die Staatsanwaltschaft sind längst aus dem alten Anwesen ausgezogen. Das Gebäude blieb ohne Bewohner und ohne Aufsicht zurück. Türen und Fenster wurden aufgebrochen. Es drohte zu verfallen, ein Feuer im Jahre 2005 zerstörte einen der Seitenflügel ... Nur die Kirche, zu deren Einweihung Katharina II. damals an diesen Ort reiste, blieb gut erhalten. Heute sind das Anwesen, mit dessen Restaurierung begonnen wurde, und der umliegende Park städtisches Erholungsgebiet.

Geschmortes Rindfleisch

Zutaten:

3 bis 4 Pfund Rindfleisch • Rinderfett • Salz • 1 Möhre • 1 Zwiebel
1 Sellerie • 1 Strauß Petersilie • 1 Flasche Kwas • 2 Lorbeerblätter
5 bis 10 Pfefferkörner • Fleischbouillon

Zubereitung:

Das Rindfleisch mit kaltem Wasser abspülen. In einen Bräter etwas Rinderfett geben, das Rindfleisch darauf legen, salzen, mit klein geschnittener Möhre,

Zwiebel, Sellerie, Petersilienwurzel bestreuen, zwei Lorbeerblätter und ein paar Pfefferkörner hinzufügen, von allen Seiten anbraten, dann langsam mit Kwas ablöschen und in die Backröhre schieben: Das Rindfleisch häufig wenden, einstechen und mit Kwas begießen. Wenn das Fleisch gar ist, die Sauce in eine kleine Kasserolle geben, etwas abkühlen lassen, das Fett abschöpfen, mit heißer Bouillon aufgießen, das Rindfleisch auf einen Servierteller legen, in Scheiben schneiden, mit einem Teil der Sauce angießen; die übrige Sauce in einem Kännchen dazu reichen.

Der Braten wird mit Salat aus frischem, fein geschnittenen Kraut und Selleriepüree serviert (Rezept für das Selleriepüree siehe Seite 180).

Frischer Krautsalat

Zutaten:

1 Kopf Weiß- oder Rotkraut • Salz
2 bis 3 Esslöffel Olivenöl • 1 bis 2 Esslöffel Essig
gemahlener Pfeffer und Zucker nach Geschmack

Zubereitung:

1 großen Kopf frisches Weiß- oder Rotkraut in sehr kleine Streifen schneiden, dann im Sieb mit kochendem Wasser übergießen. Wenn das Wasser vollständig abgetropft ist, das Kraut in eine Salatschüssel geben, salzen, 2 bis 3 Esslöffel Olivenöl, 1 bis 2 Esslöffel Essig und – je nach Geschmack – gemahlenen Pfeffer und Zucker hinzufügen, ziehen lassen, dann gut unterheben.

Gebratenes Birkhuhn

Zutaten:

2 Birkhühner • Salz • etwa 1/4 Pfund Speck • 2 Esslöffel Öl • 1/2 Glas Smetana

Zubereitung:

Die Birkhühner ausnehmen, salzen, mit dem Speck spicken, 1 Stunde auf einem Drehspieß braten und dabei stetig mit Öl beträufeln. Dann in 5 Teile teilen, sind es besonders große Birkhühner, in 7 Teile, von denen ein Teil das Brustbein mit Fleisch auf beiden Seiten bildet. Damit das Fleisch besonders schmackhaft wird, die gespickten Birkhühner mit gefettetem Papier umwickelt am Drehspieß braten, immer wieder etwas Öl auftröpfeln.

Man kann das Birkhuhn auch im Bräter zubereiten, dann wird es mit 3 Esslöffeln Öl beträufelt, und zum Schluss gibt man zum ausgetretenen Bratensaft 1/2 Glas Sauerrahm hinzu. Beim Servieren mit der Fleischsauce beträufeln und gekochte Kartoffeln oder Kartoffelpüree dazu reichen. Mit Hilfe einer Spritztüte, wie sie von Konditoren verwendet wird, kann man den Kartoffelbrei zu hübschen Rosetten formen, die für einen Moment in den heißen Ofen geschoben werden, um in Form zu bleiben.

Schnitzel aus Auerhahnfilet

Zutaten:

1 Auerhahn • Salz • Mehl • Wasser • 1 Glas Smetana
1 1/2 Esslöffel Öl • 1 Esslöffel geriebener Schweizer Käse

Zubereitung:

Die Brustfilet eines Auerhahns auslösen, in Scheiben schneiden, leicht mit der stumpfen Seite des Küchenmessers klopfen, etwas salzen, in Mehl wälzen und so schnell wie möglich von beiden Seiten in 1 Esslöffel Öl anbraten. Inzwischen die restlichen Knochen mit einer kleinen Menge Wasser und 1/2 Esslöffel Öl kochen; wenn sie ausgekocht sind, abseihen und 1/2 bis 1 Glas Smetana hinzugießen. Die Filetschnitzel in eine Stielpfanne geben, mit geriebenem Schweizer Käse bestreuen, mit etwas Sauce begießen, auf großem Feuer aufkochen lassen, in einen tiefen Teller legen und mit der übrigen Sauce ser-

vieren. In der Sauce kann man die bereits gekochten Kartoffeln vor dem Servieren noch einmal aufwärmen.
Zu den Auerhahnschnitzeln wird gerne ein schöner Blattsalat mit Senfsauce gereicht.

Blattsalat mit Senfsauce

Zutaten:

1 Salatkopf • 1 Teelöffel brauner Senf • 2 gekochte Eigelb
3 Esslöffel Olivenöl • Salz • 1 Esslöffel Essig • Prise Zucker nach Geschmack

Zubereitung:

In eine Salatschüssel den bereits fertigen braunen Senf geben, mit dem Eigelb von 2 weich gekochten Eiern verrühren, salzen, wer mag, fügt etwas Zucker hinzu, 3 Esslöffel Olivenöl und 1 Esslöffel Essig hinzugeben, gut unterschlagen und die gewaschenen Salatblätter hinzufügen, unterheben. Der Salat kann als Beilage zu allen Fleischgerichten gereicht werden.

Ganzer Hecht, gekocht, mit Sauce

Die Schuppen des Hechts unter fließendem Wasser entfernen, die Innereien durch die abgeschnittenen Kiemen herausziehen, gut auswaschen, die Haut wie ein Säckchen abziehen, etwas salzen. Der Hecht kann gekocht, gebacken, gebraten, mariniert oder mit einer Füllung versehen werden. Außerdem kann man Hechtklößchen, Füllung für Teigbällchen oder Hechtröllchen zubereiten, oder das Hechtfleisch zum Veredeln einer Mayonnaise, einer Sahnesauce und von Möhrenpudding verwenden.

Zutaten:

1 Hecht • Salz • Sellerie
Petersilienwurzel • Porree

Zubereitung:

Den Hecht wie oben angegeben säubern, die Haut noch nicht abziehen, innen und außen salzen, in einen Dampfgarer geben, mit dem bereits gekochten Sud aus kleingeschnittenem Sellerie, Porree und Petersilienwurzel begießen. Wenn der Fisch gar ist, vorsichtig vom Abtropfgitter auf einen Teller legen, die Haut entfernen, mit gekochten Kartoffeln und Kräutern dekorieren, leicht mit Sauce begießen, die übrige Sauce in einem Kännchen servieren.

Sauce zum Hecht

Zutaten:

100 Gramm kalte Butter • 3 Esslöffel Weißwein • 3 Eigelb
50 Milliliter Gemüsebouillon • 1 Esslöffel Weißweinessig
Salz • Dillspitzen

Zubereitung:

Die kalte Butter in Würfel schneiden, ins Gefrierfach geben. 3 Esslöffel Weißwein in einem kleinen Topf einkochen. 3 Eigelb, 50 Milliliter Gemüsebouillon und 1 Esslöffel Weißweinessig (alternativ Einlegefonds für Gurken) und den reduzierten Weißwein in einer Metallschüssel über Dampf aufschlagen. Die Temperatur darf 80 Grad Celsius nicht überschreiten. Nun stückchenweise die kalte Butter dazugeben, immer weiter über Dampf schlagen. Zum Schluss mit Salz und Dillspitzen abschmecken.

Möhrenpudding

Tschuchonsker Butter ist aus Kuhmilch beziehungsweise dem Milchrahm geschlagene Butter, eine Technologie, die bis ins 18. Jahrhundert in Russland nicht bekannt war, weshalb man auch von Sahne- oder Rahmbutter spricht.

Zutaten:

1 bis 1½ Pfund Möhren • Tschuchonsker Butter • 3 Eigelb
½ Tasse Zucker • 2 Teelöffel Zimt • 5 steif geschlagene Eiweiß
Zwiebackbrösel • Eierlikör • Butter

Zubereitung:

Die rohen Möhren reiben, dann den Saft möglichst bis zum letzten Tropfen herauspressen, ¼ bis ½ Pfund Tschuchonsker Butter zu den Möhren geben und alles in einer Kasserolle anbraten, so dass die Masse eine braune Farbe bekommt. Dann die Kasserolle vom Feuer nehmen und auf Eis stellen und die Möhrenmasse so lange aufschlagen, bis sie weiß wird; 3 Eigelb hineingeben und wieder gut aufschlagen, ½ Tasse Zucker hinzugeben, 2 bis 3 Teelöffel gemahlenen Zimt und 5 zu Eischnee geschlagene Eiweiß hinzufügen, alles unterheben, in eine gefettete und mit Zwiebackbrösel ausgestreute Form geben, im Dampfbad 1 Stunde erhitzen; auf einen Teller stürzen, gut mit zerlassener Butter tränken und mit Eierlikör übergießen. Dieser Pudding ist sehr schmackhaft, man wird kaum erraten, dass er aus Möhren zubereitet ist.

Gelee aus Äpfeln und getrockneten Pflaumen

Zutaten:

3 Äpfel • 2 bis 3 Stück Würfelzucker • ¼ Pfund getrocknete Pflaumen
3/8 Pfund Zucker • 1 Zitrone • 5 Blätter Gelatine • 1 Likörglas Wein

Zubereitung:

Von 3 Äpfeln das Kerngehäuse herausschneiden, die Äpfel vierteln und mit 2 bis 3 Stück Würfelzucker kochen, auf ein Maschengitter stürzen; ¼ Pfund Trockenpflaumen mit kochendem Wasser übergießen, im zugedeckten Gefäß weich werden lassen, dann ebenfalls auf das Maschengitter stürzen. Wenn das Wasser abgeflossen ist, alles in eine Form geben und Gelee darübergießen. Dieses wird aus 5 Blättchen Gelatine, 3/8 Pfund Zucker, 1 Likörglas Wein

und dem Saft 1 Zitrone zubereitet, so dass 2 bis 2 ½ Gläser Gelee dabei entstehen. Vor dem Servieren auf einen Teller stürzen oder in einer Schüssel abkühlen lassen.
Und noch eine Süßspeise, die Katharina die Große ebenso geliebt haben soll wie die warmen Kalatschi zum Frühstück.

Mandelbrote gebacken

Zutaten:

200 Gramm Mandeln • 1 Esslöffel Butter • 2 Eigelb
½ bis 1 Glas Zucker • 6 bis 8 Scheiben Weißbrot • Milch • Ei
Butter zum Ausbacken

Zubereitung:

200 Gramm geschälte Mandeln mahlen, leicht trocknen und in einer Pfanne anrösten, 1 Esslöffel Butter, 2 Eigelb, ½ bis 1 Glas Zucker hinzufügen, erwärmen. Die Hälfte der Brotscheiben mit Mandelmasse bestreichen, mit einer zweiten Scheibe abdecken. Milch und Ei verquirlen, die Brote kurz hineintauchen und in Butter von beiden Seiten golden ausbacken.

Elf Kilometer von Regensburg entfernt erhebt sich am Ufer der Donau ein antiker Marmortempel mit 15 Säulen auf jeder Längsseite. Das ist die Gedenkstätte Walhalla. Der bayerische König Ludwig I. hatte bereits als Kronprinz angesichts des als schmachvoll empfundenen Siegeszuges der Napoleonischen Armee, die er als Verbündeter unterstützte, die Idee, einen Gedächtnisort für die berühmtesten deutschsprachigen Männer und Frauen zu schaffen, für Herrscher, Politiker, Wissenschaftler und Künstler, die mit der deutschen Geschichte, die damals als germanische Geschichte verstanden wurde, verbunden sind. Zur feierlichen Eröffnung im Jahre 1842 waren 96 Büsten und 64 Gedenktafeln angefertigt, darunter die von Katharina der Großen, auch als Sophie Friederike Auguste von Anhalt-Zerbst bekannt. Heute weist die Walhalla 65 Plaketten und 130 Büsten auf, die mehr als 2 000 Jahre germanische Geschichte abbilden.

König der Köche und Koch der Könige

Alexander I.

(1777 bis 1825)

König der Köche und Koch der Könige

Alexander I. (1777 bis 1825)

Der Lieblingsenkel von Katharina der Großen, Alexander I., regierte von 1801 bis 1825. Das Prinzip seiner Regentschaft bekundete der junge Zar sofort nach der Thronbesteigung: „Jetzt wird alles so, wie bei der Großmutter." Ja, dazwischen gab es noch Zar Paul II., das war der von Zar Peter III. als legitim anerkannte Sohn von Großfürstin Katharina (die spätere Katharina die Große). Paul II. hatte in seiner Herrschaftszeit vieles von dem zurückgenommen, was unter Katharina II. durchgesetzt worden war. Verurteilte wurden amnestiert, Gefangene entlassen, die Wehrpflicht aufgehoben, die Macht der Gutsbesitzer über die Leibeigenen beschränkt. Nun ja, der Adel war unzufrieden, und so fiel der Zar einem Attentat zum Opfer, und Alexander I. kam auf den Thron.

Unter Alexander I. erhielten die Adligen ihre Privilegien zurück, die ihnen von Katharina der Großen zugesichert worden waren. Es wurden Schulen, Gymnasien, Universitäten eröffnet. Von seinem Charakter her war Alexander I. nicht kriegerisch, doch fiel es ihm anheim, gegen Napoleon Bonaparte zu kämpfen und ihn schlussendlich im Vaterländischen Krieg 1812 zu besiegen.

In der Regierungszeit von Alexander I. waren Moskau und Sankt-Petersburg für ihre Feste und prachtvollen Bälle berühmt, aber auch für die erlesene Küche. Die Zeitzeugen nannten ihre Zeit das „kulinarische Paradies".

Der Name Marie-Antoine Carême, so hieß der Leibkoch von Alexander I., ging für immer in die Geschichte der Kochkunst ein. Man nannte ihn König der Köche und Koch der Könige. Er wurde 1783 in Paris geboren und arbeitete ab seinem zehnten Lebensjahr in der Küche. Zwölf Jahre lang leitete er die Küche des französischen Staatsmannes Talleyrand. Später gelangte er auf Einladung von Fürst Pjotr Bagration, einem Nachfahren des georgischen Königshauses, nach Russland, wo er zum persönlichen Koch des Zaren aufstieg. Und der Zar erwähnte Talleyrand gegenüber einmal, dass Carême die Russen essen gelehrt hätte. Die letzten Jahre seines Lebens kochte Carême für Baron Rothschild. Während er in Russland weilte, lernte Carême die Besonderheiten der russischen Küche kennen. Das war auch der Grund für seinen Wunsch, entscheidend zu ihrer Entwicklung beizutragen. Hier ist das Rezept für den Borschtsch, den Carême für den Zarentisch zubereitete.

Zarenborschtsch nach dem Rezept von Carême

Zutaten:

1 am Spieß gebratenes Huhn • 1 Stück Kalbfleisch • Knochenmark
450 Gramm durchwachsener Schinkenspeck • 2 Möhren • Selleriegrün
2 Zwiebeln • 6 Nelken • 1 Bund Petersilie • Thymian • Lorbeer
Basilikum • 25 Gramm weiße Pfefferschoten • 500 Milliliter Wasser
250 Milliliter Weißweinessig • 1 große Rote Bete • 1/2 Teelöffel Zucker
1/2 Teelöffel Salz • 1 Ente • 1 mit Mais gemästetes Huhn
6 große Würstchen • Sellerie • Zwiebeln • geklärte Butter
100 Gramm Rinderfilet • 100 Gramm Rinderfett • Muskatnuss • 3 Eigelb
2 hart gekochte Eier • Mehl • Salz • Pfeffer • Meerrettich • Zwieback
1 Ochsenschwanz

Zubereitung:

Aus 500 Milliliter, 250 Milliliter Weißweinessig, 1/2 Teelöffel Zucker, 1/2 Teelöffel Salz und geschälter Rote Bete einen Sud kochen. Das am Spieß gebratene Huhn in einen Topf legen. Dazu ein gutes Stück Kalbfleisch, Knochenmark, etwa 450 Gramm durchwachsenen Schinkenspeck, 2 Möhren, das Grün vom Sellerie und 2 Zwiebeln, davon eine mit 6 Nelken gespickt; außerdem 1 Bund Petersilie, etwas Thymian, Lorbeer und Basilikum sowie 25 Gramm weiße Pfefferschoten. Das alles mit dem Rote-Bete-Sud angießen. Eine Stunde lang

kochen, dann 1 Ente hinzugeben, 1 mit Mais gemästetes Huhn, das zuvor leicht angebraten wurde, sowie 6 große Würstchen. Wenn die Fleischprodukte (der Schinkenspeck, die Ente, das Hühnchen und die Würste) gar sind, werden sie herausgenommen und zur weiteren Verwendung beiseite gestellt. Die Bouillon 5 Stunden lang kochen, abseihen und klären.
Hier das Verfahren zur Klärung der Bouillon: Hackfleisch mit rohem Eiweiß und zerkleinertem Gemüse mischen, in die Bouillon geben und zum Kochen bringen. Die Klärmasse steigt nach oben und trägt alle Teilchen, die die Bouillon eintrüben, an die Oberfläche. Nach dem Abschöpfen ist das Ergebnis eine perfekt klare Bouillon.
Nehmen Sie die Rote Bete, die bei der Zubereitung des Suds verwendet wurde, und schneiden Sie sie in kleine Streifen. Die gleiche Menge Sellerie und Zwiebeln in Streifen schneiden. Die Gemüsestreifen in geklärter Butter leicht anbraten, dann mit einer kleinen Menge Bouillon angießen und so lange einköcheln lassen, bis die Flüssigkeit verdampft ist. Inzwischen 100 Gramm Rinderfilet und 100 Gramm Rinderfett sorgfältig zerkleinern, leicht salzen, pfeffern, geriebene Muskatnuss und 2 Eigelb hinzugeben, gut untermengen. Aus einer Hälfte der Masse 30 kleine Fladen formen, in der Mitte zusammenfalten, so dass ein Halbmond entsteht, dann in etwas Bouillon 10 Minuten lang kochen. Die übrige Hälfte der Fleischmasse zu kleinen haselnussgroßen Knödeln verarbeiten. Diese in Mehl wälzen und unmittelbar bevor der Borschtsch aufgetragen wird, in geklärter Butter anbraten. 2 Eier hart kochen, der Länge nach halbieren, die Eigelb herauslöffeln und mit einem rohen Eigelb, Salz, Pfeffer und geriebener Muskatnuss verrühren. Etwas geriebenen Meerrettich und fein gehackte Petersilie hinzugeben. Die entstandene Masse in die Eiweißhälften zurückfüllen, mit Zwieback panieren. Unmittelbar vor dem Servieren des Borschtsch die Eier in geklärter Butter frittieren.
Jetzt das Fleisch vom im Vorfeld gekochten Ochsenschwanz in eine Suppenterrine geben. Darüber fein geschnitten den gekochten geräucherten Schin-

kenspeck, die Enten- und die Hühnerbrust sowie die in vier Stücke geschnittenen Würste geben. Auf das Fleischsortiment werden die gebratenen Hackfleischbällchen und die gekochten Hackfleisch-Halbmonde sowie die frittierten Ei-Hälften platziert. Darüber drapiert man die in Butter gedämpfte Rote Bete mit Zwiebeln und Sellerie. Die Suppenschüssel warm halten. Inzwischen eine geschälte Rote Bete reiben, den Saft auspressen, erhitzen und in die heiße klare Bouillon gießen, um ihr die tiefe Farbe von Bordeaux-Wein zu verleihen. Die Bouillon in die Suppenschüssel gießen. Das Mark aus den Markknochen wird separat auf einer heißen Untertasse gereicht. Ringsherum werden in Butter geröstete herzförmige Brotstücke dekoriert.

Das Borschtsch-Rezept „nach Carême" ist beeindruckend kompliziert, aber noch wesentlich aufwendiger ist sein Rezept zur Zubereitung der russischen Ucha, der berühmten Fischsuppe. Ich wollte wenigstens ein Rezept dieses herausragenden Kochkünstlers in mein Buch aufnehmen und habe mich für das weniger komplizierte entschieden.

Das erste Viertel des 19. Jahrhunderts war eine markante Zeit im Petersburger Gesellschaftsleben. Zar Alexander I. war ein aufgeklärter Mann, ein Mensch der neuen Zeit. Er ließ Gedankenfreiheit zu, der Alltag bekam viele neue Impulse, und auf moralischem und politischem Gebiet kamen zukunftsweisende, edelmütige Ideen auf. Es wurde zur Mode, sich zu Hause Bibliotheken einzurichten. Und in den beiden Hauptstädten wurde viel gefeiert. Während die jungen Menschen auf den zahlreichen Bällen fröhlich tanzten, setzten sich die Älteren gern an den Kartentisch. Und zum Vergnügen gehörte auch das Tafeln, und die Tische bogen sich unter dem Reichtum und der Vielfalt der Speisen. Der Engländer J. C. Poyle, der zur damaligen Zeit in Moskau zu Gast weilte, schrieb: „Die Moskauer Gastfreundschaft mit ihren unendlichen Bällen hat uns völlig aufgesogen. Meinen altersmüden Beinen wird kein einziger Tag Ruhe gegönnt."

In der damaligen Zeit wurde den Besuchern der üppigen Bälle gern Außergewöhnliches geboten. Ein berühmtes Kochkunststück dieser Zeit beschreibt Alexandre Dumas der Ältere in seinem „Wörterbuch der Kochkunst". Das passierte in Paris, während eines Empfangs des Herzogs von Parma, dessen Koch ebenso berühmt war wie Carême. Tatsächlich waren die beiden Köche Rivalen. Der Koch des Herzogs von Parma erfand einen Trick mit einem Stör. Er wollte die Gäste seines Herrn beeindrucken, doch war er der Meinung, dass, wenn zwei Störe aufgetragen würden, die allein zu diesem Zwecke beschafft worden waren, der zweite den Wert des ersten erheblich schmälern würde. Doch nur einen einzigen Stör anzubieten, erschien ihm ebenfalls unklug. Ich zitiere nun Alexandre Dumas: „Den kleineren der beiden Fische bettete man auf eine Loge aus Blättern und Blüten, und die Töne von Violen und Flöten begleiteten sein Erscheinen. Der Flötist war als Chefkoch gekleidet und leitete, begleitet von zwei kostümierten Violinspielern, die Prozession an. Vier Lakaien trugen brennende Fackeln, zwei Köche, ausgestattet mit riesigen Messern, schritten an der Seite der Servierplatte, die von wieder zwei Köchen getragen wurde, und auf der ein gewaltiger Stör von 8 bis 10 Fuß Länge thronte. Die Prozession begann ihren Weg um die Tafel ... Nachdem die Runde abgeschritten war, geschah es, dass einer der Köche stolperte, und der herrliche Fisch stürzte auf den Boden. Die darauf folgenden Schreckensschreie kamen aus tiefstem Herzen oder sogar aus tiefstem Magen", schreibt Dumas, „und für einige Augenblicke, in denen die Verwirrung anhielt, gab jeder dem Hausherrn Ratschläge, was nun mit dem Fisch zu tun sei. Doch als die Stimme des Herzogs von Parma, Jean-Jacques Regis de Cambacérès, erklang, schwiegen alle. Und der sagte mit einfacher Würde: ‚Tragt den anderen auf ...'"

Und hier ist ein Kunststück, das in Moskau aufgeführt wurde: Eines Tages hatte sich ganz Moskau zum Ball bei Gräfin Nebolsina versammelt, die ihren Namenstag feierte. Die Kutschen der Gäste reihten sich von der Uliza Powarskaja, an der sich ihr Haus befand, bis zum Arbat-Tor. Graf Fjodor Rostoptschin beehrte die Gastgeberin mit einem besonders originellen Geschenk. Er wusste, dass sie Pasteten überaus schätzte, und so schickte er ihr „eine riesige Pastete mit allerzartester Füllung". Geschmeichelt von der Aufmerksamkeit des Grafen – und natürlich voller Spannung – ließ die Gräfin die „Pastete" öffnen, und heraus kam zunächst der hässliche Kopf von Mischa, einem berühmten Moskauer Zwerg. Der sprang dann ganz aus der Pastete heraus, dabei mit einer echten Pastete in der einen und einem Strauß Vergissmeinnicht in der anderen Hand, so erinnerten sich Zeitgenossen an dieses denkwürdige Fest.

Damals war es üblich, dass nicht nur Freunde und Verwandte an der Festtagstafel saßen, sondern auch völlig fremde Menschen. In Sankt-Petersburg bereiteten die Grafen Scheremetjew und Rasumowski ihren Gästen mit solchen Tafeln ein großes Vergnügen. Zu einem der beiden kam regelmäßig ein bescheidener Kostgänger, vermutlich ein armer Poet. Selbstverständlich nahm er einen Platz am Ende der Tafel ein, wo ihn selbstverständlich die Diener so oft wie möglich ignorierten. Eines Tages, er war so gut wie hungrig vom Tisch aufgestanden, bemerkte ihn der Hausherr und rief ihn zu sich. Er begann ein Gespräch: „Nun, bist du denn zufrieden?" „Zufrieden, Euer Erlaucht", antwortete der Kostgänger mit einer tiefen Verbeugung, „ich konnte alles sehen."

Ungeachtet dessen, dass Alexander I. Bälle und Festgelage liebte und eine gute Küche zu schätzen wusste, zeichnete er sich in seinem Alltag durch Maß und Bescheidenheit beim Essen aus. Eine ironische Beschreibung eines Mittagessens beim Zaren hat uns der berühmte Fabeldichter, Feinschmecker und Genießer Iwan Krylow hinterlassen, der vom Zaren recht häufig zum Essen eingeladen wurde: „Die Dekoration war eine einzige Schönheit. Wir setzten uns, die Suppe wurde gereicht, am Tellerboden verschiedenes Grün, die Möhren in Form von Girlanden geschnitten, aber die ganze Pracht steht irgendwie auf dem Trockenen, denn da ist nur eine Suppenpfütze auf dem Teller ...

Und die Piroggen? Nicht größer als Walnüsse. Ich hatte mir gerade zwei geschnappt, als der Lakai die Schüssel abräumen wollte. Ich konnte ihn gerade noch an einem Knopf festhalten, und so habe ich noch zwei bekommen ... Die Fische waren gut, Forellen aus Gattschina, einheimische, sozusagen, aber sie haben kleine aufgetragen, freilich, viel kleiner als eine Portion! ... Nach dem Fisch kamen die französischen Flausen. Ein umgestürztes Töpfchen, mit Sülze verkleidet, und darin Grünzeug, und gestückeltes Wild, und Splitter von Trüffeln, alle möglichen Reste. Vom Geschmack her nicht übel, ich würde gern ein zweites Töpfchen nehmen, aber das Tablett ist schon weit entfernt. Was ist das nur, denke ich? Geben die einem hier denn alles nur zum Kosten? Schließlich sind wir doch beim Truthahn angekommen ... Der Truthahn wurde aufgetragen. Ob Sie es glauben oder nicht, da lagen nur die Schenkel und die Flügelchen nebeneinander, aber der eigentliche Vogel war darunter versteckt ... Und der Truthahn, völlig abgemagert, kein Anzeichen von edler Rasse, vermutlich haben sie ihn schon am Morgen für das Mittagessen gebraten, diese Scheusale, und dann einfach wieder aufgewärmt. Und die Süßspeisen! Eine Schande, sie so zu nennen ... Eine halbe Apfelsine! Das natürliche Innere war herausgenommen, stattdessen hatten sie Gelee und Konfitüre hineingestopft. Vor Wut habe ich die Apfelsine mitsamt Schale aufgegessen. Schlecht füttert der Zar die Seinen, nichts als Dünkel ringsherum ..."

Der legendäre Appetit des Fabeldichters wurde später zum Motiv des „russischen Appetits" in einer der schönsten kulinarischen Erzählungen von Anton Tschechow „Der dumme Franzose".

In einer Moskauer Schankwirtschaft beobachtet ein französischer Clown aus einem gastierenden Zirkus, starr vor Schreck, einen Menschen, der vor seinen Augen 25 Blini verdrückt, bestrichen mit Butter, mit Kaviar, belegt mit Lachs, mit Schinken, und dann folgt noch eine Soljanka aus Stör. Nebenbei teilt er dem Franzosen mit, dass er in zwei Stunden zu einem Festessen eingeladen ist, und der Franzose ist endgültig überzeugt, es mit einem Selbstmörder zu

tun zu haben, der eine besonders exotische Methode gewählt hat, aus dem Leben zu scheiden. Doch als er sich umschaut, sieht er, dass die ganze Wirtschaft voll mit solchen russischen Selbstmördern ist.
Die Küche der Fürsten und Grafen zur Zeit Alexander I. wollte nicht nur durch Überfülle an Essen beeindrucken, sondern auch durch ihren Einfallsreichtum. Ein Gericht, wie das folgende, war zum Beispiel modern: Eine Olive wurde entsteint und mit Anchovis gefüllt, mit der Olive wurde eine Lerche gefüllt, die Lerche wiederum wurde im Inneren einer Wachtel versteckt, die Wachtel gab man in ein Rebhuhn, das Rebhuhn in einen Fasan, den Fasan in einen Truthahn, den Truthahn in ein Ferkel, und das Ferkel wurde am Spieß gebraten ...
Sankt-Petersburg zeichnete sich gegenüber Moskau damals durch eine besonders erlesene Küche aus. Waren Sie einmal in Sankt-Petersburg? Wenn ja, dann haben Sie sicher auch das Stroganow-Palais besichtigt, das Haus mit der Nummer 17 auf dem Newski Prospekt, mitten im Herzen der Stadt. Das Palais wurde 1988 zu einer Filiale des Russischen Museums. Mitte des 18. Jahrhunderts, zur Zeit Katharinas der Großen, ließ Sergej Grigorjewitsch Stroganow, der „halb Sibirien" besaß, den herrlichen Palast vom berühmten Architekten Rastrelli errichten. Über Stroganow scherzte die Zarin: „Er gibt sich alle Mühe, zu verarmen, es gelingt ihm einfach nicht." Zur Zeit von Alexander I. wurden hier die berühmten Mittagessen veranstaltet, auf denen der Graf sein eigenes Gericht servieren ließ, Rindfleisch nach Art von Stroganow, das heute in der ganzen Welt bekannt ist.

Boeuf Stroganoff

Zutaten:

750 Gramm Rinderfilet • 200 g Champignons • 1 kleine Zwiebel
125 Gramm Butter • Salz • Pfeffer • Muskatnuss • 1/4 Glas Smetana
2 bis 3 Esslöffel Weinbrand (nach Geschmack)

Fürst Sergej Stroganow

Zubereitung:

Das Rinderfilet in dünne Scheiben schneiden. Die Pilze waschen, gut abtropfen und fein zerkleinern. 30 Gramm Butter in einer Pfanne heiß werden lassen. Die Pilze darin anbraten und würzen. Den Rest der Butter in einer zweiten Pfanne erhitzen, die Zwiebeln darin andünsten, bis sie glasig sind, das Fleisch dazugeben und von allen Seiten anbraten. Etwas geriebene Muskatnuss, Salz und Pfeffer sowie die Smetana hinzufügen. Alles heiß werden lassen, dann die Pilze und den Weinbrand hinzufügen. Mit Reis oder Nudeln servieren.

Variation: Geben Sie gleichzeitig mit der Smetana etwas Weißwein oder Tomatenmark hinzu. Sie können die Smetana auch mit einigen Tropfen Worcestersauce verrühren.

Um das „Boeuf Stroganoff" ranken sich zahlreiche Legenden. Nach einer Variante wurde es nach Graf Alexander Stroganow (1795 bis 1891) benannt, der Bürgermeister von Odessa und als sozial eingestellt galt. In seinem Haus wurde jeder kostenlos bewirtet, der halbwegs ordentlich gekleidet war. So ersannen seine Köche das Gericht, das sich gut vorbereiten, aufbewahren und portionsweise servieren lässt. Nach einer zweiten Variante plagte sich Stroganows Koch im kalten Sibirien stets mit gefrorenem Fleisch, von dem er immer nur dünne Scheibchen abschneiden konnte, so kam er auf die Idee mit dem Gericht. Nun, und die dritte Variante erzählt vom Großfürst Stroganow aus Omsk, der dahinter kommt, dass seine schöne Angetraute einen Liebhaber hat. Statt nun seine Wut am Nebenbuhler auszulassen, lässt er sie an einem geliehenen Stück Rinderfilet aus. So jedenfalls stellte sich der Revue- und Tonfilmkomponist und Kabarettist Friedrich Hollaender die Erfindung des berühmten Gerichts in seinem Scherzlied „Stroganoff" vor: (hier bieten wir einen Auszug):

Tags darauf sitzt Stroganoff
im Kaffeehaus.
Wo sonst.
Und es fragen ihn die Freunde,
„Was war los bei dir in Omsk?
Man hat dich schreien gehört bis Imsk.
Einer sagt sogar bis Umsk.
Und man spricht,
dass deine Schuschka
hat gemacht mit deinem Freund ein bisschen
Schmuschka?"
„Bisschen hätt' ich noch verziehen.
Das ist russisch, echt russisch.
Aber die Vertraulichkeit
geht zu weit.
Tut mir leid.

Heda, Wirt, bring mir ein Filet,
aber roh,
Größe: so.
Und dazu ein großes Messer.
Kann ich zeigen meinen Freunden besser
mit Messer,
was ich gemacht mit Schmutschkinoff?"
Und mit dem Messer, hei juche,
sticht Stroganoff in das Filet.
Und kreuz und quer
und hin und her,
sieht gar nicht wie Filet aus mehr.

Ohne Lücke
haut er es in tausend Stücke
voller Wut.
Ist das gut?
Das ist gut
und so echt russisch.
Hei, hei.

Kein Ballett jetzt,
kein Ballett jetzt.
Stört das Szenium kollosal.
Nein, ich will hier kein Ballett jetzt,
Himmel, Sakrament nochmal.

Stroganoff
winkt gnädig jetzt den Küchenchef
zu sich.
„Hier, mein Freund, mit Dank zurück
das geborgte Lendenstück,
das im Zweikampf wie ein Held
den Ehebrecher dargestellt.
Aber jetzt trag's in die Küche.
Du kannst gut sehn,
Väterchen. Ich kann kein Blut sehn."
Koch in Tränen schreit, o je
wer wird essen das Haschee?
Ist zerhackter Schmutschkinoff,
aber kein Filet.
Ganz zerstückelt liegts im Topf.

Küchenbub mit rotem Kopf
fragt, was soll damit geschehn?
Was soll ich hinein tun noch,
Väterchen Koch?
Von mir aus, was du willst, tu rein.
Frißt doch kein Schwein.
Ob saure Sahne, Zwiebelring,
ob Paprika, ob Pfefferling.
Doch als man's auf das Feuer tut,
jeder fragt, was riecht so gut?
Alle Gäste kosten,
reiben sich den Bauch, ha ha ha.
Will ich auch, ha ha ha.
Tu mir eins schmoren.
So wurde Glanzstück von Suppè,
wurde größtes Frikasse
wurde Stroganofffilet
geboren.
Hei, hei.

Im Haus Nr. 41 am Newski Prospekt in Sankt-Petersburg wohnten die Fürsten Beloselski-Beloserski. Heute befindet sich dort das Komitee für Tourismus und Entwicklung der Stadt Sankt-Petersburg. Im 19. Jahrhundert wurde das Haus ironisch das „Witwenhaus" genannt. Die Fürsten Beloselski-Beloserski starben in der Regel jung, und ihre Frauen waren unermüdlich dabei, die Residenzen umzugestalten und Gäste zu empfangen. Das bekannteste Gericht, mit dem sie ihre Gäste bewirteten, trug den Namen „Apothekerente". Es ist die Füllung, auf die es hier ankommt.

Palast der Fürsten Beloselski-Beloserski

Apothekerente

Zutaten:

1 Ente • 3 Zwiebeln • 2 Esslöffel Pflanzenöl • 2 Teelöffel zerkleinerter Salbei
2 Glas geröstete Weißbrotwürfel • Salz • Pfeffer

Zubereitung:

3 mittelgroße Zwiebeln fein hacken, in Öl glasig andünsten, 2 Teelöffel zerkleinertes Salbei mit in die Pfanne geben sowie mindestens 2 Gläser geröstete Weißbrotwürfel. Alles zusammen leicht anbraten, salzen, pfeffern, etwas abkühlen lassen, die Ente damit füllen und im Ofen braten. Einerseits verleiht die aromatische Brotfüllung der Ente einen besonderen Geschmack, andererseits nimmt sie das Entenfett auf, das beim Braten austritt. So erhält die Füllung eine sehr feine Konsistenz. Nach dem Garen die Ente zerteilen und die Füllung als Beilage servieren.

Die russischen Feinschmecker jener Zeit hatten viel Phantasie. Der Sohn des Grafen Sawadowski bereitete sein Wild gern mit Zimt und Nelken zu, diese Raritäten tauschte er gegen Holz aus seinen Wäldern ein. Graf Dmitri Gurjew wurde für seine kulinarische Erfindung richtiggehend berühmt: die Grütze „auf Gurjew-Art“, eine aus Grieß, Nüssen, Früchten und Süßer Sahne zubereitete Süßspeise, wurde ein Lieblingsgericht der Familie Alexanders I.
Doch diese legendäre Grütze hatte natürlich nicht der Graf, sondern sein Koch Sachar Kusmin kreiert. Sie wurde nach Gurjew benannt, weil der damalige russische Finanzminister, Dmitri Gurjew, diese Süßspeise über alle Maßen liebte. Er war so zufrieden mit seinem Koch, dass er ihn sogar küsste. Ich besitze drei Rezepte für diese Grütze. Das erste ist ein altes Rezept aus dem 19. Jahrhundert, das zweite eine moderne Version der klassischen Süßspeise, und das dritte ist das Rezept meiner Mutter, die mir versicherte, dass es ihr meine Urgroßmutter überliefert hatte.

Gurjew-Grütze im alten Stil

Zutaten (für 6 Portionen):

100 Gramm Grieß • 500 Milliliter Milch • 600 Milliliter Sahne
50 Gramm geriebene Walnüsse • 100 Gramm Zucker • 50 Gramm Butter
1 Ei • 10 Aprikosen • Vanillezucker • Salz

Zubereitung:

Die Milch kochen, leicht salzen, den Grieß nach und nach einrühren und einen festen Grießbrei zubereiten. Etwas abkühlen lassen, nun das mit Zucker verquirlte Eigelb, das steif geschlagene Eiweiß, Vanillezucker und die in Butter gerösteten zerstoßenen Walnüsse hinzugeben. Sorgfältig umrühren. Die Sahne in einen flachen breiten Topf gießen und in einen auf 150 Grad Celsius vorgeheizten Backofen stellen, damit sich Haut bildet. Sobald sich Haut gebildet hat, diese abnehmen und auf einen Teller legen. Einen Teil des Grießbreis in eine gefettete Pfanne geben. Dann eine Schicht aus geschnittenen und entkernten Aprikosen darübergeben, darauf eine Schicht Sahnehaut, die Schichten auf diese Weise abwechseln, je nachdem wie viele Sahnehäutchen bei der Zubereitung entstanden sind. Mit einer Schicht Grießbrei enden. Die Pfanne in die Backröhre stellen und bei 180 Grad Celsius so lange backen, bis eine goldbraune Kruste entstanden ist. Mit gehackten Walnusskernen bestreuen. Es wird eine Aprikosensauce dazu gereicht.

Aprikosensauce

Zutaten:

Aprikosen • Zucker • Wasser • Nusslikör nach Wunsch

Zubereitung:

Aprikosen pürieren, mit Zucker verrühren, etwas Wasser hinzugeben und so lange kochen, bis die Masse eine dickliche Konsistenz bekommt, heiß zur

Gurjew-Grütze geben. Falls die Sauce kalt serviert wird, kann sie mit Nusslikör verfeinert werden.

Gurjew-Grütze (Moderne Variante)

Zutaten für 6 Portionen:

600 Milliliter Sahne mit 35 Prozent Fettgehalt • 200 Gramm Grieß
100 Gramm Zucker • 100 Gramm Walnüsse, geschält
100 Gramm Cashewkerne • 250 Gramm Erdbeeren
200 Gramm Heidelbeeren • 200 Gramm Rosinen • Salz • Butter

Zubereitung:

Walnüsse und Cashewkerne miteinander vermischen, 150 Gramm der Mischung hacken, die übrigen Nüsse auf einem Blech in der Backröhre leicht anrösten, dabei mit Alufolie bedecken. Nüsse in eine Pfanne geben, 30 Gramm Zucker und 1 Esslöffel Wasser hinzugeben. Die Pfanne auf den Herd stellen, umrühren, die Nüsse karamellisieren lassen. Einen Teil der Beeren und überbrühen und 10 Minuten ziehen lassen. Die Sahne in einen breiten Topf gießen und in den auf 160 Grad Celsius vorgeheizten Backofen stellen. Die Sahne so lange im Ofen halten, bis sich eine Haut bildet. Die Haut mit einer Schaumkelle abschöpfen und auf einen flachen Teller legen, weitere vier Hautschichten auf diese Art erzeugen. Abkühlen lassen und in breite Streifen schneiden. Den Topf aus dem Backofen holen. Die Sahne mit einem Schneebesen durchrühren und 70 Gramm Zucker sowie den Grieß dazugeben. Leicht salzen. Rosinen, gehackte Nüsse in den Brei geben und gut umrühren. Eine gusseiserne Form mit Butter einfetten. Auf den Boden eine Schicht Grießbrei geben und oben glattziehen. Darauf dann eine Schicht Nüsse und Beeren, darauf eine Schicht Sahnehautstreifen und wieder Grießbrei, Nüsse und Beeren und Sahnehautstreifen. Die letzte Schicht sollte Grießbrei sein, der reichlich mit Zucker bestreut wird. Die Form in den Backofen stellen und bei 170

Grad Celsius so lange überbacken, bis die Oberfläche karamellisiert ist. Die Backform aus dem Ofen holen, vorsichtig umdrehen und stürzen. Die Oberfläche mit Beeren und Nüssen verzieren.

Gurjew-Grütze nach dem Rezept meiner Urgroßmutter

Zutaten:

Grieß • Milch • Salz • Zucker • Butter • Eiweiß • geriebene Nüsse
Vanillezucker • Beeren • in Spalten geschnittenes Obst • Zuckersirup
(nach Wunsch Walnüsse, Mandeln, Likör zur Verfeinerung)

Zubereitung:

Einen dickflüssigen Brei aus Milch und Grieß kochen, dabei etwas Salz und Zucker hinzufügen. Unter ständigem Rühren Butter, das mit Zucker aufgeschlagene Eiweiß, die geriebenen Nüsse und Vanillezucker in den heißen Brei geben. Alles gut umrühren und in kleine, gefettete Pfännchen geben, mit Zucker bestreuen und für 5 bis 7 Minuten in den heißen Backofen stellen. Auf ein Backblech oder in einen Topf Milch gießen und ebenfalls in den Backofen stellen. Sobald sich Haut auf der Milch bildet, die Haut vorsichtig abnehmen. Dann warten, bis sich eine neue Haut bildet und diese wieder abnehmen. Dann den Brei in zwei bis drei Schichten auf einem Teller anrichten, zwischen die Schichten jedes Mal eine Schicht Milchhaut legen. Die oberste Schicht bilden in Zuckersirup erwärmte und in Spalten geschnittene Früchte oder Beeren. Darüber können zerkleinerte Walnüsse oder Mandeln gestreut werden, zu besonderen Anlässen kann man die Gurjew-Grütze mit Likör begießen.

Graf Dmitri Gurjew

Der aus einem alten bergischen Adelsgeschlecht stammende Graf Karl Nesselrode, der Gatte von Gurjews Tochter und außerdem 40 Jahre lang Außenminister Russlands und später russischer Kanzler, war ebenfalls mit kulinarischen Einfällen reich gesegnet. Er schätzte Menschen nicht, die keinen guten Appetit hatten oder die das Essen „mit zerstreuter Aufmerksamkeit" zu sich nahmen. Die Petersburger höhere Gesellschaft legte großen Wert darauf, ihre Küchenmeister ins Haus Nesselrode in die Lehre zu schicken, und es heißt, für diese Nachhilfe hätte sein Koch „ein Heidengeld" verlangt.
Hier also die Rezepte der beliebtesten Gerichte aus dem Haus Nesselrode.

Pudding à la Nesselrode

Zutaten:

3/4 Glas feiner Zucker • 2 Esslöffel gehackte süße Mandeln
1 Esslöffel geriebene Schokolade • 2 Esslöffel geriebenes Schwarzbrot
6 ganze Eier • 4 Gläser Sahne • 1/4 Pfund Rosinen

Zubereitung:

Den Feinzucker mit den gehackten Mandeln, der geriebenen Schokolade, dem geriebenen Schwarzbrot und den aufgeschlagenen Eiern mischen, mit 4 Gläsern Sahne verrühren, 1/4 Pfund Rosinen, die zuvor abgebrüht und trocken getupft wurden, hinzugeben, alles in eine gefettete Form füllen. Eine Stunde vor dem Anrichten im Dampfbad garen. Wenn der Pudding fertig ist, auf einen Servierteller stürzen und mit Weinsauce angießen.

Weinsauce

Zutaten:

2 Gläser Sauternes • 1 Gläschen Cognac oder Rum
1 Glas Zucker • Zimtrinde • 1 Teelöffel Kartoffelstärke

Zubereitung:

2 Gläser Sauternes (von dem zuvor 2 Gläschen abgenommen wurden) mit 1 Gläschen französischen Cognac oder Rum, 1 Glas Zucker und 1 Zimtrinde erhitzen, die beiden abgenommenen Gläschen Wein mit 1 Teelöffel Kartoffelstärke vermischen und in den kochenden Sirup hineingießen, kräftig umrühren, 2 bis 3 Minuten ziehen lassen, abseihen.

Besonders beliebt war mit Trüffeln gefüllter Truthahn nach dem Rezept des Marquis Louis de Cussy, der war Koch unter Napoleon I. und Ludwig XVIII., und von ihm heißt es, er habe 366 Geflügelgerichte kreiert. Der Truthahn, den der Koch im Haus Nesselrode servierte, war vollständig von Trüffeln getränkt. Die heißen Trüffel durchdrangen den Truthahn mit ihrem Aroma. Sie gaben ihr ganzes Aroma an den Truthahn ab, verloren es also. Das Geheimnis war, dass der Koch die Trüffel nach der Hälfte der Garzeit durch neue Trüffel ersetzte. Und der Truthahn geriet göttlich!

In jener Zeit war man der Ansicht, weiße Trüffel seien günstiger zu haben als schwarze. Weiße Trüffel wurden in Russland immer nur mit einem Bürstchen geputzt und roh direkt auf die Speise gerieben. Schwarze Trüffel wurden häufig thermisch bearbeitet. Obwohl man sie wie die weißen roh verwenden kann. Trüffel wurden in der Regel mit anderen kostspieligen Lebensmitteln kombiniert, mit Krebsen, Hummer oder Gänseleber. Heute werden Trüffel mit Hilfe von speziell trainierten Hunden gesucht. Die Pilze verbergen sich tief in der Erde. Anfänglich wurden Schweine benutzt, um die Trüffel im Boden aufzuspüren, da sie über einen sehr feinen Geruchssinn verfügen. Leider erschnüffelten die Schweine die Trüffel nicht nur, sondern fraßen sie häufig auf, so dass man nach und nach auf ihre Dienste verzichtete.

Trüffel sind sehr teuer, wer ihr besonderes, edles Aroma genießen möchte, kann Trüffelöl kaufen. Das ist in der Regel mit Trüffeln angesetztes mildes Olivenöl oder neutrales Pflanzenöl. Mit diesem Öl kann man das eine oder andere Gericht würzen, um eine Vorstellung davon zu bekommen, wie Trüffel schmecken und riechen.

Cremesuppe aus Trüffeln, Champignons und Wein

Zutaten:

Rindfleisch • 1 Esslöffel Öl • 1/2 Glas Mehl • Sahne • Eigelb
Knödelmasse • süße Butter • Trüffel • Champignons • Zitrone
Sherry • Madeira

Zubereitung:

Eine Bouillon aus Rindfleisch zubereiten, abseihen. 1 Esslöffel Öl und 1/2 Glas Mehl vermischen, mit etwa Bouillon ablöschen, aufkochen lassen, abseihen, dann mit der gesamten Bouillon auffüllen. Vor dem Servieren Sahne mit Eigelb hinzufügen, schnell umrühren, sehr heiß werden lassen. In die Suppenschüssel die einzeln gekochten und klein geschnittenen Knödel sowie die süße Butter, die in Madeira gekochten Trüffel und die in Butter gedünsteten Champignons mit Zitrone geben. Dann den Sherry hineingeben, alles mit Suppe auffüllen. Mit Piroggen in Muschelform servieren.

Piroggenbrötchen mit Krebsbutter (zur Suppe)

Zutaten:

20 Krebse • Fischbouillon • 1/2 Pfund Fisch • 3 bis 4 Röhrenpilze
oder Champignons • 1/2 Esslöffel Mehl • 1/4 Glas Olivenöl • grüne Petersilie
12 bis 15 Brötchen • Muskatnuss • Zwiebackbrösel • Öl • Krebsbutter

Zubereitung:

20 Krebse kochen, putzen, aus der Schale lösen. Die Schalen waschen, trocknen, zerkleinern und in 1/4 Glas Olivenöl anbraten, dann mit 1/2 Glas Fischbouillon ablöschen, aufkochen lassen und abseihen. 1/2 Löffel Mehl mit 2 Löf-

feln der Flüssigkeit verrühren, in einem Glas Fischbouillon auflösen, einige Male aufkochen lassen, die zerkleinerten Krebsschwänze, den angebratenen, zerkleinerten und entgräteten Fisch, die fein gehackten und angebratenen Röhrenpilze, Muskatnuss und die in Öl frittierte grüne Petersilie dazugeben, alles gut untermengen. Kleine Fastenbrötchen nehmen, die Deckel abschneiden, vorsichtig die Krume herausholen und das Innere mit Krebsbutter bestreichen, die zubereitete Füllung hineingeben, den Deckel wieder aufsetzen, noch einmal mit Krebsbutter bestreichen und mit Zwiebackbröseln bestreuen, dann im Ofen etwa 15 Minuten überbacken.

Krebsbutter

Zutaten:

Schalen von 1 Kilogramm Krebsen • 3 Möhren • 3 Selleriestangen
3 Schalotten • 2 Knoblauchzehen • 1 Lauchstange
1 Esslöffel Tomatenmark 100 Milliliter Wasser • 750 Gramm Butter
2 Esslöffel Öl • 1 Lorbeerblatt
Nelken nach Geschmack • Schwarzer Pfeffer • Salz

Zubereitung:

Die Krebspanzer gründlich waschen, trocken tupfen und zerstoßen. Möhre, Sellerie, Schalotte und Knoblauch fein würfeln. Alles in Öl in einer Pfanne anrösten, Tomatenmark zugeben. Nun 500 Gramm kalte Butter stückchenweise zugeben und unter ständigem Rühren schmelzen lassen. Langsam das Wasser zugeben, durchkochen lassen, Lauch, Lorbeerblatt und Nelken (nach Geschmack) zugeben, leicht salzen. Die restliche Butter in der Flüssigkeit auflösen, 1 Stunde bei schwacher Hitze ziehen lassen, wenn das Wasser verkocht ist, vom Herd nehmen, weiter ziehen lassen, damit die Butter das volle Aroma der Krebse aufnehmen kann. Die Butter durch ein feines Sieb in Formen gießen und in den Kühlschrank stellen.

Am Spieß gebratenes Roastbeef

Zutaten:

15 bis 20 Pfund Roastbeef • 2 bis 3 Zwiebeln • 1 ½ Glas Olivenöl
Meerrettich • Ölpapier (Alufolie) • Salz • Pfeffer

Zubereitung:

Das Roastbeef abtupfen, mit Küchengarn zusammenbinden, mit gehackten Zwiebeln bestreuen, in einen irdenen Topf legen und 1 ½ Glas Olivenöl dazu geben. Bis zum Folgetag ziehen lassen, dabei öfter umdrehen und mit Öl begießen. Anschließend salzen, mit Pfeffer bestreuen, in Ölpapier einwickeln, an einem Spieß befestigen und 3 bis 4 Stunden braten, dabei immer wieder mit dem austretenden Saft beträufeln. 15 Minuten vor Ende der Garzeit das Papier entfernen, von allen Seiten noch einmal salzen und braun werden lassen.

Gebratener Kapaun oder Poularde mit Wacholderbeerfüllung

Zutaten:

1 Kapaun oder Poularde • 2 Esslöffel Reibekäse
½ Esslöffel Wacholderbeeren • 2 bis 3 Esslöffel Öl • Ölpapier (Alufolie)
2 Esslöffel Semmelbrösel • 2 Eier • 2 bis 3 Zwieback • Salz

Zubereitung:

Die Wacholderbeeren, 2 Esslöffel Semmelbrösel, 1 Esslöffel Öl, 2 Eier, 2 Esslöffel Reibekäse im Mörser zerstoßen, durch ein Sieb passieren, den Kapaun mit der Masse füllen; vor dem Braten das Geflügel mit Öl bestreichen und gut in Ölpapier einwickeln. Am Spieß braten, von Zeit zu Zeit mit Öl beträufeln, dann das Papier entfernen, den Braten mit geriebenem Zwieback bestreuen, mit dem Fett, das beim Braten herausgelaufen ist, bestreichen. Wenn er gut gebräunt ist, auf einem Teller anrichten und mit gerösteten Zwieback bestreuen.

Ganze Forelle, in Wein gegart

Zutaten:

3 Pfund Forellen • ½ Pfund weißes Gemüse (Sellerie, Petersilienwurzel, Porree) • 2 bis 3 Zwiebeln • 1 bis 2 Lorbeerblätter • 10 bis 15 Piment
1 Esslöffel Butter • 1 Glas edelsüßer Wein • ½ Glas Madeira
1 Gläschen Rum • ½ Esslöffel Öl • 1 Esslöffel Mehl • 3 Glas Fischbouillon
2 Pfund junge Kartoffeln • 12 bis 18 Krebse • Kräuter • Petersilie

Zubereitung:

Den Fisch in einen Fischkochtopf geben, mit fein geschnittenem Gemüse (Sellerie, Porree und Petersilienwurzel), Zwiebelringen, den Gewürzen bedecken, etwas Butter hinzugeben, 1 Glas edelsüßer Wein, ½ Glas Madeira und einen Schuss Rum hinzugießen, mit Fischbouillon so auffüllen, dass der Fisch knapp bedeckt ist, fest mit einem Deckel verschließen, einmal auf dem Herd zum Kochen bringen, dann für etwa 1 ½ Stunden in den heißen Backofen stellen. Vor dem Servieren den Deckel öffnen, mit Hilfe einer Schaumkelle die Forelle vorsichtig herausheben und auf einen Servierteller legen, die Bouillon abgießen, mit Mehl, das in Öl angeröstet wurde, andicken, in einem Topf aufkochen lassen, abseihen, die Forelle vorsichtig damit begießen, die gekochten jungen Kartoffeln, die gekochten Krebse, Kräuter und Petersilie hübsch als Beilage um den Fisch anrichten.

Gebratene Haselhühner mit Füllung

Zutaten:

3 bis 4 Haselhühner • 1 ½ Glas Zwieback • 4 Esslöffel Öl
Saft von 1 Zitrone • 1 ½ Pfund Speck
Ölpapier (Alufolie) • Öl zum Beträufeln

Zubereitung:

Die Haselhühner säubern, ausnehmen, waschen. Zwieback fein zerstoßen, mit Zitronensaft und Öl vermischen, mit dieser Masse die Haselhühner füllen, zunähen, mit dünnen Speckscheiben belegen, mit Ölpapier umwickeln, am Spieß braten, dabei immer wieder mit Öl beträufeln.

Haselhuhnbutter zum Frühstück

Zutaten:

3 Haselhühner • 3 bis 4 Esslöffel geriebene Trüffel
1 Pfund Butter • Muskatnuss • Parmesan (nach Geschmack)
zerlassene Butter

Zubereitung:

Die Haselhühner ausnehmen, in 1/4 Pfund Butter braten, abkühlen lassen, das Fleisch von den Knochen lösen, klein hacken, zerstoßen, Muskatnuss hinzufügen. Wer mag, mischt fein geriebenen Parmesan unter, zudem 3 bis 4 Löffel klein geschnittene Trüffel und die restliche weiche Butter untermengen, alles durch ein Sieb passieren, umrühren, so lange es noch nicht fest geworden ist, in eine Butterform füllen, wenn die Haselhuhnbutter länger aufbewahrt werden soll, ist es besser, sie in ein Steingutgefäß zu geben und von oben mit einer Schicht Rindertalg zu bedecken, um sie zu konservieren.

Pudding aus Hühnchenfleisch

Zutaten:

2 Hühnchen • 1/4 Pfund Öl • 1 Flasche Milch • 1 Pfund Weißbrot
1/4 Pfund Butter • Salz • Pfeffer • Muskatnuss • 6 Eier • 25 Krebse
Zwiebackbrösel

Zubereitung:

Die jungen Hühner ausnehmen, Flügel abschneiden, sie können am nächsten Tag für eine Suppe verwendet werden. Die Hühnchen anbraten, abkühlen lassen, das Fleisch von den Knochen lösen und fein zerkleinern, von einem in Milch eingeweichten und durch ein Sieb passierten Weißbrot so viel hinzugeben, wie es der Fleischmenge entspricht, alles miteinander vermischen, 1/4 Pfund frische Butter, Salz, Pfeffer, geriebene Muskatnuss, 6 Eigelb und 25 Krebsschwänze hinzugeben, anschließend 6 Eiweiß zu Eischnee schlagen und unterheben. Alles in eine ausgefettete Form geben, die Oberfläche mit Zwieback bestreuen, in Dampf mindestens 30 Minuten garen, auf einem Teller anrichten und mit Weißer Sauce begießen.

Weiße Sauce aus Smetana und Stachelbeeren

Zutaten:

1/2 Glas Mehl • 1 Esslöffel Öl • 3 bis 4 Gläser Gemüsebrühe und Fleischbouillon • 1 Glas Smetana • 15 bis 20 Stück marinierte Stachelbeeren • Salz • Zucker

Zubereitung:

Öl und Mehl in einer Pfanne vermischen, auf den Herd stellen, noch mehr Mehl darüber stäuben, dabei immer mit einem Spatel umrühren. Wenn das Mehl braun wird, 3 bis 4 Gläser heiße Gemüsebrühe und Fleischbouillon hinzufügen, aufkochen lassen, abseihen, frische Smetana und die marinierten Stachelbeeren untermischen. Nach Geschmack Salz und Zucker hinzugeben. Diese Sauce passt vorzüglich zu gekochtem Huhn, Pute und Ferkel, aber auch zu Hecht und anderen Fischen.

Gedünstete Poularde mit einer Füllung aus Hühnchenknödeln, gereicht mit Champignons und Krebsbutter

Zutaten:

1 Poularde • 1 Hühnchen • 1 Zitrone • 1 Esslöffel Öl
1 entrindetes Brötchen • 1 Glas Sahne oder Milch • 1/2 Glas Mehl
2 Esslöffel Krebsöl • 1 Esslöffel Butter • Pfeffer • Muskatnuss
Salz • 3 Glas Bouillon • Champignonessenz • 3 Eigelb
2 Eier • 1/4 Pfund Speck • 1/4 bis 1/2 Pfund Champignons • Krebsbutter

Zubereitung:

Zunächst die Hühnchenknödelmasse zubereiten: Das Fleisch vom Hühnchen ablösen, sehr klein hacken, ein entrindetes und in 1 Glas Milch oder Sahne eingeweichtes Brötchen sowie 1 Esslöffel Krebsöl, etwas Salz, Pfeffer, Muskatnuss und 2 Eier hinzugeben, alles gut miteinander vermischen, durch ein Sieb passieren, aus der Masse Knödel formen. Die Poularde ausnehmen, waschen und mit den Knödel füllen, zunähen, mit Speck ummanteln, den Speck mit Küchengarn festbinden. Die so vorbereitete Poularde in der Bouillon sieden lassen, bis das Fleisch weich ist. Dann auf ein Schneidbrett legen, alle Fäden und den Speck entfernen, in Portionen zerteilen und so anrichten, dass es wie eine ganze Poularde aussieht, mit den Champignons dekorieren. Diese werden wie folgt zubereitet: 1 Glas Wasser mit dem Saft 1 Zitrone verrühren. Die Champignons in kaltem Wasser waschen, sorgfältig die Außenhaut abziehen, dabei in das Zitronenwasser tauchen, trocken tupfen. 1/2 Esslöffel Öl in der Pfanne erhitzen, Salz und die Champignons hinzugeben. Alles mit einem Deckel bedeckt köcheln lassen, abseihen. Die Pilze um die Poularde dekorieren und mit Sauce angießen, die wie folgt zubereitet wird: 1/2 Glas Mehl mit 2 Esslöffeln der Krebsbutter (Rezept siehe Seite 127) anrösten, mit 3 Gläsern Poularden-Bouillon ablöschen, aufkochen lassen, Champignonessenz hinzugeben. Nach Geschmack salzen, abkühlen lassen, 3 Eigelb hineinschlagen, dabei kräftig rühren, alles erhitzen, und die Poularde mit den Champignons mit der Sauce angießen.

Buchweizengrütze mit Korinthen

Zutaten:

2 Gläser Buchweizenkörner • 4 Esslöffel Butter
2 ½ Glas Wasser oder Milch • 2 Eier • ½ bis 1 Glas Korinthen
5 bis 6 Stück Würfelzucker
1 Teelöffel Zimt

Zubereitung:

2 Gläser Buchweizen mit 2 Eiern vermischen, durch ein feinmaschiges Sieb geben, so dass die Buchweizenkörner keine Klumpen bilden. 2 ½ Gläser Wasser oder Milch mit 2 Esslöffeln Butter und etwas Salz kochen, die Buchweizenmischung hineingeben und kräftig umrühren, den Topf 5 Minuten auf großem Feuer lassen, dann bei reduzierter Hitze 10 Minuten mit einem Deckel fest verschlossen köcheln lassen, nach 10 Minuten umrühren, damit sich keine Klümpchen bilden, dann die gewaschenen, mit kochendem Wasser überbrühten und abgetropften Korinthen und den Zucker hinzugeben, dazu 1 Teelöffel Zimt und 2 Esslöffel Butter, alles umrühren und für 20 oder 30 Minuten in die Backröhre stellen, zwei- bis dreimal mit einem Löffel umrühren, damit die Grütze gleichmäßig gebräunt wird; in eine Schüssel geben, mit Zucker bestreuen oder mit einem beliebigen Sirup verfeinern. Man kann sie auch mit Sahne servieren. Oder aber Sie reichen eine kalte Sauce dazu: 3 Eigelb mit 3 Stück Würfelzucker schaumig rühren, dann mit ½ Glas frischer Sahne verdünnen, gut weiter schlagen. Die Buchweizengrütze in tiefe Teller geben und mit der Sauce servieren.

Würstchen aus Hasenfleisch

Zutaten:

1 Hase • Schinkenspeck • Salz • Pfeffer • Muskatnuss • 3 Eier
1 Glas Smetana • 1 entrindetes kleines Weißbrot • 1/2 Glas Rotwein
Öl zum Braten • Hammeldarm

Zubereitung:

Den Hasen häuten, das Fleisch mit einem Messer von den Knochen schneiden. Die übrigen Knochen herauslösen, das Fleisch mit einem Messer sehr fein zerschneiden, eine ebenso große Menge fein geschnittenen Schinkenspeck hinzugeben, etwa 1 Teelöffel Salz, 1/2 Teelöffel einfachen Pfeffer, etwas Muskatnuss, 3 Eier, 1 Glas Smetana, das in 1/2 Glas Rotwein eingeweichte weiche Innere eines kleinen Weißbrotes hinzugeben, alles gut durchmengen. Mit dieser Masse kleine Hammeldärme locker füllen, etwa eine halbe Stunde kochen und vor dem Servieren in Öl braten.

Altrussischer Rinderbraten

Zutaten:

5 bis 6 Pfund Rindfleisch • 1/4 Pfund Butter • 2 bis 3 zerbröselte Zwieback
Salz • Pfeffer • Wasser

Zubereitung:

Am Vorabend das Rindfleisch gut mit einem hölzernen Hammer klopfen, mit dem fein zerstoßenen Pfeffer einreiben; in einen Topf legen, zudecken und bis zum nächsten Tag stehen lassen. Etwa 2 Stunden vor dem Mittagessen das Rindfleisch mit Salz einreiben, auf ein Backblech legen, mit Butterflocken bedecken und in den Backofen stellen. Wenn es von allen Seiten leicht gebräunt ist, etwas Wasser angießen, im weiteren Verlauf alle 10 Minuten das Fleisch mit der Bratenflüssigkeit beträufeln. Nach dem letzten Guss mit Zwiebackbröseln bestreuen. Dieser Braten kann mit einem Kopfsalat in Rahmsauce gereicht werden.

Kopfsalat mit Rahmsauce

Zutaten:

6 Salatköpfe • ½ Teelöffel Salz • 2 Eigelb • 1 Teelöffel Zucker
½ bis 1 Glas Smetana • 2 bis 3 Esslöffel Essig • Dill
1 bis 2 Gurken • 2 bis 3 Eier

Zubereitung:

Die Salatköpfe putzen, die äußeren Blätter wegschneiden, alle anderen Blätter auseinanderzupfen, gut waschen. Die kleinen Blätter ganz lassen, die größeren grob schneiden, salzen. Kurz vor dem Servieren zwei hart gekochte Eigelb zerdrücken, so dass eine glatte Masse entsteht, ½ Teelöffel Salz, und wer mag, einen Teelöffel Zucker hinzugeben, ½ oder 1 ganzes Glas sehr frische Smetana, 2 bis 3 Löffel Essig und gehackten Dill hinzugeben, alles gut rühren, die sauberen Salatblätter dazu geben, 1 bis 2 geschälte und in sehr feine Stücke zerschnittene Salatgurken unterrühren. Oben mit 2 bis 3 geviertelten, hart gekochten Eiern dekorieren.

Zitronengelee mit oder ohne Wein

Zutaten:

¾ Pfund Zucker • 1 bis 2 Zitronen • 4 Gläser Wasser
10 Blätter Gelatine • 1 Eiweiß

Zubereitung:

In einen emaillierten Topf 4 Gläser Wasser geben, dazu ¾ Pfund Zucker und die fein geschnittenen Zesten einer Zitronenschale, alles aufkochen lassen. Sofort die ausgedrückte Gelatine hinzugeben, umrühren, bis sich die Masse aufgelöst hat, den Saft aus einer großen oder zwei kleinen Zitronen auspressen, durch ein Teesieb abgießen, den Saft in die Geliermasse geben, umrühren, eventuell mit Eiweiß klären, heiß in eine Porzellanschüssel gießen oder in eine Form füllen.

Das Gelee kann variiert werden, in dem man: 1) ihm einen goldenen Farbton gibt. In diesem Fall 1 bis 2 Stück gebrannten Zucker hinzugeben. 2) ihm einem rosa Farbton verleiht. In diesem Fall 8 Blätter weiße und 2 Blätter rote Gelatine verwenden. 3) 1 Gläschen Rum hinzufügt. 4) 1 Glas eines weißen Süßweins, Madeira, Sherry, Sauternes oder Rheinwein hinzufügt, in dem Fall sollte man 1 Glas Wasser weniger verwenden und den Wein ganz zum Schluss hinzugeben. 5) es mit der besten Weintraubensorte zubereitet. Dafür die Schalen der Beeren abziehen, die Kerne herausnehmen, in einer Geleeform etwas Gelee kühlen, 3 bis 4 Weintrauben hineinlegen, mit etwas Gelee übergießen, abkühlen lassen, wieder 4 bis 5 Trauben darauflegen, auffüllen und abkühlen lassen, und so weiter bis zum Schluss. Das Zitronengelee mit Weinbeeren kann mit einem Hauch Vanille verfeinert werden.

Zar Alexander I. besuchte im Jahr 1825 ein Kloster auf der Krim, wo ihn ein eigentümliches Fieber befiel, besorgt über seinen Zustand ließ er sich nach Taganrog bringen, wo er bald darauf verstarb. Er wurde in einem geschlossenen Sarg nach Sankt-Petersburg gebracht. Besagter Sarg wurde nur ein einziges Mal geöffnet, damit sich seine Familie von ihm verabschieden konnte. Seine Mutter, Maria Fjodorowna, weigerte sich, in dem Toten ihren Sohn zu erkennen. Bald kam die Legende auf, dass Alexander I. gar nicht gestorben sei. Ein Doppelgänger sei an seiner statt begraben worden, und der Zar hätte noch lange ein ruhiges und erfülltes Leben als Einsiedler in einem sibirischen Kloster geführt, bis er schlussendlich 1864 starb. Die Legende lebte einige Jahre nach dem offiziellen Tod des Herrschers auf, als in der sibirischen Einöde ein Mönch namens Fjodor Kusmitsch auftauchte. Der alte Mönch trug zwar Bauernkleider, hatte indes keinen Schimmer von bäuerlicher Arbeit, beherrschte aber die englische und französische Sprache auf das Vorzüglichste. Die Legende erhielt neue Nahrung, als Zar Alexander II. und Zar Nikolaus II. das Grab des Mönchs aufsuchten. Viele Historiker sind der Ansicht, dass es sich dabei um eine Legende handelt, andere sind fest von dieser Version der Zarenbiographie überzeugt, so dass die Frage bis heute offen ist.

„Fürstin der Nacht" und Petersburger Austern

Zar Nikolaus I.

(1796 bis 1855)

„Fürstin der Nacht" und Petersburger Austern

Zar Nikolaus I. (1796 bis 1855)

Nikolaus I. regierte Russland von 1825 bis 1855. Er galt als ein grober, ungehobelter Mensch, dessen Leidenschaft dem Militär gehörte. Niemand konnte ahnen, dass Russland dreißig Jahre lang nach seiner Pfeife tanzen würde. Hatte Peter I. den Ehrgeiz gehabt, Europa nach Russland zu holen, und in der Tat das Fenster Richtung Westen weit aufgestoßen, so stand Nikolaus dem „dekadenten revolutionären Europa" zutiefst ablehnend gegenüber. Seine Regierungszeit begann nicht glücklich. Rund 3 000 Soldaten und adlige Offiziere verweigerten am 14. Dezember 1825 dem neuen Zaren den Eid, forderten eine konstitutionelle Monarchie, wenn nicht die Abschaffung der Monarchie und die Aufhebung der Leibeigenschaft. Nikolaus I. reagierte mit Gewalt und ließ den Aufstand erfolgreich niederschlagen. Die Anführer wurden teils hingerichtet, teils verbannt, teils degradiert. Krampfhaft versuchte Nikolaus I., die Monarchie in Russland zu erhalten. Wie in alten Zeiten stand auf dem Konnaja-Platz mitten in Sankt-Petersburg das Schafott, und während der Regentschaft Nikolaus I. herrschte in der Stadt Angst. Agenten und Spitzel drängten in alle gesellschaftlichen Institutionen, und der Zar sanktionierte das Vorgehen der Geheimpolizei.

In jenen Jahren führte die Fürstin Jewdokija Golizyna in Sankt-Petersburg einen berühmten Salon. „Ihr Haus war von den besten Künstlern ihrer Zeit kunstvoll ausgeschmückt. Die gesamte Anmutung war elegant und streng. Abends versammelte sich eine erlesene Gesellschaft in diesem Salon: beinahe möchte man sagen, in diesem Tempel, umso mehr, als die Hausherrin wie eine Priesterin eines hohen und reinen Kults wirkte ...", notierte Fürst Pjotr Wjasemski, der wie der Dichter Wassili Schukowski, der Historiker und Literat Nikolai Karamasin und der Dichter Konstantin Batjuschka oft im Haus der Fürstin weilte, in seinen Erinnerungen.

Jewdokija Golyzina wurde „Fürstin der Nacht" genannt, dies vor allem deshalb, weil ihr eine bekannte Wahrsagerin vorhergesagt hatte, sie würde nachts sterben. Die Fürstin wollte nicht im Schlaf vom Tod überrascht werden, und so machte sie die Nacht zum Tage. Die erlesene Gästeschar kam um Mitternacht in ihr Haus und verließ es in der Morgendämmerung. Die Fürstin war eine Schönheit, der junge Alexander Puschkin schrieb für sie drei wunderbare Gedichte und nannte sie seine Muse.

Was wurde im Salon der „Fürstin der Nacht" serviert? Austern in Weißwein. An einem prominenten Platz in ihrem Palast hing ein großartiges Gemälde von Jan Steen, „Mädchen beim Austernessen" aus dem Jahre 1660, auf dem die Austern, die bekanntermaßen als Aphrodisiakum gelten, eine Doppelrolle spielen: eine gastronomische und eine erotische. Ich konnte mich selbst davon überzeugen, wie verspielt und lustvoll der Blick des „Mädchens beim Austernessen" ist, als ich zufällig im Den Haager Museum Mauritshuis auf das Original dieses Kunstwerkes stieß.

Petersburger Austern

Zutaten:

Austern • 1 Glas Mehl • 5 Eier • 6 Esslöffel Sahne
1 3/4 Glas Gänsefett • 1 Teelöffel Wodka
3 große Handvoll Petersilienblätter • 1 Esslöffel Butter

Zubereitung:

Austern aus der Schale lösen, aufkochen lassen, die schwarzen Teile abschneiden, beiseite stellen. Aus 1 Glas Mehl, 5 Eiern, 6 Esslöffel Sahne, dem Gänsefett und 1 Teelöffel Wodka einen Frittierteig rühren. Dann jede Auster in den Frittierteig tauchen. In der Fritteuse ausbacken, auf einem Rost ab-

Nach Jan Steen „Mädchen beim Austernessen“

tropfen lassen. Derweil 3 große Handvoll Petersilie mit 1 Löffel heißer Butter vermischen, in den Ofen schieben und trocknen, dabei aufpassen, dass sie nicht anbrennt. Die getrocknete Petersilie über die Austern streuen.

Nach den Austern wurden Käse, Früchte, und Eis serviert. Besonderer Beliebtheit erfreute sich ein Soufflé aus Walnüssen.

Soufflé aus Walnüssen

Zutaten:

1/2 Pfund Walnüsse (etwa 20 Stück) • 1/2 Glas Zucker
1/4 Glas Sahne • 5 Eigelb • 10 Eiweiß

Zubereitung:

Die geschälten Walnüsse zerstoßen, in einen Topf geben, 5 Eigelb aufschlagen, 1/2 Glas Zucker und 1/4 Glas Sahne unterrühren. Auf den Herd stellen, köcheln lassen, dabei umrühren, aber nicht zum Kochen bringen. Die warme Masse durch ein Sieb passieren, vorsichtig in eine tiefe Fayanceschüssel füllen, die steif geschlagenen 10 Eiweiß vorsichtig unterheben. Fünf Minuten vor dem Servieren in den heißen Ofen stellen.

Die „unnachahmliche Exzentrik" der Fürstin Golyzina machte Zar Nikolai I. misstrauisch und weckte die Aufmerksamkeit der Geheimpolizei. Die Geheimagenten hinterbrachten dem Zaren, dass die Fürstin Golyzina, die in ihrem eigenen Palais wohne, die Gewohnheit habe, tagsüber zu schlafen und nachts Gesellschaft zu empfangen, und ein solches Zeitregime rufe sehr großes Misstrauen hervor, weil man geheime Angelegenheiten dahinter vermuten müsse.
Auf die „Fürstin der Nacht" regneten Denunziationen herab wie Blüten aus einem Füllhorn. Und das ohne Rücksicht darauf, dass die Fürstin eine leiden-

Fürstin Jewdokija Golizyna

schaftliche Patriotin war. Doch die Art und Weise, mit der sie ihren Patriotismus zum Ausdruck brachte, war mitunter extravagant: auf einem Wohltätigkeitsball der Adelsversammlung erschien sie als russische Bäuerin gekleidet, im Sarafan (traditionelle russische Bauerntracht). Die kulinarischen Vorlieben der Adligen orientierten sich damals ausschließlich an der französischen Küche, doch die traditionellen russischen Blini waren immer beliebt. Hier ist das Rezept für russische Blini, wie sie damals für den Wohltätigkeitsball zubereitet wurden.

Blini mit Gemüsefüllung

Zutaten für den Teig:

300 Milliliter Milch • 4 Eier • 80 Gramm Weizenmehl
80 Gramm Buchweizenmehl • Salz • Muskat • Zitronensaft

Zutaten für die Füllung:

400 Milliliter Sahne • 100 Gramm Möhren • 100 Gramm Kohlrabi
100 Gramm Steckrüben • 100 Gramm Sellerie • 100 Gramm Blumenkohl
100 Gramm Brokkoli • 100 Gramm grüne Bohnen • 100 Gramm Lauch
Salz • Pfeffer

Garnitur:

frische Kräuter • Blüten von der Kapuzinerkresse
200 Gramm Schrimps

Zubereitung:

Die Zutaten für den Teig untermengen und mit Salz, Muskatnuss und Zitronensaft abschmecken. Der Bliniteig sollte kurz ruhen, in dieser Zeit das Gemüse vorbereiten. Möhren, Kohlrabi und Sellerie schälen und in 5 Millimeter dicke und 5 Zentimeter lange Stäbchen schneiden. Brokkoli und Blumenkohl in kleine Röschen zerteilen. Bei den Bohnen werden die Stiele und der Bohnenfaden entfernt, die Lauchstangen längs halbiert und blättrig geschnitten.

Das Gemüse blanchieren, in eiskaltem Wasser abschrecken und gut abtropfen lassen. Die Sahne aufkochen lassen und das vorgegarte Gemüse darin anschwenken, etwas einkochen lassen. Nun werden 4 tellergroße Blini gebacken. Die Gemüsefüllung mit Salz, Pfeffer abschmecken. Je ein Blini auf einen großen Teller legen und das Gemüse auf einer Hälfte verteilen. Die andere Hälfte darüberklappen und bei starker Oberhitze im vorgeheizten Backofen bräunen lassen.
Die Teller mit den Blini aus dem Ofen nehmen und mit den frischen Kräutern und den Blüten der Kapuzinerkresse garnieren. Wer mag gibt noch 200 Gramm Schrimps als Garnitur zu den Buchweizenblini dazu.

Trotz seiner Neigung zur Askese richtete Zar Nikolaus I. großartige Bälle aus. Eingang in die kulinarische Geschichte fanden die Hochzeiten der Zarentöchter. Großfürstin Olga heiratete den späteren König von Württemberg. Die andere Tochter, Großfürstin Maria, wurde mit Großherzog Maximilian von Leuchtenberg, Sohn des Stiefsohns von Napoleon Eugène-Rose de Beauharnais (deutsch: Eugen Herzog von Leuchtenberg und Fürst von Eichstätt), ehemaliger Vize-König von Italien, und seiner Frau Prinzessin Auguste Amalia von Bayern, vermählt.
Aus Liebe zu Maria nahm Maximilian den russisch-orthodoxen Glauben an und blieb mit ihr in Russland. Sie wurden am 2. Juli 1839 getraut. Es war eine glanzvolle Hochzeit, die Festlichkeiten und Bälle zogen sich zwei Wochen lang hin. Selbst der französische Reiseschriftsteller Marquis Astolphe de Custine, der für seine galligen und bissigen Erinnerungen an Russland (er charakterisierte es als expansionistische und despotische Macht, die die freiheitliche Kultur bedroht) bekannt wurde – sein Buch „Russland im Jahre 1839" war bis 1917 im Zarenreich verboten –, konnte seine Begeisterung nicht zurückhalten: „Die junge Braut ist voller Grazie und Reinheit. Sie ist blond, mit blauen Augen, einem zarten Gesicht, das in den Farben der ersten Jugend

blüht, leuchtet, strahlt. Sie und ihre Schwester, Großfürstin Olga, schienen mir die schönsten von allen zu sein, die sich in der Kirche befanden."
Der Zar beschenkte die Jungvermählten reich: neben Juwelen und großartigem Porzellan sowie Hausrat aus Gold und Silber erhielten sie das Landgut Sergijewka am Ufer des Finnischen Meerbusens. Außerdem wurde für sie ein Palast auf dem wichtigsten Platz der Hauptstadt, direkt gegenüber der Isaak-Kathedrale errichtet. Dieser Palast wurde Marienpalast genannt.

Hier die Speisen, mit denen die Hochzeitsgäste verwöhnt wurden:

Menüfolge
Kaviar vom Stör
Jakobsmuscheln
Tintenfische, mit Krabben gefüllt
Geräucherter Aal
Verschiedene Gemüse
Kalt geräuchertes Kalbsfleisch
Krebsschwänze, mit Smetana überbacken
Gänseleber mit Spargel
Champignoncremesuppe
Steak-Duett vom Fisch
Lammkarree mit Käse
Kalbsmedaillons
Hochzeitsdessert
Früchte, Tee, Kaffee

Auch die Silberhochzeit des Zaren und seiner Frau Charlotte von Preußen, die nach ihrem Übertritt zum russisch-orthodoxen Glauben den Namen Alexandra Fjodorowna angenommen hatte, blieb den Feinschmeckern in bester Erinnerung. Das Silberjubiläum wurde am 23. Mai 1842 mit einem Ritterturnier und einem wahrhaft prunkvollem Festgelage gefeiert.

Der Lieblingswein jener Epoche war der Rotwein Château Lafite. Er war bereits unter Ludwig XV. in Mode gekommen, und die Mätresse des französischen Königs, Madame Pompadour, nahm ihn in ihre obligate Speisefolge auf. Bei den russischen Aristokraten war der Château Lafite der beliebteste Wein jener Zeit, jedes ordentliche Essen begann gerade mit ihm. 1862 erwarb Baron Rothschild das Weingut. Seitdem hieß der Wein Château Lafite-Rothschild. Die Bedeutung dieses Königsgetränks bezeugt auch ein Eintrag in das Guinnessbuch der Rekorde. Dabei geht es um das teuerste Bankett der Nachkriegszeit aus Anlass der 2 500-Jahrfeier der iranischen Monarchie im Oktober 1971. Auf der Speisekarte damals standen Wachteleier, gefüllt mit erlesenstem schwarzem Kaviar aus dem Iran, eine Mousse aus Hummerschwänzen mit Sauce Nantua, gefüllte Lammschulter, Lammkarree und gebratener Pfau, und unter den Weinen nahm der Château Lafite-Rothschild aus dem Weinkeller des Pariser Restaurants „Maxim's" zum Preis von 160 Dollar pro Flasche eine herausragende Stellung ein. Übrigens hatte das Pariser „Maxim's" das gesamte Catering für die groteske Summen verschlingenden Festlichkeiten, an denen rund 70 Monarchen und Staatsoberhäupter teilnahmen, übernommen.

Doch kehren wir zum Alltagsleben der Zarenfamilie in Russland zurück. Dieses Leben war äußerst patriarchalisch. Es wurde an einem langen Tisch zu Mittag gespeist. Der Zar saß in der Mitte, ihm gegenüber die Zarin. Die Großfürsten und Großfürstinnen sowie die geladenen Gäste waren rechts und

links von ihnen platziert. Üblich war ein Essen von drei bis vier Gängen. Nikolaus I. bevorzugte Erbsen mit Buchweizenkascha und Blini mit Kaviar, die von Zeit zu Zeit speziell für ihn zubereitet wurden.
Nikolaus I. speiste nie zu Abend, doch wenn Salzgurken auf den Tisch kamen, nahm er gern zwei Löffel vom Gurkensud. Die Liebe zu Salzgurken hatte er offensichtlich von seiner Großmutter Katharina der Großen geerbt.
An den Plätzen der zaristischen Familienmitglieder standen goldene Platzteller, die im Verlauf des Mittagessens nicht ausgetauscht wurden. „Jedes Mal, wenn ein neues Gericht aufgetragen wurde, musste der Page geschickt und geräuschlos einen Porzellanteller auf diesen Teller stellen, wobei er den benutzten Teller entgegennahm, und auf einem goldenen Teller ein sauberes Essbesteck anstelle des benutzten darreichte."
Wenn die Tafel aufgehoben wurde, brachte der Page auf einem goldenen Teller die Handschuhe und die Fächer, die vor dem Essen abgelegt worden waren.
Zur Zeit Nikolaus I. galt der Moskauer Englische Klub als Treffpunkt der guten Gesellschaft und als der Ort, an dem die gesellschaftliche Meinung herausgebildet wurde. Dort versammelten sich der Adel, die Eliten aus Militär und Verwaltung und des kulturellen Lebens.
Aus den Dokumenten geht hervor, dass am 6. Februar 1845 im Englischen Klub ein Mittagessen zu Ehren von Graf Michail Woronzow gegeben wurde. Der nämlich war Ende Dezember 1844 zum Oberkommandierenden der Kaukasischen Streitkräfte berufen worden und war in dieser Funktion Statthalter im Kaukasus. Hier ist die Speisefolge dieses Festmahls:

Menüfolge
Fischsuppe aus Sterlet
Piroggen Rasstegai
Wildziegenfilet und Roastbeef
Forellen nach Art von Gattschina
Poularde mit Trüffeln
Gekochter Spargel
Fasanenbraten und diverses Wild
Pudding à la Nesselrode
Maraschino-Gelee

Fischsuppe aus Sterlet mit Champagner

Zutaten:

3 Pfund Flussbarsch, Kaulbarsch und Barbe, oder 1 Huhn
1/3 Pfund weißes Wurzelgemüse wie Sellerie und Petersilienwurzel
1 kleine Steckrübe • Porree • Dill • Möhren • 1 ½ bis 2 Zwiebeln
1 Strauß Kräuter • 3 Pimentkörner • 1 Lorbeerblatt • Salz
1/8 Pfund Kaviarpüree oder drei Eiweiß • 3 Pfund Sterlet
½ Zitrone • ½ Flasche Champagner oder Sauternes
Dill • Zitronenscheiben ohne Schale und Kerne • (Lauchzwiebel)

Zubereitung:

3 Pfund Kleinfische, wie Flussbarsch, Kaulbarsch und Barben oder ein junges Huhn mit den klein geschnittenen Sellerie und Petersilienwurzeln, den Ge-

würzen und Salz kochen, etwa 2 Stunden bei kleiner Hitze mit einem Deckel bedeckt köcheln lassen, dabei von Zeit zu Zeit den Schaum abschöpfen, wenn der Fisch so weich ist, dass er zerfällt, durch ein Sieb geben, klaren, wer möchte, gibt Kaviarpüree hinzu, erneut durch eine Serviette abseihen.
Inzwischen den Sterlet putzen, in Portionen zerschneiden, mit einem Küchentuch trocken tupfen. Etwa 30 Minuten vor dem Servieren die abgeseihte Fischbouillon aufkochen, den Sterlet hineingeben. Wenn die Bouillon zu kochen beginnt und die Sterletstücke auftauchen, bei kleiner Hitze noch 15 Minuten leicht köcheln lassen. Die Fischstücke vorsichtig in Suppentassen geben, mit frischem Dill bestreuen, und mit der abgeseihten Fischbrühe auffüllen.
Liebhaber kulinarischer Extravaganz fügen der herrlichen Fischsuppe noch 1/2 Flasche Champagner Veuve Cliquot oder einen guten Sauternes hinzu. Die Suppe wird mit einer halben Zitronenscheibe ohne Schale und Kerne serviert. Manche geben fein geschnittenen Zwiebellauch in die Suppe.
Zur Fischsuppe werden gefüllte Piroggen gereicht, sie heißen Rasstegai.

Piroggen Rasstegai mit frischen Heringen

Zutaten für den Hefeteig:

Mehl • Backmargarine • Hefe • Milch • Salz • Zucker

Zutaten für die Füllung:

2 bis 3 Zwiebeln • Salz • 1/3 Glas Olivenöl
12 frische Heringe • Wasser oder Bier
Öl zum Braten

Zubereitung:

2 bis 3 fein gehackte Zwiebeln in 1/3 Glas Olivenöl anbraten. Einen Hefeteig aus Mehl, Margarine, Hefe, Salz und einer Prise Zucker zubereiten, den Teig gut kneten, an einem warmen Ort gehen lassen, wieder kneten, wieder gehen

lassen, erneut kneten, dann Kreise ausrollen, die 12 frischen, ausgenommenen Heringe in der Mitte durchschneiden und auf die Teighälften legen, mit den Zwiebeln bestreuen und den Teig so darüber falten, dass die Mitte frei bleibt. Mit Wasser oder Bier bestreichen und in Öl braten.

Piroggen Rasstegai mit gebratenen Zwiebeln

Zutaten:

Hefeteig (Zutaten und Zubereitung siehe oben) • 12 bis 15 Zwiebeln
1/3 Glas Öl • Salz • Pfeffer • Wasser oder Bier
Öl zum Anbraten

Zubereitung:

Einen Hefeteig wie oben beschrieben zubereiten, zu Kreisen ausrollen. Auf jeden Teigkreis Zwiebeln legen, die zuvor in Öl angebraten und gut gesalzen und gepfeffert wurden. So zusammenfalten und festdrücken, dass die Mitte frei bleibt, mit Wasser oder Bier bestreichen und in Öl braten.

Filetbraten von Wildziege mit Rotkraut

Zutaten:

3 bis 4 Filets von der Wildziege, der Gämse oder vom Reh • ½ Glas Rotwein
3 schwarze Trüffel oder etwas Sojasauce nach Geschmack
1/8 Pfund Speck • 1 bis 2 Esslöffel Öl • 2 Zwiebeln • ½ Zitrone
2 Gläser Bouillon • 4 bis 5 Nelken • ½ Petersilienwurzel • ½ Möhre
Kräuter nach Wunsch: Kerbel, Estragon, Petersilie, Zwiebellauch, Kresse

Zutaten für die Marinade:

1 Flasche Essig • 3 Glas Wasser • 2/3 Glas Salz • Sellerie
Petersilienwurzel • Möhre • Zwiebel • 1 Handvoll Pfeffer • Lorbeerblätter
einige Nelken • Zimt • Kardamom

Zutaten für das Rotkraut:

1 1/2 Pfund Rotkraut • 2 Esslöffel Butter • 4 bis 5 Nelken
2 Stück Zucker • 1 bis 1 1/2 Würfel Instantbouillon
1/2 Glas französischer Tischwein

Zubereitung:

Zunächst die Marinade zubereiten: Den Essig mit 3 Gläsern Wasser verdünnen, maximal 2/3 Glas Salz und fein geschnittenen Sellerie, Petersilienwurzel, Möhre, Zwiebel sowie Pfeffer und Lorbeerblätter, Nelken, Zimt und Kardamom hinzufügen, alles aufkochen und abkühlen lassen. Die abgebrausten und mit Speck gespickten Wildziegenfilets in die Marinade geben. Nach einigen Stunden herausnehmen, trocken tupfen, auf dem Drehspieß braten, bis sie fast gar sind. In eine Kasserolle legen, deren Boden mit hauchzarten Speckscheiben bedeckt ist, 1 bis 2 Esslöffel Öl sowie 2 Zwiebeln, eine Zitronenscheibe ohne Kerne, 4 bis 5 Nelken, die fein geschnittene Möhre und Petersilienwurzel sowie Kräuter nach Wunsch: Kerbel, Estragon, Petersilie, Zwiebellauch, Kresse, hinzugeben. Wenn das Filet goldbraun angebraten ist, nach und nach mit etwa 1/2 Glas Rotwein, 2 Esslöffel Essig, 2 Gläsern Bouillon oder Wasser ablöschen, jedes Mal den Topf wieder gut mit dem Deckel verschließen und das Fleisch dünsten, bis es gar ist. Beim Servieren die abgeseihte Sauce angießen, in die man einige Trüffelstücke reiben kann oder die man mit Sojasauce abschmeckt.

Zu diesem Braten wird Rotkohl gereicht. In einem Topf 2 Esslöffel Butter zerlassen, einen Kopf klein geschnittenen, gesalzenen Rotkohl hinzugeben, dazu 2 Stück Würfelzucker, 4 bis 5 Nelken, 1 bis 1 1/2 Würfel Instantbouillon, den Topf mit einem Deckel verschließen, dünsten, dabei immer wieder umrühren, damit der Kohl nicht anbrennt, wenn er weich wird, 1/2 Glas französischen Tischwein hinzugießen, noch einmal aufkochen lassen und den Braten mit dem Rotkraut anrichten.

Im Ofen gebratenes Roastbeef mit Kartoffeln

Zutaten:

etwa 15 bis 20 Pfund Roastbeef • Bouillon • Kartoffeln
Öl • Salz • Pfeffer

Zubereitung:

Das Fleisch mit fester Küchenschnur zusammenbinden, so dass es eine gute Ausgangsform hat. Mit Salz einreiben, auf ein Backblech legen, mit Bouillon und etwas Fett angießen. Auf das Backblech auch einen herausgelösten Knochen legen und ebenfalls mit Bouillon begießen, für etwa 1 ½ bis 2 Stunden im heißen Ofen belassen. Wenn das Fleisch braun wird, muss es alle 10 Minuten mit dem austretenden Bratensaft begossen werden. Etwa 45 Minuten vor dem Essen die rohen, geschälten Kartoffeln hinzugeben, damit sie im Bratensaft garen können. Das Roastbeef aus dem Ofen holen und etwa 15 Minuten ruhen lassen. Dann die Küchenschnur mit einem scharfen Messer lösen, das Fleisch quer zum Faserverlauf in gleichmäßige Stücke schneiden, auf eine Servierplatte legen und rundherum die Kartoffeln anrichten.

Forellen nach Gattschina-Art mit jungen Kartoffeln

Zutaten:

3 Pfund kleine Forellen • Essig • Salz • Fischsud
½ Pfund Gemüse (Sellerie, kleine Rübe, Möhre) • 2 bis 3 Zwiebeln
1 bis 2 Lorbeerblätter • 10 bis 15 Pfefferkörner • Essig
1 Pfund kleine Fische (Flussbarsch, Kaulbarsch, Barbe)
2 Pfund junge Kartoffeln • Kräuter (Petersilie)

Zubereitung:

Die Forellen werden durch eine Öffnung ausgenommen, die an den Kiemen gemacht wird. Die Schuppen dürfen nicht entfernt und der Bauchraum darf nicht aufgeschnitten werden. 3 Stunden vor dem Servieren die Forellen vorbereiten, ausnehmen und mit einer dicken Schnur zu einem Ring zusammenbinden, dabei den Rücken für einige Minuten in kochenden Essig tauchen, der zur Hälfte mit Fischsud oder Wasser verdünnt ist. In einen Durchschlag legen. Eine Viertelstunde vor dem Essen salzen, mit dem Durchschlag in einen tiefen Topf legen. In der Zwischenzeit wird die Fischbouillon aus 1 Pfund kleinen Fischen, dem Gemüse, Zwiebeln und Gewürzen gekocht. Die Bouillon über den Fisch gießen. Aufkochen, dabei nicht sprudelnd kochen lassen, den Durchschlag herausheben, die Schnur entfernen, die Forelle auf einen Teller legen, mit einer Serviette abdecken und mit jungen Kartoffeln und frischer Petersilie servieren.

Zur Forelle nach Gattschina-Art wird Holländische Sauce gereicht.

Holländische Sauce

Zutaten:

1/2 Pfund Butter • 2 gehäufte Teelöffel Mehl
1 Glas Bouillon • Saft einer 1/2 Zitrone • 1 Eigelb
1/2 Teelöffel Salz

Zubereitung:

1/2 Pfund Butter etwa 30 Minuten vor dem Servieren in einen kleinen Emailletopf geben, auf den Herd stellen, die Butter unter ständigem Rühren auf kleiner Flamme zum Schmelzen bringen. Dabei 2 Teelöffel Mehl einstäuben und 1 Glas abgeseihte klare Bouillon langsam hinzugeben, salzen. Wenn die Sauce anfängt, dicker zu werden, die Flamme hoch stellen, aufkochen lassen, vom Herd nehmen und unter kräftigem Rühren ein rohes Eigelb hineingeben, das mit dem Saft einer 1/2 Zitrone verrührt wurde. Die Sauce durch ein Metallsieb passieren und in einen Saucenkännchen füllen. Sofort servieren.

Poularde mit Trüffelsauce

Zutaten:

Poularde • 1/4 Pfund Speck • 1 Möhre
1 Petersilienwurzel • 1 Stange Porree
2 Zwiebeln nach Geschmack
Bouillon • 10 Körner Piment • 1 bis 2 Lorbeerblätter
2 bis 4 Nelken • 2 bis 4 Trüffel • 1 Glas Rotwein
1 Glas Rum oder 2 Gläser Madeira

Zubereitung:

Den Boden und die Seiten eines Schmortopfes mit dünnen Speck- und Gemüsescheiben sowie Zwiebelringen nach Geschmack auslegen, die Poularde darauf legen und von oben wieder mit Speck, zudem Lorbeerblatt, Pfeffer und Nelken belegen. Die Poularde langsam im offenen Topf anbraten, wenn das Gemüse braun wird, mit 1 Glas Bouillon ablöschen, nach einiger Zeit noch mehr Bouillon hinzugießen, unter verschlossenem Deckel schmoren lassen, zunächst auf starker, dann auf schwächster Flamme, bis die Poularde weich ist. Das Geflügel in Teile zerschneiden, auf einen Teller legen, und mit Trüffelsauce anrichten. Die Sauce wird wie folgt zubereitet: 2 bis 4 Trüffel in längliche Stücke schneiden, mit 1 Glas Rotwein und 1 Gläschen Rum (oder 2 Gläsern Madeira) übergießen, ziehen lassen, Trüffel herausnehmen. In die Bratensauce der Poularde Bouillon gießen, so dass zusammen mit der Trüffelsauce 2 Gläser Sauce entstehen, aufkochen, abseihen, das Fett abschöpfen, wieder erhitzen und die in Wein getränkten Trüffel dazugeben, zwei- bis dreimal kurz aufkochen lassen und die Poularde damit begießen. Sofort servieren.

Fasanenbraten

Zutaten:

Fasan • kochendes Wasser • ein Stück Schweinespeck • Salz • Smetana
Butter • Zwieback • Öl zum Frittieren • 1 Laib Weißbrot
kleine Stücke von Wild • Blattsalat

Anmerkung: Der Fasan muss einige Tage an einem kühlen Ort abhängen. Er ist zur Verarbeitung bereit, wenn sein Fleisch mürbe geworden ist und einen Geruch verströmt, der nur abgehangenem Wild eigen ist (das hat nichts mit Verwesung zu tun). Dann ist der Fasan außergewöhnlich zart und schmackhaft.

Zubereitung:

Vor dem Braten den ganzen Fasan kräftig mit Schweinespeck einreiben, die Brust mit Speck spicken, außen und innen mit Salz einreiben und in einem Topf oder auf dem Backblech braten, dabei immer wieder mit kochendem Wasser beziehungsweise dem Saft, der beim Braten austritt, beträufeln und mit Smetana bestreichen. Damit der Fasan saftig bleibt, muss er beim Braten immer wieder mit einer Gabel angestochen werden. Ist er gar, wird er zum letzten Mal mit Butter beträufelt, mit Zwiebackkrümeln bestreut und noch für 5 bis 10 Minuten im Herd gelassen, damit die Brösel gut anhaften. Anschließend auf einen Teller legen. Gewöhnlich wird ein Fasan auf einem Weißbrot dekoriert. Rings um den Braten werden kleine Stücke Wildfleisch auf Salatblättern angerichtet. Der Bratensaft wird in seiner natürlichen Konsistenz separat gereicht.

Im Zarenrussland wurden der Kopf, die Flügel- und Schwanzfedern vorsichtig in heißem Öl frittiert und dann zur Dekoration an ihrem ursprünglichen Platz am Fasanenkörper befestigt.

Alternativ können Sie den Fasan am Spieß braten, dabei wird er zuvor mit 1/4 Pfund in feine Scheiben geschnittenen Speck ummantelt und mit Ölpapier fest umwickelt. Zunächst bei großer, dann bei kleiner Flamme rösten, dabei immer wieder mit Öl beträufeln, zuletzt mit Zwieback bestreuen, mit Salat servieren.

Die Legende berichtet, dass Zar Nikolaus I. auf dem Weg von Twer nach Moskau in Torschok einen Halt machen musste und in einer Gaststätte Kalbskotelett bestellte. Die allerdings waren ausgegangen und in seiner Verlegenheit schlachtete der Wirt ein Huhn und bereitete aus diesem ein Kotelett, dass dem Selbstherrscher hervorragend mundete.

Poscharski-Kotelett

Zutaten:

400 Gramm Hühnerfleisch (alternativ 200 Gramm Hühnerfleisch und 200 Gramm Kalbsfleisch) • 150 Gramm gefrorene Butter • 3 Esslöffel Sahne mit einem Fettanteil von 20 Prozent • 150 Gramm Weißbrot • 1 Zwiebel • Salz Schwarzer Pfeffer • Pflanzenöl zum Braten

Zubereitung:

Nehmen Sie ein gut gemästetes, fleischiges Huhn, schlachten Sie es erst kurz vor der Mahlzeit. Nehmen Sie nur das Fleisch von der Brust und den Keulen. Wer möchte, kann das Poscharski-Kotelett aus Hühner- und Kalbsfleisch zu gleichen Anteilen zubereiten. Die Butter muss gefroren sein, sie wird auf einer groben Reibe gerieben und kommt bis zur Verwendung wieder in den Kühlschrank. Das Weißbrot legen Sie bereits am Tag zuvor unverpackt zum Austrocknen in den Kühlschrank, so dass die Feuchtigkeit aus dem Brot herausgeht und es sich leicht zerbröseln lässt. Die Brotkrume wird in wenig Sahne eingeweicht, aber nicht ausgepresst. Die Zwiebel wird in Butter angebraten, bevor sie zum Fleisch gegeben wird. Nun schneiden Sie das rohe Hühnerfleisch in kleine Stücke und passieren es mit der in Sahne eingeweichten Brotkrume durch den Fleischwolf. Nun geben Sie die gedünsteten Zwiebeln dazu und drehen das Hack erneut durch den Fleischwolf. Salz und gemahlenen Schwarzen Pfeffer untermengen. Um das Kotelett schön luftig zu machen, schlagen Sie die Hackfleischmischung leicht ab und geben sie noch einmal in den Kühlschrank. Nun wird die gefrorene Butter schnell in das Hackfleisch eingearbeitet, sie darf nicht in den Händen schmelzen. Dann die Koteletts formen, dick in Weißbrotbröseln panieren, noch einmal für 30 Minuten in den Kühlschrank legen. Den Ofen auf 200 Grad Celsius vorheizen. Das Pflanzenöl in einer Pfanne erhitzen, das Öl muss sprudeln. Die Koteletts aus dem Kühlschrank direkt in die Pfanne geben, von beiden goldbraun anbraten und dann für acht Minuten in den Ofen schieben. Sofort servieren. Traditionell werden Pilze und Bratkartoffeln zum Poscharski-Kotelett gereicht.

Fleischgerichte à la Maréchale sind seit dem 18. Jahrhundert in Europa bekannt. Es heißt, dass diese Methode der Fleischzubereitung auf Madeleine-Angélique Neufville de Villeroy, zweite Ehefrau des Marschalls von Frankreich Charles Francois Frédéric II. de Montmorency-Luxembourg, genannt Marschallin de Luxembourg, zurückgeht, die damit ein so zartes Fleischgericht geschaffen hat, dass es auch alte Menschen essen können. Auf jeden Fall sind Gerichte à la Maréchale in zahlreichen Kochbüchern des 19. Jahrhunderts beschrieben, darunter in russischen wie zum Beispiel in „Die letzte Arbeit" von Gerasim Stepanow, in „Geschenk für die junge Hausfrau" von Jelena Molochowets und in „Praktische Grundlagen der Kochkunst" von Pelageja Alexandrowa-Ignatjewa.

Haselhühner à la Maréchale mit Sauce

Zutaten:

3 bis 4 Haselhühner • 1 Ei • 5 bis 6 Zwieback
1 Liter Öl oder 1 Pfund Frittierfett

Zutaten für die Füllung:

½ Glas Mehl • 1/8 Pfund Butter • 1 ½ Glas Bouillon
Salz • 6 frische Champignons • 1 bis 2 schwarze Trüffel
1 Glas Madeira

Zutaten für die Sauce:

2 bis 3 Gläser Mehl • 2 Esslöffel Krebsbutter
2 Gläser Bouillon • 12 frische Champignons • 25 Krebsschwänze
1 bis 2 Trüffel • Speck

Zubereitung:

Aus den Haselhühnern jeweils die beiden Filets mit Knochen herauslösen, die Flügel bis zum ersten Gelenk abtrennen, dann die Filets seitlich längs einschneiden. Die Füllung wird wie folgt zubereitet: 1/8 Pfund Butter mit ½ Glas Mehl anrösten, mit 1 ½ Glas Bouillon ablöschen, salzen, zwei- bis dreimal kurz aufkochen lassen, 1 Glas Madeira hinzugießen, 6 geschnittene frische Champignons und 1 bis 2 Trüffel hinzugeben, etwa viermal kurz aufkochen, dann abkühlen lassen, in die eingeschnittenen Filets füllen, zunähen, in Ei wälzen, dann im Frittierfett ausbacken oder in Ei und Zwiebackkrümeln wälzen und in der Pfanne ausbraten. Nun die Sauce zubereiten: 2 bis 3 Gläser Mehl, 2 Esslöffel Krebsbutter (Rezept siehe Seite 127) mit 2 Gläsern Bouillon verrühren, gut aufkochen, 12 frische gewaschene Champignons in Scheiben und 25 Krebsschwänze hinzugeben, alles zusammen zweimal aufkochen lassen und 1 bis 2 mit Speck ummantelte Trüffel hinzugeben. Die Haselhühner auf einen Servierteller legen, in die Mitte die Sauce geben.

Stachelbeergelee mit Rosenknospen

Zutaten:

1 Kilogramm grüne Stachelbeeren • 1 Glas Saft aus grünen Stachelbeeren
Wasser • 2 Gläser feiner Zucker • 2 bis 3 Handvoll geöffnete Rosenknospen

Zubereitung:

Grüne Stachelbeeren putzen, in einen Topf legen, Wasser auffüllen, bis sie knapp bedeckt sind, und kochen. Dabei die Beeren mit einem Löffel umrühren und zerdrücken. Dann alles durch ein feinmaschiges Sieb abgießen, den Saft dabei auffangen. Auf 1 Glas Saft 2 Gläser feinen Zucker geben und den Sud aus Rosenblättern hinzufügen. Dieser wird wie folgt zubereitet: von den gerade geöffneten Rosenknospen die weißen Spitzen abschneiden, 2 bis 3 Handvoll in einen Topf geben und mit kochendem Wasser aufgießen, den Sud ziehen lassen. Stachelbeersaft, Zucker und Rosenknospensud aufkochen und auf kleinem Feuer so lange köcheln lassen, bis der Saft geliert.

Wenn man wissen wollte, ob ein Gelee fertig ist, ging man in Russland wie folgt vor: Man gab etwas Gelee auf einen Teelöffel und legte diesen auf Eis. Wenn sich das Gelee beim Durchschneiden hinter dem Messer herzog, war es fertig und konnte vom Herd genommen werden. Dann ließ man es abkühlen und bewahrte es in luftdicht verschlossenen Einweckgläsern an einem kalten und trockenen Ort auf.

Und noch eine Süßspeise, die aus der französischen Küche übernommen wurde und sich bereits vor der Zeit von Zar Nikolaus I. großer Beliebtheit erfreute. Hier eine mit Pistazien abgewandelte „Weiße Speise".

Grünes Blanc-Manger aus Pistazien

Zutaten:

1/4 Pfund süße Mandeln • 4 bis 5 Bittermandeln • 1/4 Pfund Pistazien
3/4 Glas Zucker • Wasser • 1/2 Glas Gelantine

Zubereitung:

Die süßen und bitteren Mandeln in Wasser kochen, schälen, so fein wie möglich hacken, mit 2 Glas kochendem Wasser übergießen, abtropfen lassen und unter Drehen durch ein Tuch pressen, die Milch auffangen. Die Pistazien abkochen, die äußere Haut abschälen, fein hacken, mit 1 Glas kochendem Wasser übergießen, abtropfen lassen, wieder zerdrücken, in die Mandelmilch geben, umrühren, erneut mit ½ Glas kochendem Wasser übergießen und wieder durch Drehen durch ein Tuch pressen, die Milch auffangen, erwärmen. Nun den Zucker darin auflösen und ½ Glas Gelantine (Wasser und Gelantineblätter) hinzugeben. Den ganzen Sirup durch ein feines Musselintuch in eine Form oder mehrere Förmchen geben und auf Eis stellen. Natürlich wurde die „Weiße Speise" mit Obst dekoriert. Heute nimmt man gerne Minzeblätter.

Während der Regentschaft Nikolaus I. kam in Russland der „Glühwein Kotzebue" in Mode. Ich wollte unbedingt herausfinden, was es damit auf sich hatte. Warum ausgerechnet „Kotzebue"? Die Erklärung verblüffte mich!
Es gab also eine Person Otto von Kotzebue (1787 bis 1846). Kotzebue, der Sohn des deutschen Dramatikers und Schriftstellers August von Kotzebue, war ein baltendeutscher Offizier der Russischen Marine und in dieser Funktion segelte er dreimal um die Welt. Von 1816 bis 1817 kam der gut aussehende, blonde Marineoffizier in die Verlegenheit, einige Monate auf den Hawaii-Inseln verbringen zu müssen. Dort freundete er sich mit der Königsfamilie an. Königin Nomahanna hatte es Kotzebue angetan. Sie hatte einen unglaublichen Appetit. Wenn die Königin ihre Mittagsportion verzehrt hatte, die auch für sechs Personen gereicht hätte, legte sie sich auf den Rücken. Ein eigens dafür angestellter Diener sprang auf ihren Bauch und massierte ihn mit Füßen und Händen. Anschließend nahm die Königin vor den Augen des verblüfften Kotzebue die gleiche Mahlzeit erneut zu sich! ...

Kotzebue erklärte sich dieses Verhalten mit dem Schönheitsideal der hawaiianischen Frauen. Beleibtheit galt als ausgesprochen attraktiv. Auch in Russland herrschte im 18. Jahrhundert in den aristokratischen Kreisen noch das modische Vorbild der rundlichen Frau vom Typ „Milch und Blut", wie man in Russland sagt. Anfang des 19. Jahrhunderts änderte sich das Schönheitsideal. Zerbrechliche Schlankheit und vornehme Blässe kamen in Mode.
Kotzebue veröffentlichte drei Bände mit Erinnerungen an seine Reisen unter dem Titel „Entdeckungs-Reise in die Süd-See und nach der Berings-Straße zur Erforschung einer nordöstlichen Durchfahrt in den Jahren 1815 bis 1818". Sie wurden 1821 in Weimar herausgegeben und 1823 ins Russische übersetzt. Das Werk erfreute sich großer Beliebtheit. Vermutlich war es dieser Popularität zu verdanken, dass der ungewöhnliche und exotische Glühwein (nicht aus Rotwein, sondern aus Weißwein mit Rum) Kotzebues Namen erhielt.

Glühwein Kotzebue

Zutaten:

300 Milliliter trockener Weißwein • 80 Milliliter Rum
1 Orange • 1 Apfel • 2 Zimtstangen • 4 Sternanis
4 Schoten schwarzer Pfeffer • 1 Esslöffel Honig

Zubereitung:

Den Wein erhitzen, Rum und Orangensaft hinzugießen, Apfelstücke und Gewürze hinzufügen, kurz vor dem Siedepunkt vom Herd nehmen. Wenn die Flüssigkeit etwas abgekühlt ist, Honig hinzugeben, umrühren und in Gläser füllen. Mit Apfel- und Orangenscheiben verzieren. Heiß servieren!

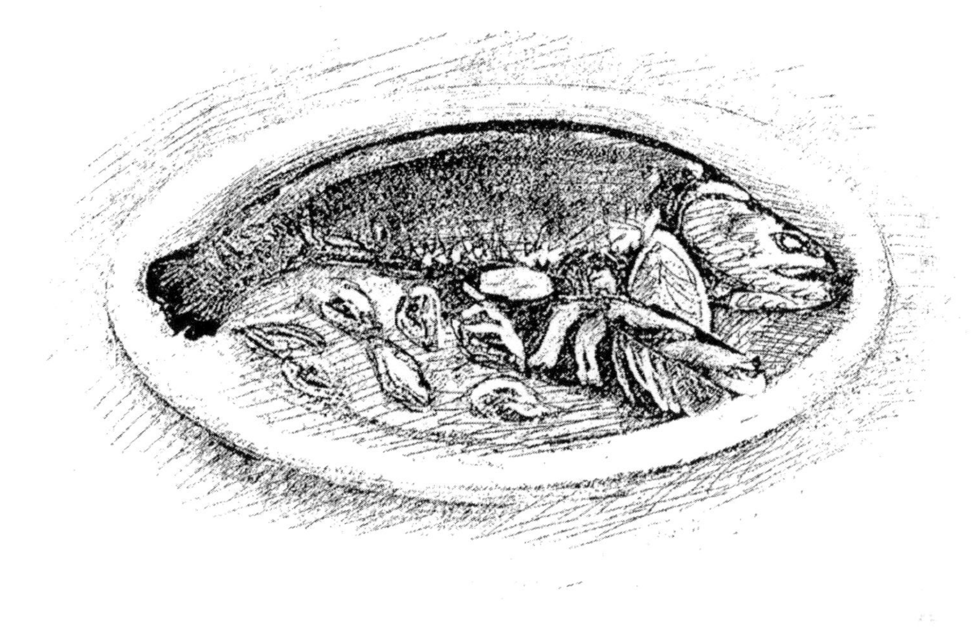

Die kulinarische Raffinesse des Fürsten Odojewski: „Ein wahrlich königliches Gericht, edel und nobel …“

Zar Alexander II.

(1818 bis 1881)

Die kulinarische Raffinesse des Fürsten Odojewski: „Ein wahrlich königliches Gericht, edel und nobel ..."

Zar Alexander II. (1818 bis 1881)

Alexander II. regierte von 1855 bis 1881 und ging unter dem Beinamen „der Befreier" in die Geschichte ein, denn unter seiner Herrschaft wurde 1861 die Leibeigenschaft in Russland aufgehoben. Er galt als ein beispielhaft gebildeter Mensch, war sein Erzieher doch der berühmte russische Dichter und Aufklärer Wassili Schukowski gewesen.

Als kluger und weitsichtiger Politiker brachte er Russland auf einen Weg der Reformen. Außer der Bauernbefreiung regte er Militär- und Justizreformen an. Das veränderte das Leben der Russen. Jetzt durften sie ins Ausland reisen und sich nach Herzenslust in Europa tummeln, was während der Regentschaft seines Vorgängers Zar Nikolaus I. nicht erlaubt war. Der nämlich hatte über jede einzelne Auslandsreise seiner Untertanen persönlich entschieden. Die Weltoffenheit des neuen Zaren erklärt die hohe Zahl russischer Reisender, die ab Mitte der 1850-er Jahre Europa besuchten. Die Person Alexander II. ist in Russland auch heute noch sehr beliebt. Über ihn werden Romane und historische Studien verfasst, auch in Spielfilmen taucht er häufig auf. Er war eine für die russischen Verhältnisse ungewöhnlich attraktive Person. In guter Erinnerung ist er auch deshalb geblieben, weil in seiner Zeit die ersten Kochbücher aufkamen und eine neue Blüte der kulinarischen Kultur begann.

Bereits in den Jahren 1844 bis 1845 hatten sich die Beiträge über die Kochkunst eines gewissen „Herrn Doktor Pouf" großer Beliebtheit erfreut. Nur wenige wussten, dass sich dahinter der in der Hocharistokratie berühmte Fürst Wladimir Odojewski (1803 bis 1869) verbarg, ein Schriftsteller, Musikwissenschaftler, Feinschmecker und hervorragender Kenner der Kochkunst. In seinem Buch „Die Lektionen des Herrn Pouf" führt er die besten Rezepte seiner

Zeit an. Nehmen wir zum Beispiel ein Paradegericht für den Mittagstisch: Kapaun oder Poularde mit Trüffeln. Wenn man nachrechnet, wieviel das von Herrn Pouf empfohlene Gericht heute kosten würde – Trüffel, mit denen der Kapaun gefüllt werden muss und die außerdem für die Zubereitung der Sauce gebraucht werden, sind sehr, sehr teuer –, so mag man abwägen, ob man nicht lieber einen Kleinwagen für das Geld kaufen sollte. Oder vielleicht doch lieber den Kapaun nach Herrn Pouf versuchen?

Kapaun oder Poularde mit Trüffeln

Zutaten:

1 Kapaun oder 1 Poularde
6 Trüffel aus dem Perigord oder aus dem Piemont
Butter • 1 Zitrone • 200 Gramm Speck
1½ Pfund geschnittene Kalbsnieren mit Fett
4 Zwiebeln • 3 geschnittene Möhren • 1 Lorbeerblatt
2 Nelken • Öl zum Braten • Salz • Pfeffer

Zutaten für die Sauce:

3 fein geschnittene Trüffel • Olivenöl
6 Saucenkellen Spanische Sauce • 3 Esslöffel Fleischaspik • 12 ganze Trüffel

Zubereitung:

Den Kapaun beziehungsweise die Poularde so aus den Knochen lösen, dass die Haut so wenig wie möglich beschädigt wird. Den Hohlraum mit Trüffeln füllen, die zuvor kurz in Butter, Salz und Pfeffer angeröstet wurden. Die Haut vernähen, den Kapaun mit Zitrone einreiben, mit Speck vom Schwein (nicht geräuchert) umwickeln. Den Topf ebenfalls mit Speck auskleiden, dann den Kapaun hineinsetzen. In einen weiteren Topf folgende Zutaten geben: 1 ½ Pfund geschnittene Kalbsnieren mit Fett, 4 gehackte Zwiebeln, 3 fein geschnittene Möhren, 1 Lorbeerblatt, 2 Nelken und Öl. Auf starker Flamme er-

hitzen, dann Wasser hinzugießen, köcheln lassen und eine Bouillon zubereiten, abseihen. Mit der Bouillon den Kapaun angießen.
1 Stunde vor dem Servieren die Kasserolle mit dem Kapaun und der Flüssigkeit aufs Feuer stellen, mit einem Deckel verschließen und auf den Deckel glühende Kohlen legen. Vor dem Servieren den Kapaun herausnehmen, auf ein Gitter setzen, so dass die Flüssigkeit abtropfen kann. Nun die Sauce zubereiten: 3 fein gehackte Trüffel in Öl, 6 Saucenlöffel Spanische Sauce, 3 Esslöffel Fleischaspik und 12 ganze Trüffel in eine Kasserolle geben. Die gesamte Flüssigkeit auf ein Drittel reduzieren. Das Geflügel auf einem Servierteller anrichten, mit der Sauce angießen.
Folgt man diesem Rezept, so erhält man nicht nur einen getrüffelten Kapaun, sondern einen Kapaun, dessen Fleisch durch und durch mit Trüffelaroma getränkt ist, und darauf kommt es an. Nach einem solchen Gericht sollte ein leichtes Gemüsegericht folgen, zum Beispiel gedünsteter Spargel „au naturel".
Anmerkung: Die Spanische Sauce ist eine der dunklen Grundsaucen der französischen Küche. Bestandteile können je nach Rezept Kalbsfond, Tomatenmark und Rieslingwein sein. Alle Zutaten werden eine Stunde lang auf die Hälfte reduziert.

Hier aber zunächst noch ein Rezept auf Empfehlung des „Herrn Pouf", das in den höchsten Adelskreisen äußerst beliebt war.

Gedünsteter Sterlet mit Trüffeln

Zutaten:

3 Pfund Sterlet • 4 bis 5 Zwieback, zerbröselt
2 Löffel Butter • 6 Trüffel aus dem Piemont
2 bis 4 Stück Zucker • 1/2 Zitrone • 2 Gläser Fischbouillon
Petersilie

Zubereitung:

3 Pfund Sterlet putzen, waschen, salzen, in Stücke schneiden, mit Zwiebackbröseln bestreuen, in 2 Esslöffel Butter in einer Pfanne anbraten. 6 Trüffel in Scheiben schneiden, mit 2 Gläsern Fischbouillon begießen, mit etwas Zitronensaft und gebranntem Zucker abschmecken, aufkochen lassen, zum angebratenen Sterlet gießen und dünsten lassen, bis der Fisch gar ist. Mit frischer gehackter Petersilie bestreuen und sofort servieren.

Dank der Lektionen des Fürsten Odojewski erfuhren die russischen Leser auch etwas über das berühmte Kochbuch des Franzosen Jean Anthelme Brillat-Savarin (1755 bis 1826). Sein Lebenswerk „Die Physiologie des Geschmacks" veröffentlichte der 70-jährige Brillat-Savarin 1825, nur einige Monate vor seinem Tod. Eigentlich war er Richter, hatte jedoch genügend Zeit, sich seiner eigentlichen Leidenschaft – der Kochkunst – zu widmen. In seinem Lebenswerk, an dem er 25 Jahre lang gearbeitet haben soll, geht es nicht nur um die Zubereitung exquisiter Speisen, sondern grundsätzlich um sehr geistvolle Theorien zu Tafelfreuden, es ist eine Art Lebenslehre. Seine Aphorismen wurden in Russland, und nicht nur dort, berühmt:
„Sage mir, was du isst, und ich sage dir, wer du bist."
„Ein echter Feinschmecker, der ein Rebhuhn verspeist hat, kann sagen, auf welchem Bein es zu schlafen pflegte."
„Ein Nachtisch ohne Käse ist wie eine einäugige Schönheit."
„Die Erfindung eines neuen Gerichts ist um vieles wichtiger für das Wohl der Menschheit, als die Entdeckung eines neuen Planeten."
„Wenn wir schon dazu verurteilt sind, zu essen, wollen wir wenigstens gut essen."
„Das Schicksal der Völker wird von der Art ihrer Ernährung bestimmt."
„Der Tisch ist der einzige Ort, an dem sich die Menschen nicht von Anfang an langweilen."

Großer Popularität erfreute sich auch das Kochbuch von Jelena Molochowets „Geschenk für junge Hausfrauen“, das in der 1. Auflage 1861 erschien. Es enthielt 1 500 Rezepte und zahlreiche Empfehlungen! Die Autorin dieses Kochbuchs verschied im Jahre 1918, ohne erleben zu müssen, wie die Sitten und Gepflogenheiten des russischen Adels der Vernichtung anheimfielen. Zurück blieb ihr faszinierendes Buch, aus dem man mehr Details über das Alltagsleben der russischen Aristokraten, aber nicht nur dieser, erfahren kann, als aus zahlreichen historischen Romanen.

Im Jahr 1865 gab es noch ein besonderes Ereignis. In Sankt-Petersburg wurde der Zoologische Garten eröffnet. Zoodirektorin war die unternehmungslustige Holländerin Sofia Gebhard, die ihre kommerzielle Tätigkeit mit dem Verkauf von frischen Waffeln im Alexandergarten begonnen hatte. Diese Waffeln hatten reißenden Absatz gefunden. Zwei Elefanten und einen Leoparden schenkte die Zarenfamilie dem Zoo. Ihre wichtigsten Einkünfte erzielte Frau Gebhard jedoch nicht mit der Tierschau, sondern mit ihrem Restaurant „Zoologija“, wo das Essen von Musikaufführungen mit verlockenden Titeln wie „Italienische Nacht der Liebe“ untermalt wurde. Dabei wurde ein Gericht mit dem Namen „Italienischer Reis“ serviert, das in Sankt-Petersburg bald groß in Mode kam. Wir kennen es heute unter dem Namen „Risotto“.

Italienischer Reis nach Art des Restaurants „Zoologija“

Zutaten:

1 1/2 Liter Fleischbrühe • 1 Zwiebel • 1 Knoblauchzehe
50 Gramm Butter • 1 Esslöffel Tomatenmark • 350 Gramm Reis
175 Milliliter Weißwein • 50 Gramm frisch geriebener Parmesan
2 Esslöffel fein gehackte Petersilie
Salz • schwarzer Pfeffer • 30 Gramm weiße Trüffel

Jelena Molochowets

Zubereitung:

Die Fleischbrühe in einem Topf zum Kochen bringen. In der Zwischenzeit die Zwiebel und den Knoblauch schälen, fein würfeln. In einem Topf die Butter zerlassen, Zwiebel und Knoblauch darin andünsten, 1 Esslöffel Tomatenmark zufügen. Den Reis zugeben und unter ständigem Rühren glasig werden lassen. Mit dem Weißwein ablöschen, verdampfen lassen. Nach und nach immer so viel heiße Brühe zufügen, dass der Reis gut davon bedeckt ist. Häufig umrühren und den Reis auf diese Weise knapp 20 Minuten köcheln lassen, bis die Körner weich, aber noch bissfest sind. Den Topf vom Herd nehmen, den Parmesan und die Petersilie untermischen. Mit Salz und Pfeffer abschmecken. Den Reis in vorgewärmte Teller geben und die Trüffel darüber hobeln. Mit Petersilie garnieren und sofort servieren.

Die Märkte in Sankt-Petersburg waren die reichsten und prächtigsten in ganz Russland. Hier eine Beschreibung aus dem Buch „Meine Erinnerungen" von Alexander Benois, doch trifft sie auch für die Regierungszeit von Zar Alexander II. zu: „In den Regalen standen Wein- und Likörflaschen, mit Plätzchen und konservierten Früchten gefüllte Blechdosen, ganze Bataillone von Zuckerhüten, die in feines blaues Seidenpapier gehüllt waren. In den eigens dafür vorgesehenen Kästen und Vitrinen lagen Lebkuchen, orientalische Süßigkeiten, die unterschiedlichsten Sorten Halwa und einfache Zuckerwaren. Gebettet in Sägespäne wurden köstliche Trauben in kleinen Fässern aufbewahrt, in denen sie den ganzen Winter lang frisch blieben. Von Zeit zu Zeit stieg ein Ladendiener in das Allerheiligste hinab und kehrte mit einem Messer zurück, auf dessen Spitze ein Stück vom wunderbarsten Schweizer Käse lag, fein wie ein Blütenblatt, dessen Aroma einem die Tränen in die Augen trieb, oder er kam mit einem Häuflein göttlichen Kaviars oder mit einem winzigen Stück rosafarbenen Lachs. Die goldbraun geräucherten Renken wurden im Ganzen herausgetragen, sie mussten dem Augenschein nach gewürdigt werden, ohne die glänzende, in Goldfarben changierende Haut zu berühren, unter der die zarte Masse des weißrosa Fleischs zu erahnen war. Auch die schwarzen Meerneunaugen wurden herausgebracht und eingesalzene Pilze, und in den Weihnachtstagen jegliche Art von Tannenbaumschmuck, Brezeln, scheinbar aus Metall geflochten, rotbäckige Äpfelchen und kesse Lebkuchenfiguren, geschmückt mit prächtigen Basreliefs aus buntem Zucker." Alexander Benois war 1926 emigriert und lebte danach in Frankreich. Seine Memoiren erschienen erst 1990 in fünf Bänden in Russland.

Alexander II. verlieh seinen Festen ein besonderes, geradezu übertrieben üppiges Gepräge. Aus Anlass des Geburtstages seines Sohnes, des Großfürsten Sergej, richtete er ein Essen für 800 Personen aus, die Speisen verblüfften durch ihre Erlesenheit, und über das besondere Zeremoniell schrieb ein Gast dieses Gelages, der französische Reisende und Schriftsteller Thèophile Gautier.

Doch auch der Hochadel pflegte zu großartigen Festmahlen einzuladen. Am 24. April 1867 gab Fürst Wladimir Dolgorukow in Moskau einen Empfang, der mit einem Abendessen endete. Es wurden Einladungen versandt, in denen es hieß: „Der Moskauer Generalgouverneur Fürst Wladimir Andrejewitsch Dolgorukow bittet untertänigst, ihm die Ehre zu erweisen und am 24. April dieses Jahres am Abend um 9 Uhr zu erscheinen, in Festuniform ohne Bänder."

Zum Abendessen wurde überaus reich aufgetragen: Spargelconsommé, Poulardenfilet mit grünen Bohnen, Kapaune, Haselhühner und Wachteln. Zum Dessert gab es Gelée Moscovite mit Früchten.

Seine großzügige Gastfreundschaft kam dem Moskauer Generalgouverneur teuer zu stehen, er wandte seine gesamten persönlichen Mittel für derlei Empfänge auf. Nach dem Ableben des Fürsten musste seine Tochter die Forderungen der Lieferanten begleichen.

In dieser Epoche wurden viele große Erbschaften buchstäblich „aufgefressen", weil sich die Erben sowohl durch ihre Leidenschaft für große Feste wie auch durch ihre ungewöhnliche Gastfreundschaft auszeichneten.

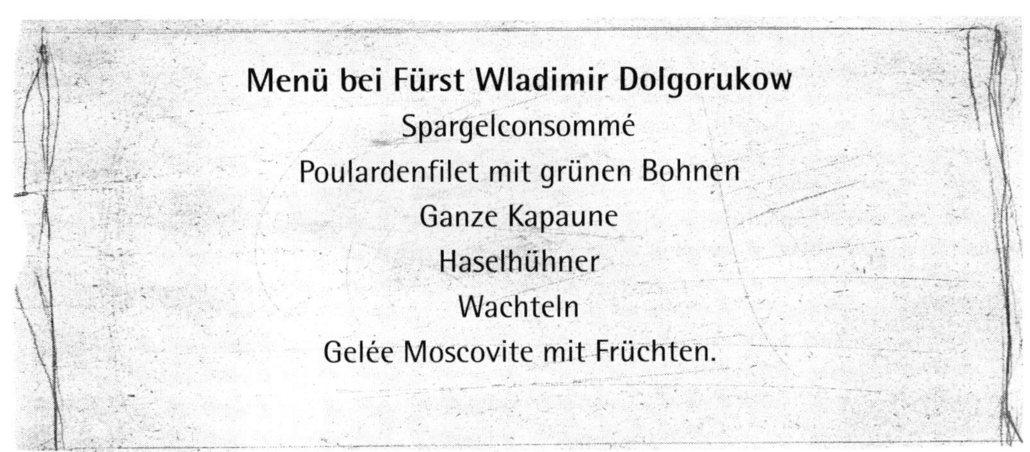

Menü bei Fürst Wladimir Dolgorukow

Spargelconsommé

Poulardenfilet mit grünen Bohnen

Ganze Kapaune

Haselhühner

Wachteln

Gelée Moscovite mit Früchten.

Spargelconsommé

Zutaten für 6 bis 8 Personen:

2 kleine, nicht fette Hühnchen • Wasser

3/4 Pfund weißes Gemüse (Knollensellerie, Petersilienwurzeln, Pastinaken, das Weiße vom Lauch)

Kräuterstrauß • 3 Eiweiß • 1 Pfund Kalbsknochen • Dill

12 Stangen grüner Spargel • Salz

Zubereitung:

Von zwei kleinen Hühnchen die Filets abtrennen und für Knödel oder als Suppeneinlage weiterverwenden, das restliche Fleisch abziehen. Das Gerippe eines der beiden Hühnchen anbraten, dann beide Hühnchen mit Flügeln und Beinen mit 15 Gläsern kaltem Wasser aufsetzen, auf großer Flamme dreimal aufkochen lassen, den Schaum von Zeit zu Zeit abschöpfen, ab und zu die

Gerippe mit einer Gabel in der Brühe bewegen. Dann herausnehmen und in einen anderen Topf legen, mit abgeseihter Bouillon angießen, die aus den Kalbsknochen zubereitet wurde. Die klein geschnittenen Petersilienwurzeln, Sellerie und Pastinaken leicht anrösten – so bekommt die Bouillon eine gelbliche Farbe –, hineingeben, auf kleinem Feuer kochen. 1,5 Stunden vor dem Servieren 1 Pfund des abgeschnittenen Hühnchenfleisches klein schneiden, durch einen Fleischwolf drehen, mit 3 rohen Eiweiß und 1 1/2 Gläsern kaltem Wasser glatt rühren, mit 1 Glas heißer Bouillon anwärmen, dann alles sofort in die kochende Bouillon gießen, umrühren, die Bouillon bei kleiner Hitze köcheln lassen, den Deckel dabei etwas öffnen. Nach 1,5 Stunden die Bouillon abseihen, aufkochen lassen und die separat gekochten Spargelstangen in Stücke schneiden und in die Consommé hineingeben. Mit frischem Dill und Käsepiroggen servieren.

Käsepiroggen

Zutaten:

1/2 Pfund würziger Käse • 2 Eigelb oder 2 Eier • 1/2 Glas Madeira
3/8 Pfund Butter • 1/2 Pfund Mehl

Zubereitung:

1/2 Pfund geriebener würziger Käse, zum Beispiel Chester, mit 2 Eigelb oder 2 Eiern und 1/2 Glas Madeira mischen, 1/2 Pfund Mehl hinzugeben. Wenn der Teig die Konsistenz von Sauerrahm bekommt, 3/8 Pfund Butter in einem Stück hinzufügen, mit Mehl bestäuben, mit einem Messer grob zerkleinern, dann schnell kneten, bis der Teig glatt ist, ruhen lassen. Nach einer halben Stunde dünn ausrollen, Piroggen verschiedener Formen mit Hilfe von Blechformen ausstechen, auf ein bemehltes Backblech legen, im Herd bei guter Hitze für 10 bis 15 Minuten backen, bis sie braun werden, anschließend auf einen Teller legen und zur Suppe servieren.

Poulardenbraten

Zutaten:

1 Kapaun oder Poularde • Salz • Öl oder 1 Esslöffel Butter
2 Esslöffel Semmelbrösel

Zubereitung:

Den Kapaun oder die Poularde säubern, salzen, in Ölpapier einwickeln, am Spieß braten, dabei mit Öl beträufeln. Oder in einem Bräter im Ofen zubereiten. Wenn der Kapaun braun wird, ihn auf einen Teller legen, 1 Esslöffel Butter im Topf zerlassen, 2 Esslöffel Semmelbrösel darin anrösten, mit dem Bratensaft vermischen und mit dieser Sauce den Kapaun servieren.
Dazu gedünstete grüne Bohnen servieren.

Gedünstete grüne Bohnen

Zutaten:

1 1/2 Pfund grüne Bohnen • 2 Esslöffel Salz
6 Gläser abgekochtes Wasser
1 Teelöffel Soda • 1 Zwiebel • 1 Esslöffel Butter • Pfeffer
Zucker • Petersilie oder Majoran

Zubereitung:

1 1/2 Pfund grüne Bohnen in 6 Gläsern Wasser mit 2 Esslöffeln Salz, Soda und der klein geschnittenen Zwiebel aufsetzen, kochen, abgießen, mit kaltem Wasser abspülen. Die abgetropften Bohnen in einen anderen Topf füllen, 1 Esslöffel Butter hinzugeben, heiß werden lassen, nach Geschmack Zucker, Pfeffer, Petersilie oder Majoran hinzugeben.

Mit Ei und Buchweizen gefüllter Karpfen

Zutaten:

4 mittelgroße Karpfen • 1 Glas Buchweizenkörner • 2 Zwiebeln
2 Eier • 1 Esslöffel Butter • 200 Gramm Pflanzenöl • 2 Gläser Wasser
Schwarzer Pfeffer • Salz

Zubereitung

Zuerst wird die Füllung zubereitet. Die gewürfelten Zwiebeln in Butter anbraten, 2 Eier schaumig schlagen und mit den weich gekochten Buchweizenkörnern zu den Zwiebeln geben, verrühren, nach und nach 100 Gramm Pflanzenöl zugießen, alles gut vermischen. Die Karpfen ausnehmen, waschen, salzen und pfeffern. In den Bauch der Fische die Füllung geben, jeweils zwei Karpfen zusammen in Alufolie wickeln und in eine Form legen. Dann 2 Gläser kochendes Wasser mit 100 Gramm Pflanzenöl vermischen und über die Karpfen gießen. Im Ofen 25 bis 30 Minuten bei 200 Grad Celsius köcheln lassen, dabei immer wieder mit der Flüssigkeit begießen.

Haselhuhn in Sauce

Zutaten:

3 bis 4 Haselhühner • 1 ½ oder 2 Glas Smetana • Salz

Zubereitung:

Die Haselhühner rupfen und ausnehmen, salzen, in eine Kasserolle legen, mit dem Sauerrahm begießen, also etwa 5 Teelöffel pro Huhn, die Kasserolle fest mit einem Deckel verschließen und das Geflügel auf schwachem Feuer braten. Auf diese Art zubereitete Haselhühner sind äußerst schmackhaft. Als Beilage einen Blattsalat reichen.

Wachteln in Sauce

Zutaten:

Wachteln • 1/4 Pfund Speck • 1/2 Pfund Kalbfleisch • Petersilie • 1 Esslöffel Öl
1 Zwiebel • Salz • 1 Glas Weiß- oder Rotwein • 1 Glas Bouillon

Zubereitung:

Den Boden einer Kasserolle mit 1 Esslöffel Öl ausstreichen, 1/4 Pfund in dünne Scheiben geschnittenen Speck hineinlegen, darauf 1/2 Pfund in Scheiben geschnittenes Kalbfleisch geben, darüber einige Blätter gehackter Petersilie streuen. 1 fein gehackte Zwiebel, Salz, 1 Gläschen Rot- oder Weißwein, 1 Glas Bouillon hinzugeben, dann die gerupften und ausgenommenen Wachteln in die Kasserolle legen, abdecken und bei gleichmäßiger Hitze garen; wenn die Wachteln gar sind, sie herausholen, von der Bratensauce das Fett abschöpfen, die Sauce abseihen und die Wachteln damit anrichten. Die Wachteln werden mit gedünstetem Reis serviert, dazu reicht man mit Parmesan vermischte Butter.

Soufflé aus Haselhuhn

Zutaten:

3 Haselhühner • 1 Baguette • 1 Glas Milch
3 1/2 Esslöffel Butter (1/4 Pfund) • 4 Eier • 2 Gläser Sahne
4 Trüffel • Muskatnuss • 1 Esslöffel Mehl • 1 Esslöffel Öl • 1/2 Zitrone
Salz • 20 Champignons • 1 1/4 Glas Bouillon

Zubereitung:

Das Fleisch von 3 Haselhühnern von den Knochen schneiden, zerkleinern, ein in Milch eingeweichtes und ausgedrücktes Baguette sowie 1/4 Pfund Butter und Salz hinzugeben, alles gut durchkneten, durch ein Sieb passieren, 4 Eier zu der Masse hinzugeben, verrühren, 2 Gläser Sahne unterrühren, 4 gehackte

Trüffel und etwas Muskatnuss hinzugeben. Eine Gugelhupfform oder eine andere Form mit einem Loch in der Mitte einfetten und die Soufflémasse vorsichtig hineinfüllen. Im Dampfbad garen, das heißt, die Form in einen Topf mit kochendem Wasser stellen. Wenn das Soufflé fertig ist, auf einen Servierteller stürzen.
1 Esslöffel Öl mit 1 Esslöffel Mehl anschwitzen, mit 1 Glas Bouillon aufkochen. 20 gewaschene Champignons putzen, die Haut entfernen, in 1/4 Glas Bouillon geben, 1/2 Zitrone auspressen, zweimal aufkochen, die Champignons mit einem Löffel herausnehmen, fein schneiden, in die Sauce geben, den Sud, in dem sie gekocht wurden, hinzufügen, salzen, aufkochen lassen, das Soufflé damit angießen, Selleriepüree in die Mitte geben.

Selleriepüree zum Haselhuhn-Soufflé

Zutaten:

3 Pfund Sellerie • 1/2 Esslöffel Öl • Bouillon • Salz

Zutaten für die Béchamelsauce:

1 Esslöffel Butter • 1/2 Glas Mehl • 1 1/2 Glas Milch oder Sahne.

Zubereitung:

3 Pfund Sellerieknollen ohne Grün putzen, in kochendes Salzwasser geben, noch einmal aufkochen lassen. Durch ein Sieb abgießen, den Sellerie klein schneiden, in einen Topf geben, mit abgeseihter Bouillon aufgießen, so dass das Gemüse bis zur Hälfte bedeckt ist, dann 1/2 Esslöffel Öl hinzugeben, mit einem Deckel verschlossen dünsten, bis der Sellerie weich ist, heiß pürieren. Für die Béchamelsauce Mehl in Butter anrösten, nach und nach die Milch oder Sahne hinzugeben, dabei immer gut rühren. Die Sauce in den pürierten Sellerie geben, bis die nötige Konsistenz erreicht ist, aufkochen lassen, dabei gut umrühren, nach Geschmack salzen, mit einem Spatel aufschlagen, damit die Sauce schön luftig wird.

Haselhühner, in Lehm gebacken

Zutaten:

Haselhühner • Lehm • Öl • Salz • Pfeffer

Zubereitung:

Die Hühner nicht rupfen, sondern nur ausnehmen, innen kräftig salzen und pfeffern, die Bauchhöhle zunähen. Das ganze Haselhuhn mit Lehm umhüllen und in ein Feuer legen. Wenn der Lehm trocken ist und platzt, ist das Haselhuhn fertig. Das Haselhuhn vom Lehm befreien, die Federn bleiben darin stecken.

So kann man auch mit anderem Kleintier verfahren, das man auf der Jagd erbeutet hat.

Gelèe Moscovite

Zutaten:

3/4 Pfund Würfelzucker • Wasser • 6 Blätter weiße Gelatine
1 Blatt rote Gelatine • 1 Zitrone • 3 bis 4 Orangen

Zubereitung:

Das Gelèe Moscovite wird mit weniger Gelatine zubereitet als gewöhnliches Gelee. Es soll an den Rändern gefroren sein und in der Mitte eine wachsweiche Konsistenz haben (etwa wie ein weich gekochtes Ei), aus dem Grund erscheint das Gelee zweifarbig, am Rand schneeweiß und innen rot. Das geschieht folgendermaßen: einen Sirup aus 3 1/2 Gläsern Wasser und 3/4 Pfund Würfelzucker aufkochen, einige Zesten von Zitrone und Orangen hineingeben, dann die Zitrone und 3 bis 4 Orangen auspressen, jedoch nicht zu stark, damit der Saft nicht zu trübe wird, 1/2 Glas Geliermittel hinzufügen, das aus 6 Blättern weißer und 1 Blatt roter Gelatine hergestellt wurde, alles zusammen durch ein feines Sieb rühren, in eine runde Form gießen und auf Eis stellen.

Sobald das Gelee die Konsistenz eines weichgekochten Eis hat, die Form verschließen, auf Eis stellen und erst in die eine, dann in die andere Richtung drehen, bis das Gelee an den Rändern gefroren ist. Dann die Form kurz in heißes Wasser tauchen, auf einen Servierteller stürzen.

Und hier das Menü des Festessens, das die Zarenfamilie zur Geburt ihres Sohnes ausrichtete:

Menüfolge

Cremesuppe aus frischen Pilzen und Blätterteigpiroggen mit einer Leberfüllung mit Rum und Madeira

Gämsenbraten

Kopfsalat auf französische Art

Gedünstete Forelle mit Madeira und Sauce aus Krustentieren

Gefüllte Haselhühner auf Zarenart

Strudel aus Ferkelfleisch

Gelee aus verschiedenen Früchten und Beeren in Melone

Cremesuppe aus frischen Pilzen

Zutaten:

3 Pfund Rindfleisch • 10 bis 15 Körner Piment • 1 bis 2 Lorbeerblätter
1 tiefer Teller frischer Pilze • 1 Zwiebel • 1 Esslöffel Öl
1 Esslöffel Mehl • Salz • 2 Eigelb • ½ Glas Sahne • Pfeffer

Zubereitung:

Eine Fleischbouillon wie üblich zubereiten, abseihen. Einen ganzen Teller frischer Pilze – man kann dafür alle Pilze verwenden, außer dem Hallimasch –

putzen, gut waschen, dabei mehrmals frisches Wasser verwenden, in mundgerechte Stücke schneiden, in einem irdenen Topf mit 1 Esslöffel Öl dünsten, bis sie gar sind, dann 1 Esslöffel Mehl darüber zerstäuben, etwas salzen, wer möchte, gibt eine in Öl gedünstete Zwiebel dazu, verrühren, mit Bouillon auffüllen, so lange kochen, bis die Pilze weich sind, abseihen, durch ein Sieb passieren. 2 Eigelb mit ½ Glas Sahne verrühren, mit 1 Glas Bouillon auffüllen, in die Cremesuppe geben, salzen, unter ständigem Rühren erhitzen. Vor dem Servieren mit frisch gemahlenem Pfeffer würzen.

Blätterteigpiroggen mit Leberfüllung mit Rum und Madeira

Zutaten:

1 Kalbsleber • 3/8 Pfund Speck • 1 Zwiebel • 8 bis 10 Körner Piment
2 bis 3 Lorbeerblätter • Salz • 1 Esslöffel Butterschmalz
¼ Baguette • Milch • 1 Gläschen Madeira • 1 Esslöffel Rum • Muskatnuss
frischer Dill oder Petersilie • 1 Packung Blätterteig

Zubereitung:

1 Kalbsleber in feine Streifen schneiden. 3/8 Pfund Speck und 1 Zwiebel klein schneiden, in einer Pfanne mit Piment, Lorbeerblättern und Salz glasig anbraten, das Fett abgießen, alles zusammen sehr fein zerkleinern, 1 Esslöffel Butterschmalz hinzugeben, ¼ in Milch eingeweichtes und ausgedrücktes Baguette dazugeben, kräftig durchkneten, durch ein Sieb passieren und 1 Gläschen Madeira, 1 Esslöffel guten Rum und etwas geriebene Muskatnuss hinzufügen, nach Geschmack salzen und dann die bereits zuvor gebackenen Blätterteigpiroggen, die die Form von Füllhörnern haben sollen (Zubereitung siehe Seite 89), mit der Mischung füllen. Noch einmal für 5 Minuten aufbacken, mit frischem Dill und Petersilie dekorieren. Zur Suppe servieren.

Gämsenbraten

Zutaten:

Gämsenfleisch • Essig • Salz • Gewürze • Piment oder Pfeffer
Nelken • Majoran • Speck • 1/2 Glas Madeira • Brühwürfel
Aspik zur Dekoration

Zubereitung:

Das Gämsenfleisch gut klopfen, in einen glasierten Topf legen, mit abgekühltem Essig begießen, mit Salz und Gewürzen aufsetzen, so dass das Fleisch ganz bedeckt ist. 2 Tage an einen kühlen Ort stellen, immer wieder wenden. Dann das Fleisch herausholen, in Piment oder Pfeffer, Nelken und Majoran wälzen, mit einem Messer kleine Schnitte in das Fleisch schneiden, den Speck hineingeben. Das gesamte Fleischstück mit Speckscheiben ummanteln, im heißen Ofen leicht anbraten, in eine Pfanne geben, mit dem Bratensaft beträufeln, von dem zuvor das Fett abgeschöpft wurde, 1 1/2 Glas Essig hinzugießen sowie 1/2 Glas Madeira und 1 Brühwürfel hinzugeben, die Pfanne fest mit dem Deckel verschließen, auf kleiner Flamme so lange schmoren, bis das Fleisch weich ist. Dann den Braten auf einen Teller legen, abkühlen lassen, mit Aspik dekorieren oder mit der Bratensauce angießen, die Sauce sollte in diesem Fall reduziert und auf Eis aufgeschlagen werden, damit sie etwas eingedickt wird.

Kopfsalat auf französische Art

Zutaten:

Kopfsalat • 3 Esslöffel bestes Olivenöl aus der Provence
1 Esslöffel 60-prozentiger Essig • 3 Teelöffel Senf • 1 Teelöffel Salz
1 Teelöffel frisch gemahlener Pfeffer
Weißbrotrinde • Knoblauch

Zubereitung:

Den Salat putzen und waschen. Für die Salatsauce 3 Esslöffel bestes Olivenöl aus der Provence, 1 Esslöffel 60-prozentigen Essig und 3 Teelöffel Senf, der frisch aus einer Mischung aus weißem und schwarzem Senf oder aus einer Mischung aus fertigem französischem und englischen Senf hergestellt wird, kräftig verrühren. 1 Teelöffel Salz und 1 Teelöffel frisch gemahlenen Pfeffer hineinstreuen, rühren. Die Salatsauce über die Salatblätter geben. In den französischen Kopfsalat wird mit Knoblauch eingeriebene Weißbrotrinde gegeben. Die Sauce kann auf Vorrat zubereitet werden.

Gedünstete Forelle mit Madeira

Zutaten:

3 Pfund Forellen • Salz • 1/4 Pfund Butter • 1 Lorbeerblatt
1 Glas Madeira • Fischbouillon

Zubereitung:

Die Forellen putzen, waschen, salzen, 1 Stunde ziehen lassen. Den Fisch mit knapp 1/4 Pfund Butter, 1 Glas Madeira und Fischbouillon sowie 1 Lorbeerblatt in einen Topf geben, mit einem Deckel abdecken, einmal aufkochen lassen, in den Herd stellen und so lange dünsten, bis die Forellen gar sind. Die Kochflüssigkeit abgießen und eine zuvor zubereitete Fischbouillon damit anreichern.

Haselhuhn, auf Zarenart gefüllt

Zutaten:

6 Haselhühner • 5 Sardinen • 3 Anchovis • 1 Esslöffel Butter
1/2 Pfund Speck • 1/4 Baguette • 5 Körner Piment • etwas Muskatnuss
2 bis 3 Esslöffel Öl • Ölpapier

Zubereitung:

Für dieses Gericht müssen sehr frische Haselhühner verwendet werden. Die Haselhühner rupfen, ausnehmen, die Filets längs einschneiden. Nun die Füllung zubereiten: 5 Sardinen, 3 Anchovis, 1 Esslöffel Butter, 1/4 Baguette, 5 Körner Piment, etwas Muskatnuss im Mörser zerstoßen, durch ein Sieb passieren, die Haselhühner mit der Masse füllen, mit dünnen Speckscheiben und Ölpapier umwickeln und auf einem Drehspieß oder einem Backblech braten, dabei immer wieder mit Öl beträufeln. Wenn sie gar sind, den Speck und das Papier entfernen, die Haselhühner auf einem Teller anrichten und servieren, ohne sie zuvor zu zerschneiden.

Strudel aus Ferkelfleisch

Zutaten:

1 Ferkel • 1/2 Kalbsleber und 1/2 Pfund Kalbfleisch (nach Wunsch)
2 Esslöffel Öl • Salz • gestoßener Pfeffer • 1/2 Baguette
Milch oder Bouillon • 3 bis 6 Eier • 2 bis 3 gekochte Eier

Zubereitung:

Ein kleines, gut gefüttertes Ferkel vorbereiten, den Kopf und die Füße abschneiden, von einer Seite längs aufschneiden und vorsichtig die Knochen herauslösen. Das an den Knochen verbliebene Fleisch abschneiden und zusammen mit der Ferkelleber klein schneiden (man kann nach Wunsch 1/2 Kalbsleber und 1/2 Pfund Kalbfleisch hinzufügen), in 2 Esslöffeln Öl braten, salzen, mit gestoßenem Pfeffer bestreuen, 1/2 in Milch oder in Bouillon eingeweichtes und ausgedrücktes Baguette und 3 bis 6 Eier hinzugeben, gut vermischen, die Masse durch einen Durchschlag passieren, damit das Innere des Ferkels füllen, auf die Füllung Scheiben von 2 bis 3 gekochten Eier legen, das Ferkel zusammenrollen, mit Küchengarn zusammenbinden und in Bouillon, die aus den Knochen, dem Kopf und den Füßen zubereitet wurde, so lange köcheln lassen, bis der Strudel weich ist, herausheben, abkühlen lassen, dann für 2 Stunden unter eine leichte Presse legen. Den Ferkelstrudel in Stücke aufschneiden und auf einen Servierteller legen. Mit Senf, Essig und Olivenöl servieren. Der Ferkelstrudel kann mit Aspik verziert werden, dafür die abgeseihte Bouillon bis auf 1 Glas reduzieren, abkühlen lassen und in schöne Formen schneiden. Will man den Strudel 2 oder 3 Wochen aufbewahren, kann man ihn in abgekühltem Essigwasser aufbewahren, das mit Salz, Lorbeerblatt und Piment aufgekocht wurde.

Gelee aus diversen Beeren und Früchten in Melone

Zutaten

Melone • Zucker • Früchte und Beeren nach Geschmack
16 Solotniki (1 Solotnik = 4,2 Gramm) Gelantine

Zubereitung:

Dieses Gelee wird, da es in großer Menge zubereitet wird, manchmal in einer Wassermelone serviert. Die Melone in der Mitte durchschneiden, die Mitte vorsichtig herausschneiden, die Kerne entfernen, in Scheiben schneiden und an einem kühlen Ort aufbewahren. Das restliche Fruchtfleisch mit einem Löffel aus der Melone kratzen, in eine Schüssel geben und mit feinem Zucker bestreuen. Inzwischen eine doppelte Portion Gelee aus Gelantine und Wasser zubereiten. Zu den Früchten und Beeren die in Streifen geschnittene Melone geben und zum Gelee den Saft aus den Melonenresten hinzufügen. Wenn das Gelee anfängt, klar zu werden, etwas davon in die auf Eis gebettete Melone gießen. Wenn es fest wird, Früchte und Beeren in die Melone geben, Gelee hinzugeben, dann wieder Früchte und Beeren und Gelee und so weiter, bis die Melone gefüllt ist. Für dieses Gelee wird wenig Gelatine verwendet, weil es nicht aus der Form gestürzt werden muss, für eine große Portion genügen 16 Solotniki.

Als sich Alexander II. im Jahr 1867 in Paris aufhielt, prophezeite ihm eine berühmte französische Wahrsagerin: „Sie haben bereits ein Attentat überlebt, Sie werden sechs weitere Attentate überleben. Aber nicht mehr als sieben." So geschah es auch. Am 28. Februar 1881 bog die Kutsche des Zaren in Sankt-Petersburg von der Ingenieurstraße zum Katharinenkanal ein. Nach 200 Metern war eine Explosion zu hören. Eine weiße Rauchsäule drang unter der schwarz-blauen Kutsche hervor, doch Alexander war unverletzt geblieben. Nikolai Ryssakow war gescheitert. Vielleicht dachte der Zar: „Nun, das war das siebte Attentat, das ist vorbei", jedenfalls sagte er, als er vor den Trümmern seiner Kutsche stand: „Gedankt sei Gott, ich bin verschont geblieben ..." In der allgemeinen Aufregung näherte sich ein weiterer Attentäter – Ignati Grinewezki, Sohn des verarmten polnischen Adligen Joachim Grinewezki – und warf dem Zaren die Bombe direkt vor die Füße ... Am 8. März 1881 wurde Alexander II. in der Peter-Pauls-Kathedrale in Sankt-Petersburg bestattet.

Ich besitze einen antiken Ring mit einem Alexandrit von dunkelgrüner Farbe. Der Stein erhielt den Namen Alexandrit am 22. April 1834, als die Volljährigkeit des zukünftigen Zaren Alexander gefeiert wurde. Der Stein kommt aus dem Ural, gefunden wurde er 80 Werst (1 Werst sind 1066,8 Meter) von Jekaterinburg entfernt. Den Namen Alexandrit gab dem Stein der Mineraloge Nordenschild. Eine meiner Lieblingserzählungen von Leskow heißt „Der Alexandrit" und handelt von einem alten Juwelier, der glaubte, dass ein Stein, der seine Farbe von Grün nach Rot wechselt, Unglück bringe. Die Erzählung endet so: „Er packte mich plötzlich an dem Ring mit dem Alexandriten, der jetzt, im Schein des Feuers, rot leuchtete, und schrie: ‚Meine Söhne! Schnell! Schaut, das ist der kündende russische Stein, von dem ich euch erzählt habe! Der heimtückische Sibirier! Er war erst grün wie die Hoffnung, und am Abend ist er blutübergossen. Seit Anbeginn der Schöpfung ist das so, doch war der Stein immer verborgen, lag in der Tiefe der Erde und hat sich erst an dem Tag finden lassen, an dem Zar Alexander volljährig geworden ist ... Schaut euch diesen Stein an! Er birgt einen grünen Morgen und einen blutigen Abend ... Das ist das Schicksal des edlen Zaren Alexander!'"

Eine königliche Hochzeit

Zar Alexander III.

(1845 bis 1894)

Eine königliche Hochzeit

Zar Alexander III. (1845 bis 1894)

Der folgende Zar Alexander III. fürchtete Attentate und führte im Vergleich zu seinem Vater Alexander II. ein zurückgezogenes Leben. Als er zu seiner Krönungszeremonie mit dem Zug nach Moskau reisen musste, standen an der gesamten Strecke der Nikolajew-Eisenbahn von Sankt-Petersburg bis nach Moskau Streckenposten im Abstand von dreihundert Schritt und sorgten für seine Sicherheit.

Während seiner Regierungszeit zwischen 1881 und 1894 führte Russland keinen einzigen Krieg. Die Transsibirische Eisenbahn wurde gebaut. Die Sparsamkeit des Zaren in Privatdingen war sprichwörtlich. Einmal fiel ihm anlässlich eines Empfangs im Zarenpalast auf, dass auf der Abrechnung große Mengen an Obst und Konfekt aufgeführt waren. Er wunderte sich und forderte eine Erklärung. Ein Minister erläuterte Alexander III. die Umstände wie folgt: „Diese Ausgaben sind völlig einleuchtend. Ich, zum Beispiel, habe persönlich eine Orange verzehrt und eine zweite Orange mitgenommen, dazu eine Birne für Marfinka, meine Stieftochter. Viele Gäste machen das so, sie bringen ihren Kindern eine Nascherei aus dem Palast mit, sozusagen, ein Geschenk des Zaren." Der Zar war mit dieser Erklärung einverstanden.

Doch wie auch immer die persönlichen Gepflogenheiten des Zaren waren, bei den höfischen Zeremonien zeigte er sich immer in seiner ganzen Großartigkeit. Er maß stolze 193 Zentimeter, wog mehr als 120 Kilogramm und schätzte schmackhaftes Essen sehr. Wie seine Zeitgenossen bezeugen, war er in der Lage, zum Tee drei Pfund Brot zu verspeisen. Im Winterpalast in Sankt-Petersburg gab er an Festtagen gern üppige Gelage. Später schrieb ein General der Weißen Armee in seinen Erinnerungen, dass er immer lachen müsse, wenn in einem Film aus Hollywood Feste am russischen Zarenhof zu sehen

seien, weil die reale Großartigkeit jener Feste jede Ausstattungsfantasie der Filmemacher bei weitem übertroffen hätte.
Hier ist die Beschreibung eines Feiertags, der so üppig und prächtig begangen worden war, dass er an eine Maskerade aus längst vergangenen Zeiten erinnerte. Alexander Benois berichtet darüber: „Im Jahre 1889 hatte ich die Gelegenheit, die Hocharistokratie aus der Nähe zu beobachten, mehr noch, den Zarenhof und den Zaren selbst. Mitte Juni war ich in Sankt-Petersburg Augenzeuge einer Festlichkeit im Geist und in den Dimensionen der großartigen Feste des 18. Jahrhunderts. Gefeiert wurde die Hochzeit des Zarenbruders, des Großfürsten Pawel Alexandrowitsch, mit der griechischen Prinzessin Alexandra ... Die Trauzeremonie wurde in der Kasaner Kathedrale vollzogen ... Von dort aus bewegte sich der Hochzeitszug durch die Hauptstraßen der Stadt, über die Bolschaja Morskaja und den Newski-Prospekt ... Der Festzug war geplant mit der Intention, den Eindruck äußersten Reichtums zu erzeugen, und glich einem endlosen Fluss von Gold: eine lange Reihe goldener Kutschen, goldener Livreén, goldener Uniformen ... Der Anblick der Prachtkutschen, mitunter festlich geschmückt und immer dick vergoldet, die mit ihren Spiegelgläsern in der Sonne funkelten und mit ‚Federnsträußen' geschmückt waren, übten einen überaus großen Zauber aus, und noch herrlicher waren die gleichmäßig einher schreitenden schneeweißen Pferde in prächtigstem Zaumzeug, die von livrierten Dienern mit weißen Perücken an den Zügeln geführt wurden ..."
Hier nun die Speisekarte dieses Hochzeitsmahls, das im Juni des Jahres 1889 stattfand.

Menü des Hochzeitsmahls

1. Gang

Cremesuppe aus Wild, Cremesuppe aus frischen Pilzen.

Geröstete Brotwürfel und Blätterteigpiroggen mit einer Farce aus Krebsen und Piroggen mit Hirn in Muscheln serviert

Dazu eine Auswahl spanischer Starkweine: Sherry, Madeira, Marsala und weißer Portwein

2. Gang

Rinderfilet mit Sardellenbutter

Weine: Porter, Medoc, Saint-Julien, Château Lafite (angewärmt), roter Portwein

3. Gang

Sterlet mit Kartoffeln

Weine: Sauternes, Rheinwein, Moselwein, Chablis, Burgunder

4. Gang

Junges Gemüse: Möhren, Rüben, Kartoffeln und Kraut in Milchsauce, Kräuter

Weine: Château d'Yquem, Tokajer, Muscat de Lunel

5. Gang

Soufflé aus Krebsen

Süßweine: Malaga, Zypernwein

6. Gang

Punsch „Imperial" aus Walderdbeeren und Himbeeren

7. Gang

Truthahnbraten mit Leber und Trüffeln gefüllt, dazu Salat

Wein: Champagner

8. Gang

Gefrorenes, Gelée aus Erdbeeren, Dessert „Weiße Akazie".

9. Gang

Beeren. Kaffee und Tee.

Dazu Cognac, Rum, Liköre: Benediktiner, Chartreuse, Curaçao, Maraschino.

An der ganzen Speisefolge interessierte mich das Dessert „Weiße Akazie" am meisten. Ich wühlte mich durch alte Kochbücher und wurde fündig.

Dessert „Weiße Akazie"

Zutaten:

frische, ausschließlich weiße Blüten der Akazie • Zucker

Für den Frittierteig:

1 1/2 Glas Mehl • 1 Teelöffel Salz • 1/2 Esslöffel Olivenöl • 1 Glas Wasser
5 Eiweiß

Zum Frittieren:

1/2 Pfund Gänsefett • 1/2 Pfund Butter
1 Esslöffel guter Wodka oder hochprozentiger Alkohol

Anmerkung: Das Frittierfett kann man zur Wiederverwendung aufbereiten, wenn man es direkt nach der Verwendung mit 2 bis 3 klein geschnittenen Antonow-Äpfeln aufkocht. Die Äpfel klären das Fett und nehmen ihm den unangenehmen Geruch und Geschmack. Anschließend abseihen und an einem kühlen Ort aufbewahren.

Zubereitung:

Man nehme frische weiße Akazienblüten. Abspülen, trockenschütteln und in den Frittierteig tauchen, dabei am Stängel festhalten. Anschließend in das heiße Frittierfett tauchen. Wenn sie leicht geröstet sind, auf ein mit Küchenpapier bedecktes Sieb legen, damit das überschüssige Fett abtropfen kann, mit Zucker bestreuen, auf einem Teller anrichten.

Und nun stellen Sie sich Sankt-Petersburg zur Zeit Alexanders III. vor. Auf dem Newski-Prospekt und entlang des Palastufers eilen vierspännige Kutschen, im Sommergarten und auf dem Kameny Ostrow begegnet man Pulks von Reitern und Reiterinnen. Die Damen des Adels sind betont streng geklei-

det, das zeichnet sie gegenüber den „neuen Reichen" aus, jenen Geschäftsleuten, deren Frauen einander in üppig ausgestatteten Kleidern und unter der Last großartiger Juwelen zu übertreffen suchen. In den riesigen Fenstern des Zarenpalasts spiegelt sich die blasse Morgenröte der weißen Nächte. Im Erdgeschoss der Gebäude entlang des Newski-Prospekts befinden sich Restaurants, Geschäfte und kleine Cafés. Ihre Reklamen blinken verführerisch, der ganze Prospekt ist in ein Lichtermeer getaucht. Die Stadt ist jung, nicht einmal 200 Jahre alt! In den Erinnerungen der Adligen jener Zeit sind viele großartige Festmahle beschrieben.
Darunter ist auch das Mittagessen, das am 12. Oktober 1886 im Palast am Englischen Ufer, Haus Nr. 10, in der Familie des Grafen Illarion Woronzow-Daschkow stattfand. Das Hausbuch, in das sich die Besucher der Familie eintrugen, ist erhalten. Aus ihm entnehmen wir, dass unter den Gästen dieses Festmahls die Fürsten Beloselski, Trubezkoi, Kotschubej und Lobanow-Rostowski weilten, alles Personen von altem Adel. Mit der Familie der Woronzows war die Familie des Zaren Alexanders III. eng befreundet. In den Tagebüchern, die die Kinder Alexanders III. geführt haben, werden die Woronzows häufig erwähnt: „Zusammen gefrühstückt", „Getanzt bis zum Umfallen", „Wahrsagen", „Lustiges Abendessen" ... Heute befindet sich in diesem Haus ein Unternehmen namens „Technochim". Einst jedoch empfing dieses Haus etwa 750 Gäste zum Ball. Und das stand damals auf der Speisekarte:

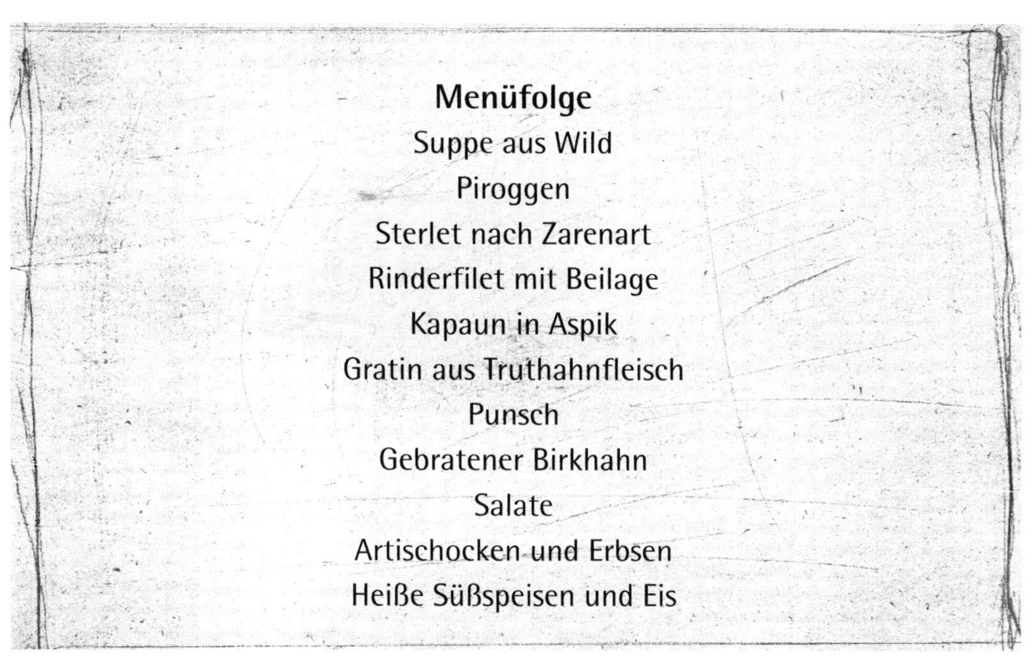
Menüfolge
Suppe aus Wild
Piroggen
Sterlet nach Zarenart
Rinderfilet mit Beilage
Kapaun in Aspik
Gratin aus Truthahnfleisch
Punsch
Gebratener Birkhahn
Salate
Artischocken und Erbsen
Heiße Süßspeisen und Eis

Cremesuppe aus Rebhuhn oder Fasan mit Champagner

Zutaten:

½ Pfund Rindfleisch • 1 Strauß Kräuter • ½ Pfund Kalbsknochen
2 Möhren • 1 Petersilienwurzel • ½ Sellerie • ½ Porree • 1 Rebhuhn oder 1 Bekassine und 1 Fasan oder 1 Waldschnepfe • Öl zum Braten
½ Esslöffel Butter • 1 Esslöffel Mehl • 1 Glas Bouillon • 1 Eigelb
½ Glas dicke Smetana • ½ Flasche Champagner • ½ Teelöffel Muskatblüte
Petersilie • Dill

Zubereitung:

Eine klare Bouillon aus 3 Pfund Rindfleisch und ½ Pfund Kalbsknochen sowie dem Gemüse – Möhren, Sellerie, Petersilienwurzel, Porree – und dem Kräuterstrauß zubereiten, abseihen. Das Rebhuhn oder die Bekassine beziehungsweise den Fasan oder die Waldschnepfe in Öl braten, bis das Geflügel gar ist.

Fleisch von den Knochen lösen, mit einem Messer klein schneiden, im Mörser zerstoßen und durch ein weitmaschiges Sieb passieren. Die Geflügelknochen braten und mit dem Rindfleisch aufkochen lassen. ½ Esslöffel Butter mit 1 Esslöffel Mehl anschwitzen, mit 1 Glas Bouillon ablöschen, verrühren, aufkochen lassen. Mit dem pürierten Fleisch verrühren, 1 Eigelb und ½ Glas dicke Smetana hinzufügen, die abgeseihte Bouillon dazugießen, mit Muskatblüte, Petersilie und Dill abschmecken, alles sehr heiß werden lassen, aber nicht mehr kochen. Vor dem Servieren mit ½ Flasche Champagner auffüllen.
Zur Suppe werden Blätterteigpiroggen gereicht.

Runde Blätterteigpiroggen mit Kalbfleischfüllung

Zutaten:

Eine Packung fertiger Blätterteig • ¼ Pfund Fett (möglichst Nierenfett)
¼ Pfund rohes Kalbfleisch • ¼ Pfund Baguette • Milch • 1 Zwiebel
Pfeffer Salz • 1 Ei • Dill • Petersiliengrün • Eigelb
Öl zum Frittieren

Zubereitung:

¼ Pfund frisches Nierenfett durch den Fleischwolf drehen, im Mörser zerstoßen, wobei der Stößel in heißem Wasser erhitzt wird, ¼ Pfund rohes Kalbfleisch zerkleinern und leicht anbraten, dann mit einem in Milch eingeweichten und ausgedrückten Stück Baguette sowie mit einer kleinen gerösteten Zwiebel, Pfeffer, Salz, 1 rohen Ei, Dill und Petersiliengrün gut vermengen. Die Masse zu Fleischbällchen formen. Den Blätterteig ausrollen, mit einem kleinen Glas Kreise aus dem Teig stechen, ein Fleischbällchen auf jeden zweiten Kreis legen und mit dem anderen Kreis abdecken, dabei die Teigränder gut zusammenpressen, oben mit Eigelb einstreichen und sofort in den heißen Ofen schieben. Vor dem Servieren mit frittiertem Petersiliengrün bestreuen.

Sterlet nach Art des Zaren (ganzer Fisch)

Zutaten:

1 Sterlet (3 bis 4 Pfund) • Salz • ½ Glas Salzgurkensud
20 Barsche • 6 rote Krebse • 2 Petersilienwurzeln • Sellerie
2 bis 4 Zwiebeln • 1 bis 2 Lorbeerblätter • 4 Pfefferkörner
1 Bund Petersilie • 1 Glas Sauternes, Sherry oder Champagner
3 Blätter weiße Gelatine • 1/3 Glas Olivenöl • ½ Teelöffel Senf
2 Stück Zucker • 1 Esslöffel Kapern • 1 Eigelb
Petersilie zum Dekorieren • junge Salatblätter

Zubereitung:

Den Sterlet putzen, waschen, mit einem Küchentuch trocken tupfen, salzen, in ein trockenes Handtuch einschlagen, eine Stunde ruhen lassen. In der Zwischenzeit eine Bouillon aus den Petersilienwurzeln, Sellerie, 2 bis 4 Zwiebeln, 1 bis 2 Lorbeerblättern, 4 Pfefferkörnern, 1 Bund Petersilie und 20 Barschen zubereiten, abkühlen lassen. Den Sterlet auf ein Gitter in einen Fischkochtopf legen und die abgeseihte Bouillon darüber gießen, etwa ½ Glas Salzgurkensud und ¼ bis 1 Glas Sautern, Sherry oder Champagner dazugeben. Wasser angießen, so dass die Bouillon den Fisch fast ganz bedeckt, und zum Kochen bringen. Doch Vorsicht, nicht zu lange kochen lassen.

Wenn der Fisch gar ist, ihn in der Bouillon abkühlen lassen, dann den Fisch mit dem Gitter aus dem Topf heben, auf einen länglichen Teller legen und mit einer Sauce angießen, die wie folgt zubereitet wird: Die Bouillon auf 3 ½ Glas reduzieren. Wenn nötig, einige Blätter weiße Gelatine hinzugeben, abseihen, wenn die Bouillon abgekühlt ist, 1/3 Glas Olivenöl hinzugeben, das zuvor mit ½ Teelöffel Senf, 1 bis 2 Stück Würfelzucker und 1 Eigelb verrührt wurde. Alles mit einem Schneebesen verrühren, so dass ein leichter Schaum entsteht, 1 Esslöffel Kapern hinzufügen, den Fisch auf dem Servierteller mit der Hälfte der Sauce angießen. Das Fischmaul mit einem Petersilienstrauß drapieren, den Fischschwanz ebenfalls mit Petersilie dekorieren, rings um den Fisch im Wechsel Blätter von ganz jungem Kopfsalat und große rote Krebse legen.

Rinderfilet mit Beilage aus Gemüse und Krebsschwänzen

Zutaten:

2 bis 3 Stück Rinderfilet • Salz • 1 Esslöffel Butterschmalz

Zutaten für Beilage:

Sellerie • Petersilienwurzel • Salz • Bouillon • 1 Schalotte
Champignons • Krebsschwänze • Salzgurken • Kapern
Cornichons • Oliven
marinierte Steinpilze • Tomatensauce

Zubereitung:

2 bis 3 Pfund Rinderfilet abbrausen, ohne es auszudrücken, salzen, im Ganzen mit etwas Butterschmalz anbraten und dann in der Backröhre etwa 1/2 bis 3/4 Stunde schmoren lassen, jedoch auf keinen Fall länger. Mit einer Beilage aus Wurzel- und Mischgemüse servieren.

Zubereitung der Beilage: Den Sellerie und die Petersilienwurzeln schälen, in gleichmäßige Stücke schneiden, in kochendes Salzwasser geben, einmal aufkochen lassen, abgießen, mit kaltem Wasser abschrecken und in einen Topf geben. Dann mit Bouillon begießen, so dass das Gemüse knapp bedeckt ist, und gar kochen lassen. Die in Ringe geschnittene Schalotte und die Champignonscheiben anbraten, dann die gekochten Krebsschwänze aus der Schale lösen, in mundgerechte Stücke schneiden, die Salzgurken kochen. Die Kapern mit Cornichons, entkernten Oliven und den marinierten Steinpilzen anrösten. Alles miteinander mischen, mit Tomatensauce angießen und einmal aufkochen lassen.

Tomatensauce

Zutaten:

2 bis 3 Tomaten oder 1/4 Pfund Tomatenmark • 1 Esslöffel Mehl
1/2 Esslöffel Butter • 2 bis 3 Glas Bouillon • 2 bis 3 Esslöffel Gemüsebrühe
etwas Cayennepfeffer • Zitronensaft

Zubereitung:

2 bis 3 vollreife Tomaten halbieren, das Kerngehäuse entfernen, klein schneiden. 1 Esslöffel Mehl in 1/2 Esslöffel Butter rösten, die klein geschnittenen Tomaten oder 1/4 Pfund Tomatenmark hinzugeben, gleichmäßig dünsten. Mit 2 bis 3 Gläsern Bouillon ablöschen, aufkochen lassen, abseihen, mit Gemüsebrühe und Cayennepfeffer und nach Geschmack mit einigen Spritzern Zitronensaft abschmecken.

Truthahn oder Kapaun in Aspik

Zutaten:

1 Truthahn oder Kapaun, • Salz • Leber • Gelatine • Zwiebel • Kalbshaxen
Wasser • Pimentkörner • 1/2 Glas Essig • Zucker • Zitrone • Rote Bete
Wurzelgemüse für die Bouillon: 2 Möhren • 1 Petersilienwurzel
1/3 Sellerie • 1 Zwiebel • Strauß Petersiliengrün
Porree • hart gekochte Eier • Pickles

Zubereitung:

Den Truthahn oder Kapaun ausnehmen, salzen, mit einer Farce aus Leber füllen, wobei dieser einige fein geschnittene Zwiebeln zugefügt werden können. In eine Kasserolle zusammen mit den gesäuberten Kalbshaxen geben, mit Wasser angießen, das Wurzelgemüse und etwas Piment hinzufügen. Wenn der Vogel gar ist, herausnehmen, die Kalbsbeine weiter kochen lassen, abseihen, die Bouillon klären, das Fett abschöpfen. Nun 1/2 Glas Essig und gebrannten Zucker dazugeben, salzen, Gelatine hinzufügen. Hart gekochte Eier in eine Form legen, ebenso Pickles, Zitrone und Rote Bete, etwas Gelatineflüssigkeit zugießen, abkühlen lassen, dann den zerteilten Truthahn oder Kapaun in die Form setzen, mit der restlichen Gelatineflüssigkeit angießen und abkühlen lassen. Mit einer Senfsauce mit Kapern servieren.

Kalte Senfsauce mit Kapern zum Truthahn in Aspik

Zutaten:

1 Teelöffel Senf • 3 bis 6 Eigelb • 3 bis 6 Stück Würfelzucker
2 Esslöffel Olivenöl • 1/2 Glas guten Essig • 1 Esslöffel Kapern
1 Esslöffel Oliven

Zubereitung:

6 Stück Würfelzucker zerstoßen. 1 Teelöffel Senf, 3 bis 6 rohe Eigelb und den Zucker gut verrühren, 2 Esslöffel Olivenöl sowie 1/2 Glas Essig einrühren, die Kapern und nach Geschmack die geviertelten Oliven hinzufügen, alles gut mischen.

Anmerkung: Um Aspik festlich zu gestalten, wurde zu Zarenzeiten wie folgt vorgegangen: Auf den Boden einer runden oder länglichen Form etwas fertige Gelatine füllen, die bereits abgekühlt, aber noch nicht fest geworden ist. Kühlen. Über den Boden und entlang der Wände der Form dekorativ dünne Scheiben der verschiedensten Produkte, wie in Scheiben geschnittene Eier, Kapern, Pilze, mariniertes Gemüse, Krebsschwänze, Erbsen, gekochte und in Sternform geschnittene Möhren und Blätter grüner Petersilie, mit einem Wort, von allem ein bisschen, verteilen, dabei immer wieder Gelatine angießen. Wenn die Gelatine beinahe ganz abgekühlt ist, vorsichtig Fleisch- oder Fischstücke darauflegen. Die übrigen Beilagen darum verteilen, alles mit der restlichen Gelatine begießen, abkühlen lassen. Vor dem Stürzen die Form für eine Minute in heißes Wasser tauchen, dann mit einem runden oder länglichen Servierteller bedecken und stürzen.

Kalter Punsch

Zutaten:

3 Pfund Zucker • 10 Zitronen • 3 Orangen
Ananas und andere Früchte auf Wunsch • 10 Gläser Wasser
2 Gläser Kognak • 1 Flasche Wodka.

Zubereitung:

Zesten von 10 Zitronen und 3 Orangen mit gebrochenen Zuckerstücken abreiben. Die gesamte Schale der Zitronen und Orangen abschneiden und wegwerfen, das Fruchtfleisch in Scheiben schneiden, alle Kerne entfernen. Es können auch in kleine Stücke geschnittene Ananas und andere Früchte hinzugefügt werden. Die Früchte in eine Schüssel geben, mit 10 Gläsern kochendem Wasser übergießen, den restlichen Zucker zerstoßen, hinzufügen, gut verrühren, wenn der Zucker aufgelöst und das Wasser abgekühlt ist, in den Sirup 2 Gläser Kognak und 1 Flasche Wodka gießen, die Schüssel mit einem Deckel oder mit einer festen Stoffserviette verschließen, damit der Alkohol nicht verdunstet, nach drei Stunden abseihen, in Flaschen abfüllen, die Flaschen verschließen und luftdicht verschließen. Dieser Punsch wird kalt getrunken und hat einen sehr angenehmen Geschmack.

Alexander III. ging gerne auf die Jagd. Dabei liebte er die Jagd auf Großwild wie auch auf Kleinwild. Hier ein Rezept für einen köstlichen Hasenrücken aus dem Ofen.

Gebratener Hase mit Smetana

Zutaten

1 Hase • 1 Glas Essig • 100 Gramm Speck • 100 Gramm Rahmbutter
1 Glas Smetana • 1 Esslöffel Mehl • Dill nach Geschmack

Zubereitung:

Den Hasen waschen, säubern, Kopf und Brustteil mit den Vorderläufen abschneiden, den Wirbelknochen mit Fleisch und Hinterläufen belassen, die Knochen vorsichtig herauslösen. Den so vorbereiteten Hasen in kaltes Wasser legen, Essig hinzufügen und einige Stunden ziehen lassen. Aus dem Wasser nehmen, mit einem Handtuch trocken tupfen, den ganzen Hasenrücken mit Speck bedecken, mit Salz bestreuen, einige Stücke Butter auf den Speck setzen, dann den Hasen auf ein Backblech legen, Wasser zugießen. Nach rund 30 Minuten Garzeit begießen Sie den Hasenrücken mit ½ Glas Smetana, danach immer wieder mit dem sich auf dem Blech bildenden Bratensaft begießen, bei schwacher Hitze weitere 20 Minuten braten. Den Hasen aus dem Ofen nehmen, mit einem Tuch abdecken. 1 Esslöffel Mehl in den Bratenfonds geben, verrühren, die restliche Smetana nach und nach dazugießen. Den Hasen auf eine Servierplatte legen, mit der Smetanasauce überziehen, mit Dill bestreuen und sofort auftragen.

Birkhuhn, gebraten auf kaukasische Art

Zutaten:

1 Birkhuhn • Gewürzessig • 2 Esslöffel Öl
1/4 Pfund Speck • ½ Glas Smetana • geriebener Zwieback
1 Glas Haselnüsse • 1 Pfund süße Weintrauben • 3 Orangen
1 Glas Madeira • ½ Glas Tee, zubereitet mit 3 Löffeln Grünem Tee

1 Esslöffel Butter • 10 Pimentkörner

1/4 geriebene Muskatnuss

Zubereitung:

Ein küchenfertiges Birkhuhn für 8 bis 10 Stunden in einen leichten Gewürzessig einlegen. Man kann es durchaus 2 bis 3 Tage in diesem Sud aufbewahren. Dann mit 1/4 Pfund Speck spicken, in der Pfanne braten, dabei ab und zu mit Öl beträufeln, je häufiger, desto besser, sobald der Bratensaft austritt, diesen Saft zum Beträufeln verwenden, zum Schluss mit Smetana begießen. Nun das Huhn mit geriebenem Zwieback bestreuen. Nach 10 Minuten, wenn die Panade anfängt, goldbraun zu werden, das Birkhuhn herausnehmen, auf ein Brett legen. Inzwischen ein Glas Haselnüsse knacken, in heißes Wasser geben, die braune Haut abziehen und die Nusskerne zerkleinern. Ein Pfund süße Weintrauben zusammen mit dem Fruchtfleisch von drei Orangen mit einem Holzstößel zerstoßen, durch ein Sieb in einen Topf passieren, ein Glas Madeira, 1/2 Glas Tee, zubereitet aus 3 Teelöffeln Grüner Tee, sowie 1 Esslöffel Butter, 10 Pimentkörner und 1/4 geriebene Muskatnuss hinzugeben, alles gut verrühren und aufkochen. Nun das Birkhuhn in Portionen teilen, noch heiß in die vorbereitete Sauce geben, einmal kurz aufkochen lassen und sofort servieren.

Es gibt für das Birkhuhn noch eine alternative Sauce: 1 Esslöffel frisches Olivenöl mit 1 Esslöffel Mehl so lange verrühren, bis das Öl weiß ist, dann mit 2 Gläsern Weißwein verdünnen, den Saft von 1/2 Zitrone, 3 Esslöffel Kapern, 1 vollen Esslöffel fein gemahlenen Zucker hinzufügen, alles in einen Topf geben, aufkochen lassen. Das gebratene und in Portionen zerteilte Birkhuhn noch heiß in die Sauce geben.

Salat aus mariniertem Gemüse

Zutaten:

3 Pfund Gemüse: Blumenkohl, Möhren, Rüben, Erbsen und kleine Gurken • 6 Gläser Wasser • 2 Teelöffel Salz
2 1/4 Glas Essig • 1/4 Glas Zucker • Salz • 25 Nelken
1 Werschok (4,4 Zentimeter) Zimtstange
25 Körner Piment • 3 Lorbeerblätter

Zubereitung:

Den Blumenkohl von den Blättern befreien, 2 Stunden in Wasser einweichen. Die Möhren und die Rüben putzen, waschen, in Stifte schneiden und ihnen dabei eine schöne Form geben. Die Erbsen pulen, die Gurken in mundgerechte Stücke schneiden. Alles zusammen in kochendes Salzwasser geben, wobei auf 6 Glas Wasser 2 volle Teelöffel Salz gegeben werden, aufkochen lassen, Gemüse in einen Durchschlag geben und mit kaltem Wasser abspülen. In ein verschließbares Gefäß füllen. Inzwischen 2 1/4 Gläser Essig, 1/4 Glas Zucker, etwas Salz, 25 Nelken, 1 Werschok Zimtstange, 25 Pimentkörner und 3 Lorbeerblätter aufkochen, abseihen, abkühlen lassen, den Sud über das Gemüse gießen, das Behältnis gut verschließen. Einige Stunden ziehen lassen, je länger, je besser.

Kopfsalat mit Anchovis

Zutaten:

6 Salatköpfe • 6 Eier • 6 Anchovis • Kapern • Kresse • Salz
Pfeffer • Olivenöl • Essig

Zubereitung:

Nehmen Sie 6 Salatköpfe, teilen Sie jeden in 8 Stücke. Die Eier hart kochen, die Eigelb aus den Eiweiß lösen und beides klein hacken. 6 Anchovis klein schneiden, mit den gehackten Eiern verrühren, klein gehackte Kapern und Kresse sowie Salz, Pfeffer, Olivenöl und Essig hinzufügen. Alles gut vermischen und über die zerteilten Salatköpfe geben.

Salat Romain

Zutaten:

2 Salatköpfe • 2 Tomaten • Salz • weißes Piment
4 bis 5 Esslöffel Olivenöl • 2 Esslöffel englischer Essig (Malzessig)

Zubereitung:

Die äußeren Blätter der Salatköpfe entfernen, Salat nicht waschen, die Blätter auseinanderzupfen, 2 rohe Tomaten in Spalten schneiden, salzen, weißes Piment hinzufügen, 4 bis 5 Esslöffel Olivenöl und 2 Esslöffel englischen Essig verrühren, über den Salat geben. Die Tomaten können auch durch Stücke Schweizer Käse (etwa 1/4 Pfund) ersetzt werden. Salat Romain wird gerne zu Braten und gebratenem Fisch gereicht.

Artischocken mit Erbsen

Anmerkung: Die grünen Blätter der Artischocken müssen entfernt werden, dazu den oberen stachligen Teil der Blätter fingerdick abschneiden, den Boden der Artischocke abtrennen, dabei die Schnittstellen immer sofort mit Zitronensaft einreiben, damit sie sich nicht verfärben. Das behaarte Herzstück der Artischocke mit einem Löffel herauskratzen. Mit kaltem Wasser abspülen und in Zitronenwasser eintauchen, damit es sich nicht verfärbt.
Für einige Speisen werden nur die Artischockenböden verwendet, in diesem Fall müssen alle Blätter abgeschnitten und das behaarte Herzstück vollständig ausgekratzt werden, so dass nur der fleischige Boden übrigbleibt. Diesen sofort von allen Seiten mit Zitronensaft einreiben und bis zur Verwendung in Zitronenwasser belassen.

Zutaten:

15 Artischocken • 1 Esslöffel Butter • 1 Zitrone • grüne Erbsen

Zubereitung:

Die Artischockenböden wie oben beschrieben vorbereiten und kochen. Die Erbsen in der Butter andünsten mit ein wenig Zitronensaft verfeinern. Vor dem Servieren die Böden mit den gedünsteten Erbsen füllen. Dazu gesondert eine Tomatensauce (Rezept siehe Seite 202) reichen.

Charlotte aus Sauerkirschen mit Sauerkirschsauce

Zutaten:

6 Eier • 3/4 Glas Zucker • 18 Stück Zwieback
1 Pfund reife ganze Sauerkirschen • 1/2 Pfund Butter
1 Glas Milch • Brösel von 3 bis 4 Zwieback • Orangeat

Zutaten für die Sauerkirschsauce:

1 1/2 Glas frische Sauerkirschen • Wasser
knapp 1/2 Glas Rotwein • Zimt • Zesten von 1/2 Zitrone
1 Teelöffel Kartoffelstärke • 1/2 Glas Zucker

Zubereitung:

6 Eier trennen. Die 6 Eigelb mit 3/4 Glas Zucker so lange rühren, bis die Masse schaumig ist, 1 Glas Milch, knapp 1/2 Pfund zerlassene Butter, etwas Zimt, 1 1/2 Glas zerbröselten Zwieback hinzugeben, alles gut mischen und aufschlagen. Dann die frischen, entkernten Sauerkirschen und Orangeat unterrühren, die 6 Eiweiß steif schlagen, vorsichtig unterheben, alles in eine mit Butter gefettete und mit Zwiebackbröseln bestäubte Form geben, in den Ofen schieben. Die Sauerkirschsauce getrennt dazu servieren.

Zubereitung der Sauerkirschsauce:

Die reifen Sauerkirschen entkernen; 3 bis 6 Kirschkerne mahlen und mit den Kirschen mischen, 1 1/2 Glas Wasser hinzugeben, aufkochen und alles zusammen durch ein Sieb passieren, in einem Topf auffangen, 1/2 Glas Rotwein, etwas gemahlenen Zimt und die Zesten von 1/2 Zitrone hinzugeben, 1 Teelöffel Kartoffelstärke mit 1 Esslöffel Wasser und 1/4 Pfund Zucker verrühren, alles aufkochen lassen.

Hier ist noch eine unterhaltsame Geschichte aus der Zeit Alexanders III. Eine äußerst, wie man heute sagen würde, adäquate Dame erzählte einer anderen Dame, die nicht ganz so adäquat war, von einem Abend in einem damals berühmten Salon. „Man wurde mit herrlichen Epigrammen bewirtet." Die zweite Dame verstand das wortwörtlich und befahl ihrem Koch am nächsten Tag in einem Ton, der keine Widerrede zuließ, ihr zum Mittag „Epigramme" vorzusetzen. Der Koch, der natürlich nichts von der Existenz eines solchen Gerichts wusste, entschloss sich auf eigenes Risiko, Lammkarrees zuzubereiten, die seither in Russland auch „Epigramm vom Lamm" heißen. Eigentlich stammt das „Epigramm d'agneaux" aus der französischen Küche. Es handelt sich dabei um ein Fleischgericht aus einem in der Pfanne gebratenen und einem sautierten oder grillierten Teil des Lamms. Übrigens gibt es in Frankreich eine ähnliche Anekdote, wie oben beschrieben, nur dass es in Frankreich eine unbelesene Marquise war, die ihrem Koch den Auftrag gab, Epigramme zuzubereiten, nachdem ihr junge Offiziere von der Verwöhnung durch herrliche Speisen und Epigramme am Vorabend erzählt hatten.

Geschmorte Lammkeule mit Weißwein, Honig und Möhren

Zutaten:

2 Lammkeulen • 1 rote Zwiebel • 1 Knoblauchzehe • 1 Möhre
Salz • Pfeffer • 1 Esslöffel Olivenöl • 2 Zweige Thymian
1 Esslöffel Honig • 100 Milliliter Weißwein • Wasser • 1 Esslöffel Senf
1 Esslöffel Zitronensaft

Zubereitung:

Zwiebel und Knoblauch schälen und fein würfeln. Die Möhre putzen und in Scheiben schneiden. Die Lammkeulen abbrausen, trocken tupfen, salzen und pfeffern. In heißem Öl mit Zwiebeln, Knoblauch und Möhren im Bräter braun anbraten. Thymian und Honig zugeben, kurz mitbraten. Mit Wein ablöschen. Senf einrühren. Salzen, pfeffern, 200 Milliliter Wasser angießen. Aufkochen und halb zugedeckt 2 Stunden schmoren. Lammkeulen zwischendurch wenden. Eventuell etwas Wasser nachgießen. Vor dem Servieren mit Zitronensaft, Salz und Pfeffer abschmecken.

Im Jahre 1894 starb Alexander III., und sein Sohn Nikolaus folgte ihm auf den Thron. Doch damals, kurz vor dem Ende des 19. Jahrhunderts, konnte niemand auch nur ahnen, dass Nikolaus II. und seine ganze Familie im Jahre 1918 erschossen werden sollten.

Alexander III. war ein Mensch mit einem starken Willen. Die Historiker vergleichen ihn mit einem schweren Deckel, der den brodelnden und dampfenden Kessel Russland fest verschloss. Doch der Kessel konnte jeden Moment explodieren. Denn im Untergrund brodelte bereits die Revolution ...

Im Frühjahr des Jahres 1909 wurde auf dem Snamenskaja-Platz in Sankt-Petersburg ein Denkmal für Alexander III. enthüllt. Dreißig Jahre später, im Jahre 1939, wurde es gestürzt, zum Glück jedoch nicht vernichtet. Es ist eine Arbeit des Bildhauers Paolo Trubetzkoi. Vielleicht gelangt es eines Tages wieder an seinen alten Platz. Bislang steht es noch im Innenhof des Marmorpalastes.

Zum Mittagstisch beim Zaren

Zar Nikolaus II.

(1868 bis 1917)

Zum Mittagstisch beim Zaren

Zar Nikolaus II. (1868 bis 1917)

Meine weise Großmutter, die 100 Jahre alt wurde, sagte oft: „Weißt du, die guten alten Zeiten unterscheiden sich von unseren heutigen allein dadurch, dass sie vorbei sind und dass man ungestraft die größten Lügen über sie verbreiten darf. Doch die Jahre unter Nikolaus II. bis zum Beginn des 1. Weltkrieges waren für uns wirklich gute Zeiten. Der Zar führte das Land bis 1913 auf eine wirtschaftliche Höhe, die es später lange nicht mehr erreichte. 1913 gab es den Goldrubel, und der Erlös aus dem Export von Butter aus Wologda war höher, als aus dem Export von Gold. Russland war die erste Adresse für den Getreidehandel. Und wie schön war es, am hellen Montag vor Ostern ‚Bei Saizew' (ein Feinschmeckerladen am Newski Prospekt/Ecke Sadowaja - Anm. d. Red.) marinierte Pfifferlinge, Täublinge und Äpfel zu kaufen, oder Schnüre mit getrockneten Steinpilzen oder leuchtende Preiselbeeren. Allein wie viele Sorten Sauerkraut sie dort hatten! Und nirgends gab es so gute Geschäfte, die Delikatessen aus den russischen Wäldern und Flüssen anboten, wie in Sankt-Petersburg ..."

Nach dem glücklichen Jahr 1913 erlebte Russland den Ersten Weltkrieg und die Oktoberrevolution des Jahres 1917.

„Unter Rasseln, Knarren und Kreischen senkt sich ein eiserner Vorhang auf die russische Geschichte ... herab. Die Vorstellung ist beendet.

Das Publikum ist aufgestanden.

Zeit, die Mäntel anzuziehen und nach Hause zu gehen.

Verwundert schaut man sich um.

Sowohl die Mäntel als auch die Häuser waren verschwunden", beschreibt der Religionsphilosoph und Publizist Wassili Rosanow (1856 bis 1919) in „Die Apokalypse unserer Zeit" das Ende des Russischen Imperiums.

Als Zar Alexander III. nach kurzer Krankheit 1894 unerwartet stirbt, wird Nikolaus II. dessen Nachfolger. Nikolaus II. war der letzte Zar Russlands, und er regierte von 1894 bis 1917. Er führte die Politik seines Vaters weitgehend fort, zu Reformen war er nicht bereit. Unruhen und Demonstrationen ließ er mit Gewalt niederschlagen, die Opposition wurde durch die Geheimpolizei bespitzelt. Die Zeichen der neuen Zeit, die industrielle Revolution, erkannte er nicht. Im Land breitete sich weiter Widerstand gegen die Politik des Zaren und die Selbstherrschaft aus. Nach großen Protesten, dem Petersburger Blutsonntag und der Revolution von 1905 machte der Zar schließlich ein Zugeständnis und führte mit der Duma als zweiter Kammer neben dem vom Zaren ernannten Reichsrat, der vornehmlich mit Vertretern der Aristokratie besetzt war, eine gesetzgebende Volksvertretung ein. Eigentlich sollte ohne die Einwilligung der Duma kein Gesetz erlassen werden können. Tatsächlich aber hatte der Zar auch weiterhin große Macht und blockierte zahlreiche Vorhaben der Duma durch sein Veto. Gegebenenfalls löste der Zar die Duma einfach auf. Die Zarenfamilie lebte derweil abgeschirmt und weitgehend sorglos und in Luxus. Und während mit dem Ausbruch des Ersten Weltkrieges Hunderttausende Soldaten auf den Schlachtfeldern starben, breitete sich im Inneren immer größerer Widerstand aus: Demonstrationen, Streiks, schließlich die Februarrevolution 1917 und letztendlich die Oktoberrevolution 1917.

Nach der Oktoberrevolution 1917 wurde Nikolaus II., der bereits am 15. März 1917 abgedankt hatte, mitsamt seiner ganzen Familie inhaftiert und von den Bolschewiken nach Jekaterinburg verbracht. Am 16. Juli 1918 wurden der Zar, seine Gattin, seine vier Töchter, sein Sohn, sein Leibarzt, sein Koch, die Zofe der Zarin und der alte Hausdiener „Onkelchen Alexej" erschossen. Am Tag vor der Hinrichtung ließ man den 14-jährige Küchenjunge Leonid Sednjow frei. Es heißt, man habe dem Leibarzt Jewgeni Botkin und dem Koch Iwan Charitonow am Vortag der tragischen Ereignisse ebenfalls die Freilassung angeboten, doch sie folgten der Zarenfamilie treu bis zum Ende.

Einmal bat mich meine Großmutter, ihr aus meinem Geschichtslehrbuch den Stoff für den nächsten Tag vorzulesen. Es war das Buch „Die neue Geschichte Russlands", und der Text begann so: „In der finsteren Zeit der zaristischen Selbstherrschaft ..." Die Großmutter unterbrach mich und sagte: „Der Anfang dieses Kapitels muss umgeschrieben werden. Es muss heißen: ‚In der guten alten Zeit ...'"

Zar Nikolaus II. ist auch heute ein in der russischen Gesellschaft umstrittener Herrscher. Zehntausende Pilger folgten Kyrill, Patriarch von Moskau und der ganzen Rus, zum 100-jährigen Jahrestag der Ermordung der Zarenfamilie auf einem Kreuzweg von Jekaterinburg nach Ganina Jama. In Ganina Jama wurden die Leichen in eine stillgelegte Eisenerzgrube geworfen. Umfragen nach hat die Hälfte der Bevölkerung heute Sympathien für Nikolaus II. Orthodoxe Gläubige nehmen ihn seit der Kanonisierung durch die Russische Orthodoxe Kirche im Jahre 2000 sogar als Heiligen wahr. Dabei war die Heiligsprechung nur eine bedingte, denn Nikolaus II. konnte nach Ansicht der Kirche aufgrund seiner großen Schuld – siehe Blutsonntag – nicht als Heiliger kanonisiert werden. Er und seine Familie wurden aufgrund des „christlichen Erduldens" und des „Märtyrertodes" als „Leidensdulder" heiliggesprochen.

Am Krönungsbankett des letzten russischen Zaren am 14. Mai 1896 nahmen etwa 7000 Menschen teil. Nikolaus II. und Alexandra Fjodorowna, geborene Prinzessin Alix von Hessen-Darmstadt, thronten feierlich unter einem Baldachin. Die ranghöchsten Höflinge trugen die Speisen auf goldenen Tellern herbei. Vor jedem Gast lag eine aufgerollte Speisekarte, auf der mit altslawischer Schönschrift die Speisefolge beschrieben war: Borschtsch und Soljanka mit Kulebjaka, gekochter Fisch, ganze gebratene Lämmer, Fasane in Rahmsauce, Salat, Spargel, Süßspeisen in Wein und Eiscreme.

Bei den Weinen bevorzugte Nikolaus II. den Portwein von der Krim, doch sprach er ihm maßvoll zu. In seinem Tagebuch hielt er im August 1906 nicht ganz ohne Vergnügen fest: „Habe sechs Sorten Portwein probiert und war leicht beschwipst, weshalb ich hervorragend schlief." Im Übrigen war Sekt in Russland seit den 80- und 90-er Jahren des 19. Jahrhunderts das beliebteste Festtagsgetränk. Fürst Lew Golizyn, Besitzer der Weinberge auf der Krim, hatte dort in Nowi Swet bei Sudak mit der heimischen Sektherstellung nach der méthode champenoise begonnen, und seine Erzeugnisse wurden am Zarenhof hoch geschätzt. 1894 gründete Golizyn für Nikolaus II. zudem das Weingut Massandra bei Jalta, wo vornehmlich Portwein, Madeira, Sherry, Tokajer und andere Süßweine hergestellt wurden.

Doch zurück zum Krönungsbankett. Der Tisch für die gekrönten Häupter war auf einem Podium gedeckt, während die geladenen Gäste so platziert waren, dass sie mit dem Rücken zur Wand saßen. So konnte das Publikum, wenn es durch den Saal wandelte, jeden Anwesenden in Augenschein nehmen.

Den übrigen Mitgliedern der Zarenfamilie war entsprechend ihres Ranges ein Platz zugewiesen worden, im Wechsel mit Diplomaten und hohen Hofbeamten sowie mit den hochrangigen Vertretern des Militärs und des Bürgertums. In eben diesem Saal befanden sich einige mit Blumen geschmückte runde Tische, an denen je zwölf auserwählte Persönlichkeiten bedient wurden. In den anderen Sälen des Winterpalasts konnten sich die geladenen Gäste ihre Plätze selbst aussuchen.

Der Herrscher durchschritt die Reihen der Gäste und setzte sich an den einen oder anderen Tisch, wenn er etwas besprechen wollte. Für diesen Zweck stand an jedem Tisch ein freier Sessel zur Verfügung, der Zar gab den Speisenden jeweils ein Zeichen, das ihnen gestattete, sitzen zu bleiben. Sein Gefolge hielt sich im Hintergrund und wartete, bis das Gespräch beendet war. Im richtigen Moment gab ein Diener, der sich beim Sessel des Zaren in Bereitschaft befand, ein vereinbartes Zeichen, und das Gefolge nahm seine Position hinter dem Zaren wieder ein. Als das Krönungsessen beendet war, nahm der Zar seine Gemahlin am Arm und führte sie in den Nikolajewsker Saal, wo der Kotil-

lon, eine mit unterschiedlichen Tänzen und Gesellschaftsspielen durchsetzte Tanzform, begann. Kurz darauf zog sich das Paar zurück.
Im täglichen Leben des Zaren und seiner Familie gab es das erste und das zweite Frühstück sowie ein Mittagessen.
Es mag erstaunen, dass es im riesigen Zarenpalast in Sankt-Petersburg keine Räumlichkeiten gab, die speziell für die täglichen Mahlzeiten vorgesehen waren. Die Festessen fanden in den Paradesälen statt, die täglichen Mahlzeiten jedoch in der intimen Atmosphäre der Arbeitsräume beziehungsweise der Räumlichkeiten der Zarin. Dafür wurde jeweils ein Tisch auf Rädern hinein gerollt. Das Essen dauerte genau 50 Minuten nach einer Tradition, die Alexander II. eingeführt hatte, der ebenfalls gern in unterschiedlichen, weit von der Küche entfernten Räumlichkeiten gespeist hatte. Von ihm stammte auch die Sitte, die Gerichte nacheinander zu servieren.
Das erste Frühstück wurde unmittelbar nach dem Erwachen des Zarenpaares im kleinen Kabinett aufgetragen. Das Paar speiste häufig allein, die Kinder kamen im Alter von drei bis vier Jahren mit an den Familientisch. Später, als sich der Gesundheitszustand der Zarin verschlechtert hatte, wurde ihr das erste Frühstück um 11.00 Uhr im Bett serviert, während Nikolaus allein frühstückte. Zu Tee oder Kaffee wurden auf einem speziellen Tablett Butter und verschiedene Sorten Brot (Roggenbrot, Weizenbrot und Feingebäck) gereicht. Zusätzlich standen immer Schinken, gekochte Eier und Schinkenspeck bereit. Traditionell gab es nach dem ersten Frühstück einen Kalatsch. Kalatsch ist ein rundes Hefegebäck, das in Russland sehr beliebt war. Alexandra Fjodorowna schätzte diese Tradition und hielt an ihr fest.
Kalatsch wurde in vielen Variationen gebacken und war meist mit geflochtenen Zöpfen aus Hefeteig dekoriert. Die Kalatsch-Herstellung reicht ins alte Russland des 14. Jahrhunderts zurück. Im 19. Jahrhundert wurden Moskauer Kalatschi eingefroren und in alle großen russischen Städte, ja, sogar nach Paris exportiert. Dort ließ man sie in heißen Tüchern auftauen und servierte sie

als frisch gebacken, auch wenn tatsächlich bereits ein bis zwei Monate seit ihrer Herstellung vergangen waren. Die Moskauer Bäcker hatten eine regelrechte Legende geschaffen, nach der ein echter Kalatsch nur mit dem Wasser der Moskwa gebacken werden könne. Es gab sogar spezielle Zisternenwagen für das Moskwa-Wasser, die mit dem Zug dorthin gebracht wurden, wo sich der Zarenhof gerade befand. Kalatsch muss warm verzehrt werden, deshalb wurde das Hefegebäck stets in eine gewärmte Serviette eingeschlagen.

Das zweite Frühstück wurde in der Regel um 13.00 Uhr serviert. Dabei kam die Familie zusammen, der einzige Anwesende, der nicht zur Familie gehörte, war der Adjutant des Zaren. In dringenden Fällen wurde ein Minister zugelassen, ab und an weilten Verwandte zu Besuch und nahmen am Frühstück teil. Im Gegensatz zum ersten Frühstück fand das zweite in den Räumlichkeiten der Zarin statt, wo am Ende der Mahlzeit die Kinder spielen konnten, ohne die Erwachsenen bei ihren Gesprächen zu stören. Das zweite Frühstück bestand in der Regel aus einem Suppengang mit Piroggen und einem Hauptgang mit zwei bis drei Fleisch- oder Fischgerichten. Der Zar hatte allerdings selten Gelegenheit, seinen geliebten Borschtsch oder die von ihm bevorzugte Schtschi zu essen, da die Zarin französischen klaren Suppen mit Gemüse und Kräutern den Vorzug gab. Der Zar liebte außerdem gekochtes Huhn mit Gemüse und Fischsuppe. Russische Schtschi und Buchweizenkascha aß Nikolaus II. in der Regel nur, wenn er auf Reisen war.

Der Hauptgang bestand aus zwei Gerichten jedes davon in zwei Varianten zur Wahl: Eier oder Fisch, weißes oder dunkles Fleisch. Wer sehr hungrig war, aß von allem etwas. Dazu wurde Gemüse auf ungewöhnlichen Platten gereicht, die die Form von Viertelmonden hatten. Zum Abschluss des zweiten Frühstücks wurden Säfte, Käse und Früchte angeboten.

Nach dem zweiten Frühstück und vor dem Mittagessen wurden auf kleinen Tellern russische Sakuski, kleine, kalte Gabelhäppchen, serviert, die man zum Wodka essen konnte: Stör, Kaviar, Hering, kalter Braten, allerdings gab es auch französische Canapé. Auch heiße Sakuski wurden mitunter gereicht, darunter heiße Würstchen in Tomatensauce oder heißer Schinken. Die Vorspeisen wurden auf einem gesonderten Tisch angerichtet, an dem man stehend essen konnte. Nach dem zweiten Frühstück trank der Herrscher gewöhnlich ein bis zwei Gläschen Wodka und bediente sich an sehr kleinen Vorspeisenportionen, wobei er weder Kaviar noch sonstige Delikatessen besonders schätzte.

Bescheiden war die Teezeit: zum Tee wurde einfaches Gebäck wie trockene Biskuits gereicht. Der Tee kam in einem Aufgusskännchen, das heiße Wasser in einem großen Teekessel. Beim Tee erledigte der Zar gewöhnlich die Büroarbeit, besonders, wenn keine Gäste anwesend waren.

In der Zarenfamilie wurde um 20.00 Uhr das Mittagessen eingenommen. Es begann mit einer Suppe, zu der kleine Vol-au-vents (eine Vorspeise aus Frankreich – runde Blätterteigpasteten mit Fleisch-, Fisch- oder Pilzragoutfüllung), Rasstegai oder kleine Röstbrote mit Käse serviert wurden. Anschließend kamen Fischgerichte, Braten aus Geflügel oder Wild, Gemüse, Obst und Desserts auf den Tisch. Als Getränk wurden Portwein und Madeira von der Krim gereicht, zudem Rot- oder Weißwein, ab und an auch Bier. Zum Abschluss gab es Kaffee, in der Regel gab es dazu ein kleines Glas Likör.

Die Zarin und die Kinder pflückten gern nach dem Dessert noch einige Weinbeeren von einer Traube oder ließen sich Pfirsiche munden. Der Zar aß manchmal einen Apfel oder eine Birne. Das Ende des Essens wurde von exakt anderthalb Papirossi bestimmt, die Nikolaus zum Schluss rauchte. Das war für alle das Zeichen, dass die Tafel aufgehoben war. Übrigens, der letzte russische Zar rauchte wie ein Schlot.

Interessant ist in diesem Zusammenhang, dass Nikolaus II. selbst ein Rezept für eine Sakuska, also eine Vorspeise, erfand. Diese Vorspeise schätzte er sehr, und sie erhielt den Namen „Nikolaschka". Man konnte sie zu Wodka oder Kognak genießen. Der Zar war furchtbar stolz auf seinen Einfall: ein Gläschen

Wodka wurde mit einer Zitronenspalte gereicht, die mit Zucker und Kaffeepulver bestreut war. Im Roman „Spektrum" des bekannten Sience-Fiction-Autoren Sergej Lukjanenko nehmen die Figuren „Nikolaschka" zum Kognak. Während der Regierungszeit Nikolaus II. gab es bei Hof den Brauch des „Präsentierens" oder des „Geschenks". Was hatte es damit auf sich? Ein besonderes Privileg gewährte den Kosaken freien Zugang zu den Fischgründen im Ural. Das verpflichtete sie, im Frühjahr den ersten Fisch der Saison an den Zarenhof zu liefern. Es war der so genannte Zarenfang. Dem Zaren diese Gabe zu überbringen, war eine Ehre, die nur besonders auserwählten Kosaken gewährt wurde. Die Auserwählten mussten zumindest Träger des Georgskreuzes sein. Der Zar empfing die Delegation im großen Speisesaal des Winterpalastes. Die Geschenke (Musterexemplare der einzelnen Fischarten und der erste Kaviar der Saison) wurden auf einem besonderen Tisch dargeboten, der Zar und die Zarin probierten die Köstlichkeiten, und dann trank der Zar einen Humpen Bier auf das Wohl der Uralkosaken. Jeder Delegierte erhielt ein Geschenk, in der Regel eine Uhr mit dem Doppeladler.

Ab 1904 wurde Zarskoje Selo bei Sankt-Petersburg zur Winterresidenz der Zarenfamilie. Auf den Straßen fuhren Kutschen, auf deren Rückseite livrierte Lakaien standen, die Damen trugen feine Schleier, ihre schmalen Hände steckten in Glacéhandschuhen, aus den Zobelfellen blitzten die Brillanten. Es scheint, all die Damen, die schneidigen Gardeoffiziere und die exzentrischen Greisinnen sind direkt den Seiten des Tolstoi-Romans „Anna Karenina" entsprungen. Über dem kleinen Ort lag der Geist einer vergehenden Epoche. Doch in Sankt-Petersburg hielt schon die Moderne Einzug. Die ersten Automobile fuhren durch die Hauptstadt. 1901 gab es eine Straßenverkehrsordnung, die den Automobilen eine Höchstgeschwindigkeit von 12 Werst pro Stunde erlaubte, ein Werst entsprach 1,066 Kilometern.

Aus der Regierungszeit Nikolaus II. finden sich in den Archiven Beschreibungen von Frühstücken, Mittagessen, Festempfängen in großer Zahl. Mein Interesse weckte das zweite Frühstück des Zaren am 17. April 1912, weil es ein besonderer Tag war. Ich las in einem Brief der Zarin Alexandra Fjodorowna: „Ein Arbeitstag, ein Mittwoch, auf den Straßen läuft das Volk zusammen. Alle kaufen Scheiben aus rotem und grünem Glas, um nicht ungeschützt in die Sonne zu starren. Die Menschen drängen sich am Observatorium ‚Urania' auf dem Marsfeld, wo man die Sonnenfinsternis durch ein Teleskop beobachten kann." Es war in der Tat ein Großereignis in allen Ländern – von Venezuela bis Sibirien –, in denen die Sonnenfinsternis zu sehen war.

Zweites Frühstück vom 17. April 1912

Suppe „Saint Germain"
Kleine Piroggen
Eier „Turbigo"
Barschfilet „à la Mornay"
Hackbällchen aus Lamm mit jungen Kartoffeln
Hühnchen „Villeroy" mit grünen Bohnen
Äpfel auf Meringen
Macédoine aus Früchten

Suppe „Saint Germain" mit grünen Erbsen

Zutaten (für 4 Portionen):

400 Gramm frische grüne Erbsen, gepult • 1 Glas fein geschnittener Salat
3 Porreeköpfe • 4 Gläser Hühnerbouillon • 1 Teelöffel Zucker
1 ½ Teelöffel Salz • 1/8 Teelöffel frisch gemahlener weißer Pfeffer
1/8 Teelöffel Kerbel • 3 Esslöffel Butter

Zubereitung:

Alle Erbsen bis auf ¼ Glas in einen Topf geben, ebenso den Salat, den Porree, zudem Zucker, Salz, Pfeffer und Kerbel. Mit 4 Gläsern Hühnerbouillon aufgie-

Déjeuner

du 17 Avril 1912

Potage St Germain
Petits Pâtés
Oeufs à la Turbigot
Filets de Yerchis Morny
Côtelettes de Mouton aux
pomme de terre nouvelles
Poulets Villeroy-haricots verts
Pommes Méringue.
Macédoine de fruits.

ßen, auf den Herd stellen und etwa 30 Minuten auf kleiner Flamme köcheln lassen. Die Bouillon abgießen und dabei auffangen. Erbsen, Salat, Porree pürieren und wieder mit der Bouillon vermischen, dabei 3 Esslöffel Butter hinzugeben. Die Suppe 10 Minuten weiter köcheln lassen, mit Salz abschmecken und vor dem Servieren die restlichen Erbsen hineingeben.

Piroggen

Zu den Piroggen muss man etwas ausholen. Seit Menschengedenken wurde im alten Russland kein einziges Fest ohne Piroggen gefeiert. Piroggen gehörten obligatorisch zu jedem zünftigen Gelage. Das Wort „Pirogge" stammt vom altrussischen Wort „Pir", was so viel heißt wie Festgelage, und es lässt sich nicht in andere Sprachen übersetzen. Die Piroggen sind in das Vokabular aller Sprachen der Welt eingegangen.

Das über die Jahrhunderte entstandene Piroggenangebot ist ausgesprochen vielfältig. Piroggen wurden mit Fleisch, Fisch, Hirn, mit Eiern, Erbsen, Kascha, mit Rüben, Zwiebeln, Kartoffeln, mit Kraut, Möhren, Salzgurken, mit Pilzen, Mohn, Äpfeln, mit Beeren (Himbeeren, Walderdbeeren, Preiselbeeren, Heidelbeeren und Wildkirschen) zubereitet, auch mit getrockneten Aprikosen, mit Quark, Sauerampfer und Rhabarber. Es wurden Piroggen mit Wildpflanzen gebacken, sie wurden mit Sauerklee oder Hasenkraut gefüllt, auch mit würzigen Kräutern wie Dill. Als Füllung wurde Wildfleisch und Wildgeflügel oder Hühnchenfleisch verwendet. Ein russisches Sprichwort besagt: „In Brot und in Piroggen lässt sich alles einwickeln."

Die Piroggen unterscheiden sich nicht nur im Geschmack, sondern auch in der Form. So gibt es offene und geschlossene Piroggen, Kulebjaka, Rasstegai, Kalatsch, Kolobki, Schaneschki, Piroggen, Saetschi aus festem Hefeteig, Bötchen, Röslein, plinsenartige Piroggen, Watruschki. Piroggen können aus Sauerteig, Hefeteig, Blätter- oder Mürbeteig gebacken werden. Die Russen sind sich jedoch im Prinzip einig: Am besten schmecken Piroggen aus Hefeteig.

Piroggen aus Hefeteig

Zutaten:

30 bis 50 Gramm frische Hefe • 1/2 Liter Milch
250 Gramm Margarine • 2 bis 3 Esslöffel Zucker • 1 Messerspitze Salz
1 bis 1 1/2 Esslöffel Öl • 700 bis 800 Gramm Weizenmehl der feinsten Sorte
Eigelb zum Bepinseln der Piroggen

Zubereitung:

Man nimmt so viel Mehl für den Hefeteig, dass der Teig die Konsistenz von dicker Smetana bekommt, jedoch nicht fester. Es werden etwa 700 bis 800 Gramm Mehl benötigt. Aus der Milch, der Hefe, der Margarine, dem Zucker und dem Salz einen Vorteig kneten. Diesen gehen lassen, bis er Blasen wirft. Dann das Mehl einstäuben, gehen lassen, bis sich das Volumen deutlich vergrößert hat. Dann erneut kräftig kneten.

Kleine Piroggen, die zur Suppe oder zu Vorspeisen gereicht werden, können dekorativ geformt werden, als kleines Boot, als Schiffchen oder als Halbmond. Dafür wird der Teig zunächst zu einem Band ausgerollt, dann in gleichmäßige Stücke geschnitten, zu Kugeln gerollt, und dann mit der Teigrolle zu dünnen Kreisen ausgewalzt. In die Mitte eines jeden Kreises kommt ein Löffel Füllung. Die Ränder fest miteinander verbinden, dann den Piroggen die gewünschte Form geben und mit der Naht nach unten auf ein gefettetes Backblech legen, anschließend die Oberfläche mit Eigelb bepinseln, mit einer Gabel einstechen und zum Backen bei einer Temperatur von 200 bis 210 Grad Celsius in den Ofen schieben.

Barsch „à la Mornay"

Zutaten:

1 1/2 Kilogramm See- oder Flussbarsch • Salz • 3 gekochte Kartoffeln

Zutaten für die Sauce:

200 Gramm Sahne • 1 Eigelb • 100 Gramm geriebener Parmesan
10 Gramm Butter • 10 Gramm Weizenmehl • schwarzer gemahlener Pfeffer
Salz nach Geschmack • Fischsud

Zubereitung:

Die gesäuberten Barsche in Salzwasser 10 Minuten lang kochen. Die Haut entfernen und den Fisch in eine gefettete ofenfeste Form geben, um den Fisch Kartoffelscheiben legen. In der Zwischenzeit die Sauce zubereiten. Sahne, Eigelb, Butter, Mehl, geriebenen Parmesan, Salz und Pfeffer miteinander verrühren, dann langsam in den abgeseihten heißen Fischsud geben. Die mit Sauce bedeckten Fische im Herd 12 bis 15 Minuten überbacken. Sofort servieren.

Die Sauce „Mornay" ist in Russland beliebt, benannt wurde sie nach dem französischen Staatsmann Philippe Duplessis-Mornay, eigentlich Philippe de Mornay, Seigneur du Plessis-Marky (1549 bis 1623). Sie ist eine Ableitung der Bechamel-Sauce, eine der fünf „Grundsaucen" der französischen Küche. Die klassische Sauce „Mornay" wird auf Basis einer „Roux" (Mehlschwitze) zubereitet. Hier das klassische Rezept.

Sauce „Mornay"

Zutaten:

100 Milliliter hellbraune Mehlschwitze „Roux" • 600 Milliliter Sahne
1 große Prise Salz • grob gemahlener Pfeffer • geriebene Muskatnuss
½ mittelgroße Zwiebel, in die Nelken gesteckt werden • Petersilie
Thymian • ½ Lorbeerblatt • zerlassene Butter
100 Gramm frische Butter • 3 Esslöffel geriebener Parmesan

Zubereitung:

Eine „Roux" (Mehlschwitze) zubereiten, etwas abkühlen lassen. Milch hineingießen, dabei ständig mit dem Schneebesen schlagen, zum Kochen bringen. Die Gewürze, die Zwiebelhälfte mit den Nelken und die Kräuter hinzugeben, 25 bis 30 Minuten auf kleiner Flamme köcheln lassen, dabei stetig umrühren, damit nichts ansetzt. Die Sauce durch ein Sieb gießen, die Oberfläche vorsichtig mit einer ganz dünnen Schicht geschmolzener Butter bedecken. Vor dem Servieren 100 Gramm frische Butter und 3 Esslöffel geriebenen Parmesan hinzufügen. Die angegebenen Mengen ergeben etwa 500 Milliliter Sauce „Mornay".

Die Sauce passt zu Fisch und Geflügel sowie zu vielen Gemüsearten wie Champignons, Brokkoli, Blumenkohl.

Lammhackbällchen mit Kartoffelauflauf

Zutaten:

500 Gramm Lammfleisch • 150 Gramm Kartoffeln
100 Gramm süße Paprika • Petersilie • 50 Gramm Tomaten • Salz
Pfeffer • 2 Eier • Mehl • Öl zum Braten

Zutaten für die Beilage aus Kartoffeln:

1 Kilogramm Kartoffeln • 2 fein gehackte Zwiebeln • 4 Knoblauchzehen
3 Esslöffel Olivenöl • Oregano • Salz • Pfeffer

Zubereitung:

Aus dem Lammfleisch Hack zubereiten, 150 Gramm fein geriebene Kartoffeln, 100 Gramm zerkleinerte süße Paprika sowie gehacktes Petersiliengrün, 50 Gramm gehäutete Tomaten, Salz, Pfeffer und ein rohes Ei hinzugeben. Die Masse sorgfältig durchkneten, Bällchen formen, in geschlagenem Ei anfeuchten, in Mehl wälzen und in Öl braten.

Zubereitung des Kartoffelauflaufs:

In Scheiben geschnittene Kartoffeln und Zwiebeln in eine Auflaufform geben, alles mit 3 Esslöffeln Olivenöl beträufeln, so dass die Kartoffeln bedeckt sind, mit Oregano, Salz und Pfeffer würzen. Zwischen die Kartoffeln geviertelte ungeschälte Knoblauchzehen stecken. Den Kartoffelauflauf etwa 20 Minuten im Ofen überbacken, bis die Kartoffeln weich sind.

Hühnchen „Villeroy" mit grünen Bohnen

Zutaten:

1 Hühnchen, etwa 1 Kilogramm • Wasser • 600 Gramm Bohnen
4 Esslöffel Öl • 150 Gramm Zwiebeln • 75 Gramm Möhren
400 Gramm Tomaten • Salz • Pfeffer
Kräuter nach Geschmack: Dill, Petersilie • Butter

Zubereitung:

Das Hühnchen putzen, die Schenkel in den Bauchraum stecken, die Flügel mit fester Küchenschnur anbinden, in einen hohen Topf legen, Zwiebelringe und Möhrenscheiben hinzugeben, mit Wasser auffüllen, salzen, zum Kochen bringen, den Schaum abschöpfen und auf kleiner Flamme kochen, bis das Fleisch gar ist.

Die grünen Bohnen auslesen, die Enden abschneiden und den Bohnenfaden aus der Naht ziehen, Bohnen waschen, in Rhomben schneiden und mit kochendem Wasser und Salz aufsetzen, kurz kochen lassen und durch ein Sieb abgießen, in einen Tiegel umfüllen, Butter hinzugeben und erhitzen.

Das Hühnchen aus der Bouillon nehmen, in Portionen schneiden und auf Tellern anrichten, die Bohnen auf der Seite häufeln, mit roten Tomaten verzieren, mit gehacktem Dill und Petersilie bestreuen.

Apfelkuchen mit Baiser

Zutaten für den Belag:

4 Eiweiß • 4 Äpfel • 7 Esslöffel Zucker • 1 Esslöffel Wasser

Für den Teig:

1 1/2 Glas Mehl • 100 Gramm Butter • 2 Esslöffel Zucker
Zesten von Zitronenschalen • 1 Ei • Perlgraupen zum Blindbacken

Zubereitung:

Äpfel halbieren, Gehäuse entfernen, die Hälften in einen Topf legen, mit 4 Esslöffel feinem Zucker bestreuen, 1 Esslöffel Wasser hinzugeben, mit einem Deckel verschließen und auf den Herd stellen. Wenn die Äpfel anfangen zu kochen, umdrehen, die Hitze reduzieren und weich kochen, allerdings nicht zu weich werden lassen, die Äpfel dürfen nicht zerfallen.

Für den Kuchenboden aus Mehl, weicher Butter, feinem Zucker und Zitronenzesten einen festen Teig kneten, mit einem Küchentuch bedecken und ruhen lassen. Dann in zwei Hälften teilen. Aus einer Hälfte einen langen Streifen rollen, die andere Hälfte zu einem Kreis in der Größe der Backform ausrollen. Den Kreis in die Form legen, die Ränder mit Ei bestreichen und den Teigstreifen für den Rand sorgfältig andrücken. Die Ränder hübsch ausformen, dann Perlgraupen zum Blindbacken einfüllen und in den heißen Backofen schieben, so lange backen, bis der Teig braun wird, nach dem Abkühlen die Perlgraupen sorgfältig entfernen.

Die Äpfel auf den Boden geben und etwas ruhen lassen. Inzwischen das Eiweiß mit dem restlichen Zucker zu einem steifen Schnee schlagen. Eine Hälfte des Zuckereiweiß in eine Spritztüte füllen, die andere gleichmäßig über die Äpfel verteilen. Die Oberfläche mit dem Eischaum aus der Spritztüte verzieren. Noch einmal mit Zucker bestreuen, in den heißen Backofen schieben und so lange backen, bis die Oberfläche braun wird.

Macédoine aus Früchten

Macédoine heißt im Französischen im übertragenen Sinn einfach „jegliche Art von Durcheinander". Als kulinarischer Begriff bedeutet es ein Obst- oder Gemüsesalat aus klein geschnittenen Stückchen. Macédoine wird in der Regel aus frischen oder leicht gekochten Früchten hergestellt, die in aromatischem Fruchtsirup getränkt sein können, auch Liköre oder Kognak oder Eiscreme werden verwendet. Oft werden die gut abgekühlten Früchte in einem besonderen Gelée eingelegt. Macédoine wurde in Frankreich erfunden und verbreitete sich im 18. und 19. Jahrhundert rasch als Nachtisch in der Küche der europäischen Oberschicht.

Es gibt Hunderte Varianten von Macédoine, doch alle werden nach dem gleichen Prinzip zubereitet: Es werden grundsätzlich Früchte und Beeren einer Jahreszeit verwendet. Deshalb gibt es Sommer-, Herbst- und Winter-Macédoines – zumindest ist das die in Russland übliche Unterteilung.

Zutaten:

Früchte • Beeren • Zuckersirup • Vanille
Zimt • Geliermittel • Likör, Kognak, Eiscreme nach Wunsch

Zubereitung:

Die Früchte und Beeren putzen, die Kerne entfernen, alles in gleich große Stücke schneiden, dabei sollte man sich an den kleinsten Beeren orientieren, die verwendet werden. Wenn also für das Macédoine Walderdbeeren oder Himbeeren verwendet werden, schneidet man die Äpfel oder Birnen entsprechend ihrer Größe.

Alle harten, festen Früchte werden zuvor in dickem Zuckersirup gekocht, die zarten und saftigen Beeren oder Früchte, wie Ananas und Weintrauben, werden frisch verwendet. Die vorbereiteten Früchte gut mit dickem Zuckersirup, der mit Aromen (Vanille, Zimt) angereichert sein kann, mischen, dann gelieren lassen. (Früher verwendete man dafür Fischleim oder Kleister aus Schweinehaut).

Man kann gelierte Früchte und Früchte in Sirup abwechselnd aufschichten, mit Likör oder Kognak verfeinern oder Eiscreme dazu geben. Das Macédoine wird in eine hohe zylindrische Form gefüllt und dann eingefroren. Zum Schluss die Form entfernen, das Macédoine aufschneiden oder mit dem Löffel in Portionen teilen.

Eine interessante Speisekarte der damaligen Zeit stammt vom Festessen am 26. Mai 1913, anlässlich des 300-jährigen Jubiläums des Hauses Romanow. An diesem Tag hielt Nikolaus II. in seinem Tagebuch fest: „Von 10.00 Uhr an empfing ich die Deputationen der Gratulanten. Um 11.00 fuhr ich mit den Kindern in das Nowospasski-Kloster, um die Messe zu hören. Metropolit Makari zelebrierte sie, es sangen der Synodal- und ein Volkschor. Nach der Messe begaben wir uns in die unterirdische Krypta, zu den Gräbern unserer Vorfahren, wo eine Liturgie abgehalten wurde ...
Um 10.00 Uhr abends begab ich mich mit Olga und Tatjana auf den Ball der Adelsversammlung. Am Abend sah der Saal sehr schön aus. Der Ball begann mit einer Polonaise, ich tanzte mit der Basilewskaja. Alix fuhr nach einer Stunde zurück. Ich ging dann umher, sah den Tanzenden zu und rauchte im Zimmer. Um 12 1/4 fuhr ich mit den Töchtern zurück. Ich war ziemlich verschwitzt."

26. Mai 1913
Festessen in der Russischen Adelsversammlung
zu Ehren des 300-jährigen Jubiläums des Hauses Romanow

Sellerieconsommé
Verschiedene Piroggen
Krebsmousse mit Quappen
Sauce „Oxford"
Braten: Hühnchen, Haselhühner, Wachteln
Römersalat mit Orangen
Nussparfait

Ужин

26мая1913года

Консоме "Селлери"

Пирожки разные

Мусс раковый с налимами

Соус "Оксфорд"

Жаркое: цыплята, рябчики, перепела

Салат ромен с апельсинами

Парфе из орехов

Sellerieconsommé mit Röstbrot

Zutaten:

250 Gramm Knollensellerie • 2 Kartoffeln • 500 Milliliter Gemüsebouillon
1 Eiweiß • 2 Brotscheiben • 2 Scheiben Schinken
5 Walnusskerne • 2 Staudensellerie • 1 Esslöffel Butter
250 Milliliter Sahne • 1 Teelöffel Zitronensaft • Zucker • Salz • Pfeffer
Pflanzenöl • 2 Eigelb • 2 Esslöffel Wasser

Zubereitung:

Das Wort Consommé stammt aus dem Französischen und bedeutet lange kochen. Es ist eine kräftige, stark eingekochten Bouillon aus Fleisch oder Wild, manchmal eine „doppelte" Bouillon, das heißt sowohl mit Fleisch als auch Knochen zubereitet. Früher war ein Consommé besonders für die französische und die russische Küche typisch. Es wird nur Rindfleisch oder Kalbfleisch mit Knochen verwendet, oder Geflügel mit Flügeln und Füßen. Die Einlage für das Consommé wurde gesondert zubereitet und erst zum Schluss in die Bouillon gegeben. Im modernen russischen Verständnis ist ein Consommé eine kräftige, gut gesalzene, klare Bouillon und wird mit einer Pirogge gereicht.
Sellerie und Kartoffeln schälen, in Würfel schneiden und in der Gemüsebouillon 30 Minuten kochen. Inzwischen das Brot mit Eiweiß bestreichen. Den Schinken in Würfel schneiden, die Nüsse hacken, alles auf das Brot legen und andrücken, die Brote in Öl anrösten und in Stücke schneiden. Den Staudensellerie schneiden und in Butter dünsten. Sellerie und Kartoffeln in der Bouillon pürieren. Den gedünsteten Stangensellerie und die Sahne hinzugeben und aufkochen lassen. Mit Salz, Pfeffer, Zitronensaft und Zucker abschmecken. Zwei Eigelb mit 2 Esslöffeln Wasser verrühren und unter Rühren in die Suppe geben. Die Suppe mit dem Röstbrot reichen. Gemüse- oder Fleischpiroggen extra servieren.
Der Nalim ist der einzige Fisch aus der Familie der Dorsche, der ausschließlich in Süßwasser lebt. Die deutsche Übersetzung lautet Quappe. Sie wird in vie-

len Gewässern geschützt. Der Nalim wird hauptsächlich in den kalten sibirischen Flüssen, die ins Weiße Meer münden, angetroffen, er kann sehr groß werden und ist ein vorzüglicher Speisefisch.
Anton Tschechow hat dem Nalim eine humoristische Erzählung gewidmet. Und die geht kurz erzählt so: Sommer, vormittags, Gerassim und Ljubim, als Zimmerleute tätige Bauern, sollen für ihren gnädigen Herrn Andrej Andrejewitsch ein Badehaus bauen. Aber da ist der Nalim, der sich im tiefen Wasser unter dem Wurzelwerk eines Weidengesträuchs versteckt hat und nicht zu fassen ist. Unverdrossen feuern sich die beiden an, leiten sich an, so wird es Mittag. Da kommt der Hirte Jefim mit dem Vieh an die Tränke, sieht die beiden, lässt Herde Herde sein, schwimmt zu den beiden und gibt seinerseits gute Ratschläge. Und es kommt der Gnädige in Aufregung gelaufen, denn das Vieh ist derweil in seinen Garten eingedrungen. Als er mitbekommt, worum es geht, wird er wie alle anderen vom Jagdfieber gepackt, scheitert, ruft seinen Kutscher Wassili, der sich ins Wasser stürzt, den Fisch zu holen. Und man geht mit der Axt an das Wurzelwerk, denkt nur an die Teezeit und einen 10-pfündigen Fisch. Da gelingt es Andrej Andrejewitsch, den Fisch in den Kiemen zu packen, er zieht und zieht, der Kopf erscheint, der glänzende Rücken, aber, oje, mit einem Schlag reisst sich der Raubfisch los und verschwindet auf Nimmerwiedersehen.
Die Erzählung „Nalim" wurde erstmals im Jahre 1855 in der „Peterburgskaja gaseta" veröffentlicht.

Krebssuppe mit Nalim und Fischknödel

Zutaten pro Person:

120 Gramm Nalim oder andere Fische (Sternhausen, Beluga-Stör oder Sibirischer Stör) • 75 Gramm Fischköpfe • 75 Gramm Fischgräten
40 Gramm Möhren • 10 Gramm Sellerie • 30 Gramm Petersilienwurzel
20 Gramm Zwiebel • 25 Gramm Butter • 3 Krebse • 50 Gramm Nalimfilet

10 Milliliter Milch • Salz • entrindetes Weißbrot • 13 Gramm Eiweiß
5 Gramm Tomatenpaste • Lorbeerblatt nach Geschmack • Pfeffer
Kräuter nach Geschmack

Zubereitung:

Diese köstliche Suppe besteht aus mehreren Komponenten: Fischbouillon, Fisch, Fischknödeln, gefüllten Krebsschwänzen und Krebsbutter. Hat man alles gut vorbereitet, so lässt sie sich schnell zubereiten.

Zunächst aus den Fischköpfen und den Fischgräten eine Bouillon zubereiten. Möhren, Sellerie und Petersilienwurzel in Form von Jakobsmuscheln, die Zwiebel in feine Ringe schneiden. Den Fisch entweder in Stücken oder als ganzen Fisch in Salzwasser garen. Nun den Fischknödelteig herstellen. 120 Gramm Nalimfleisch und in Milch aufgeweichtes Weißbrot vermengen, mit kleinem Aufsatz durch den Fleischwolf drehen, dann durch ein Sieb passieren. Zu der Masse das Eiweiß und ein wenig Milch hinzugeben, salzen. Nun die Flusskrebse in Salzwasser kochen, die Schwänze und die Scheren abtrennen, das Fleisch herauspulen. Alle Innereien aus dem Panzer lösen, die Panzer waschen, mit der vorbereiteten Knödelmasse füllen und in Bouillon oder Salzwasser 10 bis 12 Minuten sanft garen lassen. Den übrigen Teig mit einer Spritztüte auf ein gefettetes Backblech spritzen, dann mit kochendem Salzwasser oder Bouillon auffüllen und alles 5 bis 6 Minuten bei 85 bis 90 Grad Celsius im Ofen garen lassen. Die fertigen Knödel in einem Topf mit Bouillon warmhalten. Für die Krebsbutter lassen Sie die Butter schmelzen und geben getrocknete, fein zerstoßene Schalen der gekochten Krebse hinzu, umrühren und leicht auf kleinem Feuer 10 bis 15 Minuten lang erhitzen, bis sich die Butter orange färbt. Anschließend heißes Wasser auf die Butter gießen, aufkochen und in 25 bis 30 Minuten absetzen lassen. Dann die Butter von der Oberfläche des Wassers abschöpfen, abseihen und abkühlen lassen. Nun die Fischbouillon abseihen. Das Gemüse hineingeben, 10 Minuten köcheln lassen, dann die gefüllten Krebsschwänze, das Lorbeerblatt, Pfeffer, Tomatenpaste und Krebsbutter hinzugeben. 7 Minuten köcheln lassen. Nun die Fischknödel hinzugeben, drei Minuten ziehen lassen, die Nalimfilets 1 Minute in der Bouillon aufwärmen. Krebsschwänze, Fischknödel und Fischstücke auf tiefe Teller geben, mit Bouillon aufgießen und mit grünen Kräutern bestreuen.

Gebratenes Haselhuhn

Zutaten:

1 Haselhuhn • Salz • Schweinespeckstreifen zum Spicken
10 Gramm Schweineschmalz • dunkle Bouillon • Salat oder Waldbeeren

Zubereitung:

Damit das Fleisch von Wildvögeln schön saftig wird, spickt man es mit Streifen von fettem Schweinespeck. Zuvor das Fleisch für eine Minute in kochendes Wasser legen. Den bearbeiteten Vogel salzen und mit Schweineschmalz in einem Topf anbraten. Den Topf mit einem Deckel verschließen und den Vogel bei kleinem Feuer gar schmoren. Dann das Fett abgießen, ein wenig dunkle Bouillon aus Wildfleisch in den Topf geben und aufkochen lassen. Zum Haselhuhn Salat oder marinierte Waldbeeren oder Konfitüre servieren.

Wachteln in Weinblättern

Zutaten:

4 Wachteln • 120 Gramm Butter (pro Wachtel: 20 bis 30 Gramm Butter)
Weinblätter • Salz • Fett zum Braten

Zubereitung:

Die ausgenommenen und gerupften Wachteln werden gesalzen, mit Butter eingerieben, mit den Weinblättern umwickelt und mit Küchengarn fixiert. Dann unter einem Küchentuch 30 Minuten ruhen lassen. Anschließend in einer massiven Pfanne 15 bis 20 Minuten in einer großen Menge Fett braten.

Kapaun- oder Poulardenbraten

Anmerkung: Eine Poularde ist ein speziell gemästetes Huhn. Es ist deutlich schwerer als ein gewöhnliches Huhn. Eine Poularde wird in der Regel im Ganzen gebraten. Ein Kapaun ist ein speziell gemästeter junger Hahn mit zartem und saftigem Fleisch. Er ist mit 7 bis 10 Monaten im schlachtreifen Alter und sollte dann 3 bis 5 Kilogramm wiegen. Im Alter von 8 Wochen wird er kastriert. Er eignet sich gut dazu, im Ganzen gebraten oder geschmort zu werden, und ist das Paradegericht des Festmahls am 26. Mai 1913.

Zutaten:

1 Kapaun oder 1 Poularde

1 Esslöffel Öl • 2 Esslöffel Zwieback • frische Kräuter

1 Esslöffel Butter • 1/2 Glas Rotwein • 2 bis 4 Champignons

Salz • 1/4 Glas Zitronen- oder Stachelbeerensaft

Ölpapier

Zubereitung:

Den Kapaun säubern, salzen, mit Ölpapier umwickeln und am Drehspieß über einer Fettpfanne ausbraten, dabei von Zeit zu Zeit mit Öl beträufeln. In 1 Esslöffel Butter 2 Esslöffel Zwiebackkrümel anrösten, damit den Braten bestreuen. Den Kapaun in 12 Teile aufschneiden, mit Kräutern dekorieren und mit einer Sauce anrichten, die aus dem Bratensaft, 1/2 Glas Rotwein, 2 bis 4 Champignons, 1/4 Glas Zitronen- oder Stachelbeerensaft angerührt wird.

Römersalat mit Orangen und Bananen

Zutaten:

300 Gramm Römersalat • 100 Gramm Endiviensalat oder 1 Chicorée

150 Gramm Orangen • 150 Gramm Bananen oder Äpfel

Zutaten für die Salatsauce aus Avocado und Joghurt:

1 reife Avocado • 100 Milliliter fettarmer Naturjoghurt
1 Esslöffel Zitronensaft • 1 Teelöffel Paprikapulver
1 Messerspitze Cayennepfeffer • 1 bis 2 kleine Lauchzwiebeln
Zesten von Orangen • Salz • frisch gemahlener Pfeffer

Zubereitung:

Den Römersalat und den Endiviensalat beziehungsweise den Chicorée schneiden, in Spalten geschnittene Orangen und Bananen oder Äpfel hinzugeben, eine Salatschüssel großzügig füllen, die Salatsauce überziehen, gut untermischen und mit abgeriebenen Orangenzesten dekorieren.

Zubereitung der Salatsauce:

Die Avocado halbieren, den Kern entfernen, das Fleisch herauskratzen und im Mixer pürieren. Lauchzwiebeln fein schneiden. Die Avocadocreme mit Joghurt verrühren, Zitronensaft, Paprika, Cayennepfeffer sowie die Lauchzwiebeln hinzugeben, gut umrühren. Mit Salz und Pfeffer abschmecken.

Nussparfait

Zutaten:

150 Gramm Bitterschokolade • 2 ½ Teelöffel löslicher Kaffee
100 Gramm Butter • 3 Eier • 100 Gramm Nüsse (beliebige Art)
½ Glas Zucker • 200 Gramm Sahne • 2 Tee- oder Esslöffel Zucker

Zubereitung:

150 Gramm Bitterschokolade, ½ Teelöffel löslicher Kaffee und 100 Gramm Butter auf kleinem Feuer zum Schmelzen bringen, dabei gut umrühren. Etwas abkühlen lassen und 3 Eigelb hinzugeben, verrühren. Dann die zerkleinerten Nüsse unterrühren. 3 Eiweiß mit ½ Glas Zucker steif schlagen. Vorsichtig unterheben. In eine Form füllen und in den Eisschrank stellen, bis die Masse gefriert. Inzwischen 200 Gramm Sahne mit 2 Tee- oder Esslöffeln

(ganz nach Belieben) Zucker aufschlagen. 2 Teelöffel löslichen Kaffee hinzugeben. Die gefrorene Masse aus dem Eisschrank holen und mit der Creme bestreichen oder schön dekorieren, und wieder in den Eisschrank stellen. Vor dem Verzehr einige Minuten bei Raumtemperatur stehen lassen. Das Parfait darf nicht zu fest gefroren serviert werden.

In Liwadija, der Sommerresidenz des Zaren bei Jalta auf der Krim, fand am 5. Oktober 1913 das Festfrühstück zu Ehren des Thronfolgers Zarewitsch Alexej statt, man feierte seinen 9. Geburtstag. Der Zarenfamilie gefiel es auf der Krim, und man hielt sich möglichst oft dort auf. Im Liwadija-Palast war der Vater Nikolaus II. gestorben. Nikolaus II. übernahm den Thron auf der Krim. Er träumte davon, die Hauptstadt Russlands aus dem kalten Sankt-Petersburg nach Jalta zu verlegen, konnte sich schlussendlich aber doch nicht zu dieser Entscheidung durchringen.
Zu Ehren des Zarensohns fand am 5. Oktober 1913 auch eine Truppenparade der in Jalta stationierten Regimenter statt. Nikolaus II. notierte in seinem Tagebuch: „Das Wetter wurde wärmer. Alexej bekam am Morgen seine Geschenke in unserem Schlafzimmer. Er ging dann an die frische Luft. Um 11 Uhr fand auf dem Vorplatz eine Parade der Jaltaer Garnison statt, dann folgte die feierliche Ernennung der Gardemarins zu Mitschmans. Beim Frühstück waren 160 Personen anwesend. Alexej wurde mit den frisch ernannten jungen Mitschmans fotografiert. Um 2 Uhr waren die offiziellen Begegnungen beendet, wir kleideten uns um und gingen, Tennis spielen. Nach dem Tee empfingen wir Grigori zu Hause, er blieb bis 7 3/4. Das Eskadron (kleinste taktische Einheit der Kavallerie – Anm. d. Red.) entfachte am Abend eine schöne Illumination, was bei Vollmond und Windstille einen bemerkenswerten Eindruck gab. Am Abend fuhr ich mit den Töchtern nach Jalta, wo wir von der Mole aus das Bild aus der Nähe betrachteten."

Меню

9 Сентября 1907 года.

З А В Т Р А К Ъ

Супъ перловый

Пирожки

Маіонезъ изъ лососины

Филе говядины по англійски

Котлеты изъ цыплятъ

Груши въ хересѣ

Пай брусника

5. Oktober 1913
Frühstück

Krabbencremesuppe

Suppe „Saint Hubert"

Kleine Piroggen

Sterlet nach Zarenart

Poularde auf argentinisch

Sauce „Elfenbein"

Fasanenauflauf „Viktoria"

Sauce „Chutney"

Kartoffelsalat mit Trüffeln

Pirogge „Marquise"

Ananas auf Pariser Art

Dessert

Krabbencremesuppe

Zutaten:

900 Gramm Rindfleisch • 200 Gramm Kalbsknochen
1 bis 2 Möhren • 1 Petersilienwurzel, 1 bis 2 Zwiebeln
Muskatnuss • 1 Strauß Küchenkräuter • Petersilie, • Sellerie • Porree
300 Gramm Krabben • 1 Esslöffel Öl • ½ Esslöffel Mehl
½ Glas Smetana • frischer Dill

Zubereitung:

Eine Bouillon aus 900 Gramm Rindfleisch, 200 Gramm Kalbsknochen, den kleingeschnittenen Möhren, der Petersilienwurzel und den Zwiebeln zubereiten, abseihen. Krabben (200 bis 300 Gramm) in siedendem Salzwasser 3 bis 4 Minuten kochen. Aus der Schale lösen, das Fleisch in Stücke schneiden. Petersilie, Sellerie und Porree klein schneiden, kochen, Muskatnuss darüber reiben und mit 1 Esslöffel Öl pürieren. 1/2 Löffel Mehl anbraten, dann 1/2 Glas Sahne oder Smetana, das Gemüsepüree und das Krabbenfleisch hinzugeben, die Bouillon angießen, aufkochen lassen. Beim Servieren Dill auf die Teller streuen.

Cremesuppe „Saint Hubert" aus Wild

Die französische Cremesuppe „Saint Hubert" galt in Russland als Festtagsgericht. Sie wurde aus Wild zubereitet.

Zutaten:

1 Fasan oder Birkhuhn oder 3 graue Rebhühner oder 4 weiße Rebhühner
500 Gramm schwarze Linsen • 1 Zwiebel • 1 Stange Porree
1 1/2 Glas Smetana mit 10 Prozent Fettgehalt • Dill nach Geschmack
1 Lorbeerblatt • 2 Teelöffel Salz

Zubereitung:

Die eingeweichten Linsen zusammen mit der Zwiebel, dem weißen Teil des Porrees, Dill und Lorbeerblatt in einem Topf mit Salzwasser kochen. Das gerupfte und geputzte Wildgeflügel nach Wahl (Fasan, Birkhuhn, Rebhuhn) zuerst anbraten und dann kochen (das verleiht der Suppe ein besonderes Aroma). Ist das Wildgeflügel gar, die Knochen aus dem Fleisch lösen, die besten Fleischstücke beiseite legen. Das übrige Fleisch pürieren oder zerstoßen. Die Knochen zurück in die Wildbouillon geben und weitere 20 bis 30 Minuten köcheln lassen. Die gekochten Linsen abgießen, mit dem pürierten Fleisch vermischen und alles erneut pürieren. Etwas Bouillon in die Mischung gießen. Die Mischung in einen Topf geben und erhitzen, Smetana hinzugeben und mit der restlichen Bouillon der Suppe die nötige Konsistenz verleihen. Nach Geschmack salzen und erneut erhitzen. Vor dem Servieren das herausgelöste und in Streifen geschnittene Wildfleisch auf den Tellern anrichten und die Suppe darübergießen.

Sterlet nach Zarenart

Zutaten:

800 Gramm Sterlet ohne Haut
12 Vol-au-vents (hohe, runde Blätterteigpasteten mit Deckel, in Deutschland als Königinpastete bekannt) • ½ Glas trockenen Weißwein • 1 Zwiebel
300 Gramm Mayonnaise • 1 Teelöffel Worcestersauce
1 Teelöffel fein gehackte Petersilie • 1 Zitrone
gemahlener Roter Pfeffer • 1 süße rote Paprikaschote

Zutaten für Vol-au-vents:

500 Gramm Mehl • 500 Gramm Butter • 340 Gramm Wasser
2 Esslöffel Essig • 1 Teelöffel Salz
50 Gramm Butter für das Schichten des Teigs • 1 Eigelb

Zubereitung der Vol-au-vents:

Einen Blätterteig herstellen ist aufwendig. Mehl und Salz vermischen, in die Mitte eine Mulde formen, dahinein das Wasser, eventuell ein wenig Essig geben und von außen nach innen den Teig gut durchkneten. Nun die kalte Butter in kleine Stücke schneiden, grob unter den Teig kneten, sie müssen als Butterstücke noch erkennbar sein, weil sie für den „Blätterteig-Effekt" sorgen. Den Teig für 30 bis 40 Minuten in den Kühlschrank legen. Herausholen, ein großes Rechteck ausrollen. Nun wird der Teig tourniert: den Teig wie einen A4-Brief zweimal übereinanderschlagen. Ausrollen, erneut wie einen Brief umschlagen, und dies fünfmal hintereinander. Wird der Teig zwischenzeitlich zu warm und droht die Butter zu schmelzen, mindestens 15 Minuten zwischendurch in den Kühlschrank legen, dann mit dem Tournieren fortfahren. Aus dem Blätterteig runde Teigstücke ausstechen. Die Hälfte der Teigstücke auf ein Backblech legen, bei der anderen Hälfte in der Mitte einen kleinen Kreis ausstechen, das wird der Deckel der Pastete. Die entstandenen Ringe locker übereinander auf den Rand der Teigstücke legen, mit Eigelb einpin-

seln und zusammen mit den Deckeln 25 bis 30 Minuten bei einer Temperatur von 250 bis 260 Grad Celsius backen. Abkühlen lassen.
Alternativ können Sie natürlich fertige Blätterteigpasteten verwenden.

Zubereitung der Füllung:

Sterlet in Stücke schneiden, mit dem Weißwein begießen, salzen, 10 Minuten lang köcheln lassen, die klein geschnittene Zwiebel hinzugeben und weitere 10 Minuten köcheln lassen. Abkühlen lassen und den Fisch in kleine Würfel schneiden. Den Sterlet mit Mayonnaise, Worcestersauce, Petersiliengrün, gemahlenem Pfeffer und abgeriebener Zitronenschale mischen. Die Vol-au-vents damit füllen, im Ofen erwärmen, mit Zitronenstückchen und roter Paprika dekorieren.

Poularde auf argentinische Art

Zutaten:

1 Poularde, 1,5 Kilogramm • 30 Gramm Möhren, • 30 Gramm Sellerie
30 Gramm Zwiebel • 120 Gramm Butter • 75 Gramm Mehl
Bouillon • 1 Kilogramm Spargel • 300 Gramm grüne Erbsen • 2 Eier
200 Gramm Sahne oder Milch • Salz • Zitronensaft

Zubereitung:

Die küchenfertige Poularde mit kaltem Wasser ansetzen, aufkochen lassen, den Schaum abschöpfen, die klein geschnittenen Zwiebel, Möhren und Sellerie hineingeben, nach Geschmack salzen und bei schwacher Hitze köcheln lassen. Mehl in Butter anrösten, mit Bouillon ablöschen, dabei ständig rühren. Sahne oder Milch unter Rühren zugießen und erneut salzen; die Sauce vom Herd nehmen, mit zerlassener Butter, Zitronensaft und Eigelb abschmecken, durch ein Sieb geben. Die gekochte Poularde in Portionen zerteilen, auf einem Teller anrichten, mit der vorbereiteten weißen Sauce angießen und mit gekochtem Spargel, blanchierten grünen Erbsen und grünem Salat servieren.

Sauce „Elfenbein"

Zutaten:

einige Esslöffel frisch zubereitete Pilzsauce (keine konservierten Pilze verwenden) • 600 Milliliter klare Geflügelbouillon • 5 Eigelb
etwas grob gemahlener Pfeffer • 1 kleine geriebene Muskatnuss
1,2 Liter Weiße Sauce • zerlassene Butter

Zubereitung:

Die Pilzsauce, die klare Bouillon, Eigelb, Pfeffer und geriebene Muskatnuss in einem Topf mit dickem Boden verrühren. Die Masse mit dem Schneebesen aufschlagen, Weiße Sauce hinzufügen, alles zum Kochen bringen, aber nur kurz aufkochen lassen, dabei beständig kräftig mit dem Schneebesen schlagen, damit nichts am Boden ansetzt. So lange köcheln lassen, bis sich die Sauce als dünne Schicht am Löffel ansetzt, dann abseihen. Leicht umrühren und die Oberfläche mit einer dünnen Schicht zerlassener Butter beträufeln, damit sich keine Haut bildet. Bis zum Verzehr aufbewahren. Die Sauce passt gut zu gekochtem Geflügel.

Fasanenauflauf „Viktoria"

Zutaten:

1 Fasan • 80 Gramm Speck • 140 Gramm Butter • 5 große Zwiebeln
500 Gramm gedünsteter Reis • 2 Esslöffel gehackte Petersilie und Lauchzwiebeln • 6 Körner schwarzer Pfeffer • etwas geriebene Muskatnuss
50 Gramm Butter • 30 Gramm Mehl

Zubereitung:

Den gerupften und ausgenommenen Fasan waschen, mit Speck spicken und salzen. In einer Pfanne Butter zerlassen, fein gehackte Zwiebel anschwitzen, einige Speckstreifen und schwarze Pfefferkörner hinzugeben, dann den Fasan darin braten. Wenn er gar ist, herausnehmen, das Fleisch von den Knochen lösen, in Stücke schneiden, zurück in die Pfanne geben und mit der gebratenen Zwiebel vermischen. Mehl in Öl anrösten und mit dem Saft, der beim Braten des Fasans ausgetreten ist (wenn nötig, Wasser hinzufügen) ablöschen, damit die Sauce eine nicht zu flüssige Konsistenz erhält. Fasanenfleisch-Zwiebel-Mischung mit der Sauce vermischen, den gedünsteten Reis hinzugeben, nach Geschmack salzen, mit Muskatnuss würzen. Die entstandene Masse auf ein gefettetes Backblech oder in eine breite Pfanne geben, oben mit Butterflocken bedecken und schnell backen. Der Auflauf kann warm oder kalt gegessen werden, zuvor mit gehackter Petersilie und feinen Lauchzwiebelringen bestreuen. Dazu passt hervorragend ein einfacher Tomatensalat.

Sauce „Chutney"

Zutaten:

200 Gramm Feigen • 200 Gramm Stachelbeeren • 2 Chilischoten
1 Knoblauchzehe • 0,25 Liter Reisweinessig
1 Esslöffel Garam Masala (fertige Gewürzmischung der indischen Küche)

Zubereitung:

Die Feigen putzen und mit den Stachelbeeren in eine Schüssel geben, die Chilischoten putzen und klein schneiden, zu den Früchten geben. Den Knoblauch zerdrücken und mit Garam Masala und Essig zu den Früchten geben, dann alles so lange dünsten, bis das „Chutney" eine breiartige Konsistenz hat. Diese Sauce passt zu diversen Fleischgerichten.

Kartoffeln, gefüllt mit weißen Trüffeln

Zutaten:

1 Zwiebel • 1 Körbchen frische Steinpilze • 1 Teelöffel Butter
1/4 Glas Weißwein • 1 Glas Sahne • 5 Kartoffeln
3/4 Glas geriebener Hartkäse • Salz • Pfeffer • ein kleiner Trüffel

Zubereitung:

Die Kartoffeln halbieren, mit einem Löffel die Mitte herausnehmen, so dass eine schöne Kuhle entsteht. Die Kartoffeln 5 Minuten in Salzwasser kochen. Dann mit der Schnittfläche nach oben auf ein Backblech legen. Die Zwiebel klein schneiden und in Butter andünsten, die geschnittenen Steinpilze, Weißwein, Salz und Pfeffer hinzugeben und umrühren. Die Sahne hinzugießen und alles zum Kochen bringen. Dann bei kleiner Hitze köcheln lassen, bis es andickt, das dauert etwa 10 Minuten. Die Füllung in die Kuhlen der Kartoffeln geben, mit geriebenem Käse bestreuen und im Ofen 20 Minuten bei einer Temperatur von 150 Grad Celsius backen. Vor dem Servieren über jede Kartoffelhälfte ein wenig Trüffel reiben.

Piroggen „Marquise"

Zutaten:

200 bis 250 Gramm Margarine • 1/2 Glas Zucker • 2 Eier
1/2 Teelöffel abgelöschtes Soda • 3 Glas Mehl • Äpfel
Zucker • Zimt • Vanille • Butter

Zubereitung:

Die Margarine zerlassen, aus Zucker, Eiern, Soda, Mehl und der zerlassenen Margarine einen Teig rühren, diesen in zwei Hälften teilen. Aus einer Hälfte Kugeln formen und für 30 bis 40 Minuten in den Gefrierschrank legen. Die zweite Hälfte auf einem Backblech ausrollen, die Ränder dabei dekorativ ausformen. Auf den Teig leicht mit Zucker, Vanille und Zimt in Butter angedünstete Äpfel geben. Die Teigkugeln aus dem Gefrierschrank durch einen Fleischwolf drehen oder mit einer groben Reibe raspeln und gleichmäßig über die Äpfel geben. Kurz backen und noch heiß in Stücke schneiden.

Ananas in Champagner

Zutaten:

320 Milliliter Zuckersirup • 40 Milliliter Ananas- oder Mangosaft
100 Milliliter Champagner • Eiswürfel

Zubereitung:

Alle Zutaten miteinander vermischen. In festliche Gläser füllen. Der Champagner kann durch Weißwein ersetzt werden.

Zar Nikolaus hatte am 6. Dezember Namenstag, und im Jahr 1913 wurde dieser besonders ausgiebig gefeiert. Zum Festfrühstück waren viele Gäste geladen. In allen Kirchen von Liwadija und Jalta fanden Festgottesdienste statt. Zu Ehren des Zaren schoss man von den Schiffen der in Jalta stationierten Marineregimenter Salut. Der Zar hinterließ in seinem Tagebuch an diesem Tag folgenden Eintrag:

„Ein regnerischer Tag. Nur während der Parade hat sich der Himmel ein wenig aufgeklärt. Nach der Frühmesse fand ein großes Frühstück mit 190 Gästen statt. Der Namenstag gestaltete sich nicht sehr fröhlich, denn Alix fühlte sich schlecht und musste bis zum Tee im Bett bleiben.

Ich las und beantwortete Telegramme. Um 4 Uhr kam der Kreuzer ‚Kagul' auf dem Weg nach Sewastopol an Liwadija vorbei, zudem drei Panzerschiffe, die gestern in Jalta angelegt hatten.

Um 7 ½ aßen wir auf der Jacht in der Gesellschaft der Schiffsmannschaft zu Mittag. Dann spielten und tanzten die Töchter im unteren Salon, während ich in der Kajüte mit Alexej Domino spielte. Am Abend wehte ein heftiger Nordwind von den Bergen und der Himmel klarte auf. Wir kehrten um 12 ½ Uhr nach Hause zurück."

Festfrühstück am 6. Dezember 1913

Suppe „à la Tortue"
Cremesuppe „Prinzessin"
Kleine Piroggen
Sülze aus Sterlet auf Kaiserart
Kalbsbraten auf Moskauer Art
Poularde mit Trüffelfüllung
Sauce „Périgord"
Kardinalspfirsiche
Körbchen mit Eis auf Pariser Art
Dessert

Suppe „à la Tortue"

Lew Tolstoi war der Ansicht, die Suppe à la Tortue sei eine Schildkrötensuppe. Jelena Molochowets liefert in ihrem Kochbuch „Geschenk für die junge Hausfrau" aus dem Jahr 1861 eine andere Erklärung. Es heißt, „Suppe wie aus Schildkröte" (mock-turtle soup), das heißt, Suppe aus „falscher Schildkröte", denn sie wird tatsächlich aus Kalbskopf und Hirn zubereitet. Doch ihr Geschmack ist dem von Schildkrötensuppe täuschend ähnlich.

Zutaten:

1 Kalbskopf • 1,5 Liter Fleischbouillon • 2 Lorbeerblätter
Wurzel- und Knollengemüse (Sellerie, Möhre, Pastinake)
1 Zwiebel mit Schale • Piment • zerstoßener Schwarzer Pfeffer
Wodka • Madeira • Zesten von Zitronen • Zitronensaft • Jakobsmuscheln

УЖИНЪ

26-го Мая 1913 года.

Консоме Селлери.

Пирожки разные.

Мусъ раковый съ налимами.

Соусъ Оксфордъ.

Жаркое:
- Цыплята
- Рябчики
- Перепела.

Салатъ Роменъ съ апельсинами.

Парфе изъ орѣховъ.

Zubereitung:

Den Kalbskopf in Wasser aufkochen lassen, das Wasser abgießen und allen Schaum abbrausen. Dann den Kalbskopf in kräftiger Fleischbouillon mit Lorbeerblättern kalt aufsetzen, zum Kochen bringen, 1 Stunde köcheln lassen. Dann das geschnittene Wurzel- und Knollengemüse und die ganze Zwiebel mit Schale hinzugeben, ein wenig Wasser zugießen, 1 Stunde köcheln lassen. Piment, Pfeffer, Zitronenzesten, Madeira und Wodka zu gleichen Teilen zugeben. 10 Minuten köcheln lassen. Den Kalbskopf herausnehmen, das Fleisch von den Knochen lösen und unter eine Presse legen, bis es abgekühlt ist. Die Bouillon abseihen, mit Salz und Zitronensaft abschmecken. Vor dem Servieren das Fleisch des Kalbskopfes in die Suppenteller krümeln, die Jakobsmuscheln darübergeben, mit Suppe auffüllen und mit Zitronenscheiben reichen.

Diese Suppe wurde durch das Kinderbuch von Lewis Carrol „Alice im Wunderland" bekannt. Dank Alice erhielt die Suppe in Russland den Namen „Quasischildkrötensuppe": „Hast du vielleicht die Schildkröte Quasi gesehen?" fragte die Königin Alice. „Nein", sagte Alice, „ich weiß ja nicht einmal, wer das ist." „Wie denn das?", wunderte sich die Königin, „das ist doch die, aus dem die ‚Quasischildkrötensuppe' gemacht wird."
Die märchenhafte Quasischildkröte, hat der Künstler John Tenniel, der die Erstausgabe des Buches illustrierte, mit Kalbskopf und Hufen und Schildkrötenpanzer und Flossen dargestellt. Die Illustration trägt den Titel „Alice tanzt mit der Schildkröte und dem Greif".

Cremesuppe „Prinzessin"

Zutaten:

200 Gramm Knochen • 2 Möhren • 200 Gramm Kohlrabi
200 Gramm Blumenkohl • 2 Sellerieknollen • 1 Zwiebel

1 Ei • 1/2 Glas Milch • Salz • Pfeffer nach Geschmack
Mehl • Öl • fein gehackte Kräuter nach Geschmack
Kräuter zur Dekoration

Zubereitung:

Eine Bouillon auf Knochenbasis kochen, abseihen. Die Möhren und das Gemüse waschen, den Kohlrabi schälen und mit einem besonderen rund geformten Löffel Kugeln daraus ausstechen; Blumenkohl in kleine Röschen teilen, Möhren und Sellerie entweder in Würfel oder in feine Scheiben schneiden oder auf einem Reibeisen grob raspeln, Zwiebeln in Ringe schneiden. Alles in die siedende gesalzene Bouillon geben. Kochen, bis das Gemüse weich ist, dann das Gemüse aus der Bouillon herausnehmen und durch ein Sieb passieren und zurück in die Bouillon geben. Die Bouillon mit etwas in kaltem Wasser verrührten Mehl andicken, ein in Öl verrührtes Eigelb und die Milch sowie fein gehackte Kräuter hinzugeben, aufkochen lassen. Beim Servieren mit frischen Kräutern anrichten, dazu Röstbrot reichen.

Sülze aus Sterlet

Zutaten:

1 Kilogramm Sterlet • 1 Hecht • 1 Sellerie • 1 bis 2 Zwiebeln
15 bis 20 Gramm Gelatine (für 4 Gläser Gelee)
25 Gramm Kaviar (für die Klärung des Gelees) • Petersilie zur Dekoration
Krebsschwänze oder Krabben zur Verzierung • Presskaviar

Zubereitung:

Den geputzten und gewaschenen Sterlet mit einem Küchentuch trocken tupfen, in Stücke schneiden und in Salzwasser kochen. Anschließend in eine tiefe Schüssel legen und mit einem Tuch bedecken. Aus 1 Hecht, 1 Stück Sellerie, 1 bis 2 Zwiebeln und Salz eine Fischbouillon kochen. Nach dem Abseihen die Bouillon mit körnigem Kaviar klären. In die Bouillon die eingeweichte Gelatine geben und rühren, bis sie sich aufgelöst hat. Die gelierende Bouillon erneut mit Presskaviar oder körnigem Kaviar klären, abseihen, leicht abkühlen lassen und den Sterlet damit begießen. Nach dem Erstarren die Sülze mit Blättern von grüner Petersilie, Krebsschwänzen oder Krabbenstücken verzieren und mit Presskaviar dekorieren.

Geschmortes Kalbsfleisch nach Moskauer Art

Zutaten (für 1 Portion):

2 Kalbsschnitzel • 3 Kartoffeln • 1 Möhre • 1 Zwiebel • Salz
gemahlener schwarzer Pfeffer • Koriander • gemahlene Muskatnuss
250 Milliliter Rinderbouillon • 1 Glas Olivenöl

Zubereitung:

Die Kalbsschnitzel salzen, pfeffern, in etwas Öl in einer Pfanne von beiden Seiten braten, auf einen Teller legen. Im gleichen Fett die in 1 Zentimeter dicke Scheiben geschnittenen und gesalzenen Kartoffeln anbraten, in einen kleinen gusseisernen Schmortopf legen. Die in Ringe geschnittene Zwiebel, die in Scheiben geschnittene Möhren anbraten, dann auf die Kartoffeln im Schmortopf geben, mit geriebener Muskatnuss würzen, ganz oben in den Topf die angebratenen Kalbsschnitzel legen. Jedes mit einigen zerdrückten Korianderkörnern würzen. Die Bouillon sorgfältig entlang der Wand des Schmortopfes zugießen, bei schwacher Flamme etwa 30 bis 40 Minuten garen lassen.

Gefüllter Entenbraten mit Sauce „Périgord"

Zutaten:

1,5 Kilogramm Entenfleisch (ohne Knochen) • 500 Gramm Foie gras
300 Gramm Kalbshackfleisch • 300 Gramm Schweinehackfleisch

3 Eier • 1 Zwiebel • 1 Strauß Thymian • Olivenöl
230 Gramm Schalotten • 250 Gramm Rosenkohl
300 Gramm Bocksbartkraut

Für die Sauce „Périgord“:

200 Gramm Steinpilze • 50 Gramm Butter
250 Milliliter Rinderbouillon • 50 Milliliter Wein

Zubereitung:

Das Kalbs- und Schweinehackfleisch miteinander mischen, Eier, gehackte Zwiebeln und Thymian dazugeben. Die Schalotten und den Rosenkohl putzen. Die Ente mit der zubereiteten Füllung und der Foie gras füllen, in einen Bräter legen, würzen, mit Öl beträufeln und eine Stunde lang bei einer Temperatur von 175 Grad Celsius im Backofen schmoren. Nach 20 Minuten das Gemüse – Schalotten, Rosenkohl und verlesenes Bocksbartkraut – rings um die Ente legen. Für die Sauce die Steinpilze klein schneiden und anbraten. Die Rinderbouillon erhitzen und unter vorsichtigem Rühren zum Siedepunkt bringen. Die Pilze hinzugeben, 10 Minuten lang köcheln lassen, dabei ständig umrühren. Den Wein zugießen und die Flüssigkeit reduzieren lassen. Die Ente aus dem Backofen holen, etwas ruhen lassen, in Stücke zerlegen und mit der heißen Sauce servieren. Das Gemüse schön zur Ente anrichten.

Kardinalspfirsiche

Zutaten:

1 Kilogramm Vanilleeis • 6 vollreife Pfirsiche • 250 Gramm Himbeeren
150 Milliliter Wasser • 50 Gramm gestiftelte Mandeln
100 Gramm Puderzucker

Zubereitung:

Den Puderzucker in 150 Milliliter Wasser in einem Tiegel auflösen und auf kleinem Feuer heiß werden lassen. Die Haut von den Pfirsichen abziehen, die

Früchte halbieren, die Kerne entfernen, mit der Schnittfläche nach unten in den Zuckersirup legen und 10 Minuten auf kleinem Feuer erhitzen. Die Pfirsiche sollen weich werden, jedoch ihre Form behalten. Mit einer Schaumkelle die Pfirsiche vorsichtig aus dem Tiegel in eine Schüssel legen. Himbeeren im Mixer pürieren, dann durch ein Sieb geben. Das entstandene Püree in den Zuckersirup geben, in dem die Pfirsiche gekocht wurden. Aufkochen lassen und auf schwachem Feuer 5 Minuten weiter köcheln, dann abkühlen lassen. Die geschälten Mandeln stifteln und in einer Pfanne anrösten. Je zwei Kugeln Vanilleeis in Portionsschälchen füllen, zwei Pfirsichhälften darauf legen, Himbeersirup darüber gießen und mit den gerösteten Mandeln bestreuen.

Eiscreme nach Pariser Art

Zur Eiscreme müssen ein paar Worte gesagt werden. Heutzutage werden sehr ambitionierte Eissorten aus süßem Pfeffer mit Basilikum, aus Tomaten und Parmesan zubereitet. Alle diese ungewöhnlichen Eissorten waren bereits zu Beginn des 20. Jahrhunderts in Russland bekannt. Man weiß es ja: das Neue ist das gut vergessene Alte. Auch gesalzene Eiscreme gehört heute zu den „gut vergessenen alten Dingen".

Eiscreme nach Pariser Art wurde in Sankt-Petersburg so zubereitet:

Zutaten (pro Portion):

8 Gramm löslicher Kaffee • 10 Milliliter abgekochtes Wasser
20 Gramm Zucker • 1 Eigelb
80 Milliliter Sahne mit 30 Prozent Fettgehalt
100 Gramm Zucker • 200 Gramm Butter • 300 Gramm Mehl • 1 Ei • Salz

Zubereitung:

Den löslichen Kaffee in das abgekochte Wasser einrühren. Zucker in Wasser auflösen und in einem Metallgefäß so lange kochen, bis sich an einer Gabel, die aus dem Sirup herausgezogen wird, an den Zacken Fäden bilden. Das Ei-

gelb verrühren, dann den Zuckersirup in einem dünnen Strahl in das Eigelb rinnen lassen und dabei beständig rühren, bis die Masse dickflüssig ist. Nun den Kaffee hineingießen, gut umrühren, auf Zimmertemperatur abkühlen lassen und die zuvor über Eis geschlagene Sahne unterheben. Das Gemisch so lange in das Eisfach stellen, bis es anfängt zu gefrieren. Wieder 1 Minute lang aufschlagen. Dann in Schälchen umfüllen und wieder in den Eisschrank stellen. Sobald die Eiscreme fest wird, servieren, dabei in Körbchen füllen, die zuvor aus Mürbeteig gebacken wurden. Mit Früchten dekorieren.
Für die Zubereitung der Körbchen: Einen Mürbeteig aus 100 Gramm Zucker, 200 Gramm Butter, 300 Gramm Mehl, 1 Ei und einer Prise Salz zubereiten. Den Teig 5 bis 7 Millimeter dick ausrollen. Von oben geriffelte, runde Metallförmchen fest andrücken, und dann mit einer Metallschablone darüber rollen. Die Form mit dem Teig auf ein Backblech stürzen. Die ausgeformten Körbchen bei einer Temperatur von 230 bis 240 Grad Celsius etwa 15 Minuten backen.

Jetzt einen Exkurs zu den absoluten Lieblingsgerichten der Zarenfamilie. Der Zar selbst liebte Ucha, die russische Fischsuppe, und goldene Quarkkeulchen mit Himbeerkonfitüre. Die Lieblingstorte der Zarenfamilie war die „Viktoria-Torte".

Ucha nach Art der Donkosaken

Die russische Ucha ist die einzige klare Fischsuppe der Welt. Alle anderen Fischsuppen haben einen „undurchsichtigen" Charakter. Die spanische Zarzuela, die Bouillabaisse aus Marseille und die russische Soljanka sind eher üppig und schwer. Die Ucha ist anders. Außer den Fischen – Kleinfische und Großfische – werden nur Zwiebeln verwendet, die herausgenommen werden, sobald sie ausgekocht sind. Außerdem werden fein geschnittene Möhren und einige Kartoffeln hineingegeben. Beim Servieren kommen noch Kräuter dazu, Dill, Petersilie. Und am Ende ein guter Schuss Wodka. Das ist alles!

Zutaten:

1 300 Gramm Lachs, Stör und Kabeljau • 1 1/2 Liter Wasser
2 gekochte Kartoffeln • 1 Möhre • 2 Zwiebeln
1 Bund Petersilie • 2 Lorbeerblätter • 2 Teelöffel Salz
1 Esslöffel gehackter Dill • 1 Stange Lauch
1/2 Zitrone, in Scheiben geschnitten • 100 Milliliter Wodka.

Zubereitung:

Wasser in einem großen Topf zum Kochen bringen. Kartoffeln würfeln, Möhre in Stifte schneiden. Zunächst 2 gehäutete Zwiebeln und Petersilie (Petersilie klein hacken) 10 bis 15 Minuten in Wasser kochen. Kartoffeln und Möhren sowie Lorbeerblätter und Salz hinzufügen und weitere 8 Minuten kochen. Die Fische häuten, filetieren und in mundgerechte Stücke schneiden. Dann nacheinander, beginnend mit dem preiswertesten Fisch, in der Brühe rasch gar ziehen lassen. Herausnehmen und warm halten. Kurz vor dem Servieren die Zwiebeln aus der Brühe nehmen. Gehackten Dill und feingeschnittenen Lauch in die Brühe geben. Alle Fischstücke kurz darin anwärmen.

Jetzt ein Wort über den Wodka in der Ucha. Ein großes Glas Wodka muss unmittelbar hineingegossen werden, wenn der Topf vom Feuer geholt wird. Deckel darauf und drei Minuten ziehen lassen: Der Alkohol verflüchtigt sich, und der Geschmack aller anderen Zutaten wird „klarer". Das ist auch das Besondere an der Ucha der Donkosaken. Die Ucha sofort mit Zitronenscheiben servieren.

Goldene Quarkkeulchen mit Himbeerkonfitüre

Quarkkeulchen mit Konfitüre waren eine Lieblingsspeise von Nikolaus II. Sie wurden bei Hofe nach einem alten russischen Rezept zubereitet, unbedingt wurde der fettreichste Quark verwendet, auch Rosinen waren obligatorisch.

Zutaten (für 2 Portionen):

300 Gramm fetter Quark • 3 Esslöffel Mehl • 2 Esslöffel Zucker • 1 Ei
5 Esslöffel Rosinen • Butter zum Ausbacken
Salz • 100 Gramm Smetana
2 bis 3 Esslöffel Himbeerkonfitüre oder Himbeergelee

Zubereitung:

Rosinen auslesen und waschen. Den Quark durch ein Sieb rühren, die Hälfte des Mehls dazugeben. Das Ei hineinschlagen, 4 Esslöffel Rosinen und den Zucker hinzugeben. Nach Geschmack salzen und gut umrühren. Die Masse in 5 bis 6 Zentimeter dicke Würste formen, dann quer in Stücke schneiden, im restlichen Mehl wälzen. Die Stücke zu kleinen Zylindern formen, die an beiden Enden gerade sein sollen. In einer Pfanne Butter erhitzen und die Quarkkeulchen braten, bis sie goldbraun sind. Auf einen großen Teller legen, leicht abkühlen lassen und jedes Keulchen mit Smetana bestreichen. Oben auf den Rahm noch je 1 Teelöffel Himbeerkonfitüre geben, 1 Esslöffel Rosinen über die Keulchen streuen.

Königliche Torte „Viktoria"

Zutaten:

175 Gramm Puderzucker • 175 Gramm Butter • 4 Eier
100 Gramm Mehl • 1 Esslöffel Backpulver • 100 Gramm Mandeln
einige Tropfen Mandelextrakt • 250 Gramm Himbeeren
250 Gramm fette Sahne • 50 bis 85 Gramm Puderzucker
1 Eiweiß (leicht geschlagen)
100 Gramm Puderzucker • 2 rosafarbene Rosenblüten

Zubereitung:

Die Verzierung – gezuckerte Rosenblätter – am Tag vorher zubereiten. Die Rosenblüten in einzelne Blütenblätter teilen, dann auf einen flachen Teller Puderzucker geben. Ein Blütenblatt nach dem anderen nehmen, jedes von ei-

ner Seite mit einem Pinsel mit Eiweiß bestreichen, dann mit einem Löffel mit Zucker bestreuen. Den überflüssigen Zucker vorsichtig abschütteln, eventuell mit Hilfe einer Pinzette. Dann auf ein Pergamentpapier legen und über Nacht trocknen lassen.
Am nächsten Morgen die Böden zubereiten. Den Zucker in eine Schüssel geben und die zerlassene Butter hinzufügen. So lange schlagen, bis eine leichte und luftige Masse entsteht, dann zwei Eigelb hinzugeben. Mehl und Backpulver in die Masse sieben. Sehr sorgfältig mischen, mit einem großen Metalllöffel die Mandeln und das Mandelextrakt hinzugeben. Sobald das Mehl vollständig untergerührt ist, mit dem Rühren aufhören. Das Eiweiß schaumig schlagen, mit einem Schneebesen ein Drittel des Eiweißes mit dem Teig mischen, dann nacheinander das zweite Drittel und das restliche Eiweiß hinzufügen. Geben Sie sich beim Rühren nicht zu viel Mühe, sonst verliert die Torte ihre Luftigkeit. Die Hälfte der Himbeeren vorsichtig zum Teig geben. Den Ofen auf 180 Grad Celsius vorheizen. Zwei runde, nicht zu hohe Formen mit einem Durchmesser von 20 Zentimetern einfetten und mit Backpapier auslegen. Dann den Teig in die vorbereiteten Formen füllen und oben mit einem Spatel glätten. 30 bis 35 Minuten backen, in der Form etwa 5 Minuten abkühlen lassen, dann aus der Form holen, das Papier abziehen und abkühlen lassen. Einen Tortenboden auf einen Teller legen. Die fette Sahne darauf streichen, die restlichen Himbeeren auflegen. Mit dem zweiten Boden bedecken. Den Puderzucker mit 1 bis 1 1/2 Esslöffel kaltem Wasser mischen, bis eine glatte Paste entsteht. Die Torte mit dieser Glasur bestreichen. Die verzuckerten Rosenblätter darauf streuen und alles mit Puderzucker bestäuben.

In der Regierungszeit Nikolaus II. wurde um 1912 eine Torte kreiert, die bis heute als die beliebteste Torte in Russland gilt. Sie heißt „Napoleon" und entstand um den 100. Jahrestag des Sieges über Napoleon im Jahre 1812. In einer Moskauer Konditorei wurden dreieckige Kuchenstückchen aus Blätterteig

mit Cremefüllung verkauft, die an die Kopfbedeckung des Franzosen denken ließen. Später wandelten sich die Kuchenstückchen zu Torten, und es dauerte nicht lange, bis die Napoleon-Torte unter den vielen Torten, die die damaligen Aristokraten liebten – insgesamt gab es mehr als 60 unterschiedliche Torten –, zur absoluten Lieblingstorte wurde.

Torte „Napoleon"

Zutaten

2 Päckchen Blätterteig zu je 450 Gramm • 1 Liter Milch • 3 Eier
250 Gramm Zucker • 2 gehäufte Esslöffel Mehl • 30 Gramm Butter

Zubereitung:

Den Blätterteig auf einem Backblech ausrollen. Mit einer Gabel einstechen, damit der Teig nicht zu stark aufgeht, bei einer Temperatur von 160 Grad Celsius backen.

750 Milliliter Milch zum Kochen bringen. Eier, Zucker und Mehl mit den restlichen 250 Milliliter Milch verrühren. Das Gemisch in die heiße Milch geben, sorgfältig umrühren. Dann unter ständigem Rühren erneut zum Kochen bringen, vom Herd nehmen. Die Butter hinzugeben, umrühren und alles abkühlen lassen. 6 Blätterteigplatten einzeln mit der Creme bestreichen, aufeinanderlegen. Die obere Schicht mit Creme bestreichen und dann mit einer grob zerkrümelten Blätterteigplatte bestreuen. Die Creme 2 bis 3 Stunden bei Zimmertemperatur einziehen lassen, dann bis zum Auftragen in den Kühlschrank stellen.

Während der Regierungszeit des letzten Zaren wurde in Sankt-Petersburg der berühmte Salat „Olivier" zum Lieblingssalat seiner Epoche. Den Namen erhielt er nach dem französischen Chefkoch Olivier, der bei einer Petersburger Aristokratenfamilie Dienst tat. Manchmal erinnert man sich an die Köche länger als an ihre Dienstherren. Wer, außer den Historikern, kennt heute noch

den Fürsten Metternich, den berühmten Politiker und Diplomaten? Seinen Konditor und Koch jedoch, den Franzosen Sacher, kennt jeder. Er erfand im Jahr 1832 die berühmte Schokoladentorte mit Aprikosenfüllung, die Sachertorte. Das gleiche geschah mit Olivier. Heute kann niemand mehr den Namen des Grafen nennen, bei dem der Koch angestellt war. Aber der Salat ist unvergesslich. Er hat ein Jahrhundert überdauert. Zwar wurde er in sowjetischer Zeit stark vereinfacht, indem man Wurst, grüne Erbsen, ja sogar gekochte Kartoffeln verwendete, weil die ursprünglichen Produkte nicht erhältlich waren. Dennoch blieb es der Lieblingssalat der Russen. „Unter Glück", behauptete Sigmund Freud, „versteht man das Erleben eines starken Gefühls von Wohlbefinden." Insofern ist Salat „Olivier" das Glück.
Für dieses Buch wählte ich die ursprüngliche Rezeptur für den Salat, wie er Ende des 19. Jahrhunderts zubereitet wurde.

Salat „Olivier"

Zutaten:

2 Rebhühner • 1 Kalbszunge • 5 hart gekochte Eier
¼ Pfund Kapern • 2 Salatgurken • ¼ Pfund Kaviarpüree
25 gekochte Krebse (oder 1 Dose Hummer)
1/3 Pfund frischer Salat • ½ Dose Pickles
Mayonnaise nach Art der Provence
(französischer Essig, 2 Eier, 1 Pfund Olivenöl)

Zubereitung:

Die Rebhühner und die Kalbszunge kochen und klein schneiden. Eier kochen und schneiden. Das klein geschnittene Fleisch der gekochten Krebse hinzugeben. Eine Gurke und Salatblätter in feine Streifen schneiden. Mit den Pickles, Kapern und Kaviar mischen. Alles miteinander vermischen, salzen und pfeffern. Die Mayonnaise hinzugeben und alles unterheben.

Dieses Rezept entnahm ich dem alten Kochbuch meiner Großmutter. An den Rändern hatte die Großmutter ihre Anmerkungen, Gedanken und Kommentare hinterlassen. Einer ihrer Einträge mit winziger Bleistiftschrift bezieht sich auf das Jahr 1913. Daraus geht hervor, dass ein Arbeiter damals 45 Rubel im Monat verdiente. Schwarzbrot kostete 2 Kopeken das Pfund, Weißbrot 5 Kopeken, Speck 22 Kopeken. Ein Ei kostete 1 Kopeke und gute Stiefel 6 Rubel. Meine Großmutter war eine furchtlose Frau, die sich bis zu ihrem Lebensende treu blieb. Ihr Gedächtnis blieb klar und hell. Sie erinnerte sich an Hunderte Kochrezepte und wusste, welche symbolische Bedeutung die Zutaten und Lebensmittel in Russland hatten: Eier bedeuteten Wiedergeburt, Knoblauch Schutz vor Bösem, Zwiebeln Reue, Pilze irdische Freuden, Trüffel eine verborgene Sünde, Bohnen Versöhnung und Brot Gastfreundschaft. An diese Bedeutungen denke ich, wenn ich durch die Museen pilgere: Lebensmittel haben auf den Gemälden oft eine doppelte Bedeutung, eine gastronomische und eine symbolische.

Meine Großmutter ging so leise aus dem Leben, wie die reifen Äpfel in ihrem uralten Garten von den Bäumen fallen.

Geheimnisse der Kremlküche

Von Generalsekretären und Präsidenten

Geheimnisse der Kremlküche

Von Generalsekretären und Präsidenten

Wenn der Generalsekretär des ZK der KPdSU Leonid Breschnew in den 1970-er Jahren Gäste in den Kreml einlud, sei es zu Banketten zu Ehren ausländischer Besucher oder zum Jahrestag der Oktoberrevolution, wurde so viel Essen aufgetragen, dass die Anwesenden den Eindruck von maximalem Überfluss gewinnen mussten. „Die Tischbeine bogen sich unter der Last!", erinnern sich Augenzeugen. Da gab es Fasanenrollen, schwarzen und roten Kaviar, Sülze aus Hammelzunge, Hasenpastete mit gedünsteten Nierchen, Rentierzunge in Aspik, Plinsentorte mit blauen Krabben und vieles andere mehr. Was die Getränke betraf, so kam unter Breschnew bei offiziellen Anlässen nur Vaterländisches auf den Tisch: armenischer Kognak, georgischer Wein, Madeira und Sekt von der Krim.

Wertvolle Ernährungshinweise gaben die Ehefrauen der Politbüromitglieder. Viktoria Breschnewa bat darum, den Wodka „Zubrowka", den ihr Mann zu trinken pflegte, mit Wasser zu verdünnen, Raissa Gorbatschowa verlangte, dass keine Mehlspeisen aufgetragen wurden, weil sie fürchtete, ihr Mann würde von den vielen Kohlehydraten zu viel an Gewicht zulegen.

Als Michail Gorbatschow zum „Herrn des Kreml" wurde, versuchte er, den Gelagen ein europäisches Gepräge zu geben. Zunächst entsandte er die Kremlköche zum Praktikum in den Buckingham-Palast nach London. Danach wurde der Kaviar nicht mehr in großen Schüsseln auf Eis aufgetischt, sondern es wurden winzige Brote mit ein wenig Kaviar bestrichen. Und der berühmte russische Sterlet wurde nicht länger mit großem Pomp im Ganzen hereingetragen, sondern zu feinen Mini-Schaschlykspießen verarbeitet.

Unter Gorbatschow wurden die Gäste im Kreml mit Broten bewirtet, die mit Parmaschinken belegt waren, außerdem mit kleinen mit Kaviar gefüllten Pelmeni, und mit Krautwickeln auf Taigaart. Für die Festmahle wurden italienische kalt geräucherte Delikatessen eingekauft. Und besonders gut waren bei den Kremlempfängen immer die Desserts.

Boris Jelzin mochte im Alltag gern Bratkartoffeln mit Pilzen und Zwiebeln. Zum Mittagessen schätzte er Fisch oder Wild. Manchmal allerdings bat er darum, ihm ein exklusives Gerichte der russischen Küche zuzubereiten. Zum Beispiel Rentierlippe oder Bärentatze. Die Rentierlippe ähnelt im Geschmack einer stark gekochten Rinderzunge, sie ist nur etwas süßlicher. Die Bärentatze, ein traditioneller Leckerbissen der altrussischen Küche, wurde im Mittelalter kalt verzehrt. Zuerst wird die Tatze gekocht. Dann werden alle feinen Knochen aus den Gelenken entfernt, dabei darf die Tatze selbst nicht beschädigt werden. Anschließend wird sie gedünstet oder geschmort.

Vorspeisen, Suppen und Desserts waren immer der Stolz der russischen Küche. Auch wenn Margaret Thatcher oder das Ehepaar Bush schwer zu beeindrucken waren, die russischen Soufflés und Torten begeisterten sie. Im Kreml wird ein ganz besonderes Beerensoufflé zubereitet, es besteht aus Erdbeeren, Himbeeren, Ananasguave und Quitten. Die Früchte werden geputzt, im Mixer zerkleinert, mit Sahne und ganz wenig Gelatine aufgeschlagen, die Masse dann durch ein Sieb passiert, mit Zucker und etwas Likör verfeinert und in Gläschen gefüllt.

Mit Blick auf die Torten erfreute sich im Kreml die Torte „Anna Pawlowa", auch „Windtorte" genannt, der uneingeschränkten Begeisterung. Die Torte hatte ihren Namen zu Ehren der Ballerina Anna Pawlowa (1881 bis 1931) erhalten, die 1926 in Australien und Neuseeland auf Tournee war. Das Rezept stammt Gastronomiehistorikern zufolge aus Neuseeland. Der Chefkoch eines Restaurants in Wellington war ein großer Verehrer der Pawlowa und kreierte das Dessert, um die berühmte Ballerina damit zu erfreuen. Die Grundlage dieser Torte ist eine weiße Baisermasse, die allein an eine Ballerina denken lässt. Die Verzierung aus Schlagsahne und die frischen Früchte und Beeren verstärken den Eindruck von Leichtigkeit und Schönheit noch.

Torte „Anna Pawlowa"

Zutaten für den Baiser:

2 Eiweiß • 120 Gramm Zucker

Zutaten für die Torte:

Butter oder Öl zum Einfetten • 4 Eiweiße
250 Gramm Kristallzucker (oder halb Kristall-, halb Puderzucker)
1/4 Liter Becher Sahne • frische oder Dosenfrüchte
Vanillezucker

Zubereitung:

Zunächst dafür sorgen, dass die Schüssel frei von Fett ist und dass die Eiweiße nicht zu kalt sind. Wenn Sie sie frisch aus dem Kühlschrank geholt haben, lassen Sie sie 1 Stunde bei Zimmertemperatur liegen, bevor Sie sie schlagen. Die Eiweiße von den Eigelben trennen. Letztere mit etwas kaltem Wasser übergießen, damit sie nicht eintrocknen, und an einem kühlen Platz aufbewahren. Es ist wichtig, dass sich auch nicht die geringste Spur von Eigelb im Eiweiß befindet. Die Eiweiße mit dem Zucker sehr steif schlagen. Wenn es trotz aller Vorsicht länger als gewöhnlich dauert, bis sie steif werden, liegt es vielleicht daran, dass die Temperatur in der Küche zu hoch ist. Gehen Sie mit den Eiweißen an ein geöffnetes Fenster. 1 oder 2 Backbleche mit ganz wenig Öl oder zerlassener Butter bestreichen. Oder Aluminiumfolie auf die Backbleche legen und einfetten. Die Baisermasse darauf streichen oder spritzen. Sie brauchen 3 oder 4 Böden. Im kühlsten Teil des auf 110 bis 125 Grad Celsius vorgeheizten Ofens trocknen lassen. Das dauert ungefähr 2 Stunden. Mit einem warmen Küchenspatel von den Blechen heben und in einer luftdicht schließenden Dose bis zum Gebrauch lagern. Die Sahne schlagen und die Früchte für die Torte vorbereiten.

Die Baiserböden mit Sahne und Früchten bedecken. Aufeinander setzen. Die Früchte können Sie vorher mit Vanillezucker süßen.

Zu dieser Torte passt die alte russische Tradition, Tee aus dem Samowar zu trinken. Es sollte ein starker, duftender, gut durchgezogener Schwarzer Tee sein. In Russland liebt man mit Beeren-, Zitronen- oder Gewürzaroma aromatisierten Schwarzen Tee.

Während die Kremlköche unter Stalin und Chruschtschow nie Interviews gaben, geschweige denn ihre Rezepte veröffentlichten, so schreiben sie jetzt ihre Memoiren und berichten ausführlich, wie und womit sie ihre Dienstherren verköstigt haben. Heute wissen wir, dass sowohl Gorbatschow als auch Jelzin „Krautwickel auf Taigaart" liebten. Hier ist das Rezept.

Krautwickel auf Taigaart

Zutaten:

200 Gramm frische Weißkohlblätter
500 Gramm gemischtes Hackfleisch (je 250 Gramm von Rind und Schwein)
2 Zwiebeln • 3 Esslöffel Rundkornreis • 2 Esslöffel Zedernnüsse
1 Esslöffel Rosinen • 1 Esslöffel Petersilie • Salz • Pfeffer

Zutaten für die Sauce:

100 Milliliter Tomatensaft oder 2 Esslöffel Tomatenpaste
100 Milliliter Smetana oder Saure Sahne
1/2 Esslöffel Butter • 1 Esslöffel Mehl • 2 bis 3 Tassen Pilzbrühe

Zubereitung:

Die Weißkohlblätter für 2 Minuten in kochendes Wasser eintauchen, anschließend gut abtropfen lassen. Den Reis gar kochen. Zwiebeln, Rosinen fein hacken und mit Hackfleisch, Reis und Zedernnüssen gut vermischen. Die

Masse in die Weißkohlblätter füllen, zusammenrollen, falls nötig, mit einem Zahnstocher zusammenstechen, eng aneinander in eine Pfanne legen und braten. Dann die Krautwickel in einen Topf legen, mit Sauce begießen und im Backofen bei 180 Grad Celsius 35 bis 40 Minuten backen.
Für die Sauce das Mehl in Butter anschwitzen, mit Pilzbouillon ablöschen, Smetana oder Saure Sahne, Tomatenpaste oder Tomatensaft hinzugeben, zum Kochen bringen, abseihen und die Krautwickel mit dieser Sauce begießen, bevor sie in den Ofen geschoben werden.

Die Staatsführung änderte sich, und es änderten sich die Essgewohnheiten im Kreml. Während Gorbatschow die Küche stärker europäisch ausrichten ließ, werden im Kreml heute die alten Traditionen der russischen Küche wiederbelebt, die mich stark an die Zarenküche denken lassen: Es werden reichhaltige Gerichte aus Sterlet, Gänse- und Rentierfleisch serviert, auch aus Waldpilzen und Beeren. Aber es gibt auch Unterschiede zum Zarentisch. Die Gerichte ähneln den damaligen, jedoch sind die Portionen kleiner geworden. Je kleiner sie wurden, desto schmackhafter: Dieses Gesetz der kulinarischen Evolution beschreibt auch den Trend der feinen Kremlküche.

Auf der Speisekarte des Kreml stehen traditionelle russische Blini in Form von winzigen Mini-Plinsen, den so genannten Blintschiki. So gibt es zu Empfängen Blintschiki mit Spinat und schwach gesalzenem Atlantiklachs wie auch Blintschiki mit geräuchertem Lachs und Gurke.

Blintschiki mit geräuchertem Lachs

Zutaten für sechs Personen:

100 Milliliter fettreiche Sahne • Saft einer halben Zitrone
20 Gramm frisch geriebener Meerrettich • 2 Gurken • 2 Esslöffel Olivenöl

18 Blintschiki • 300 Gramm Räucherlachs • 1 Bund Schnittlauch
1 Spalte der Pomelo-Frucht (kein Muss) • Salz
gemahlener Chili • Pfeffer

Zubereitung:

Die Sahne im Mixer aufschlagen. Kurz bevor sie steif ist, den Zitronensaft, Meerrettich, Salz, Pfeffer, Chili und Olivenöl hinzugeben. Auf jedes Blintschiki ein Stück Räucherlachs legen, dazu einen Löffel der aufgeschlagenen Sahne und einige Würfelchen Gurke. Mit den festen Fasern des Pomelo-Fruchtfleischs und einem Halm Schnittlauch verzieren.

Wie in alten Zeiten, sind auch heute Mitarbeiter der „Besonderen Küche" für den Tisch im Kreml verantwortlich. Die Köche und Kellner der „Besonderen Küche" sind Leute mit Schulterklappen, Mitarbeiter des Föderalen Sicherheitsdienstes Russlands. Über ihren Alltag in der „Besonderen Küche" berichten die Mitarbeiter nicht. Doch im Film „Zu Gast bei Putin" (2014) zeigte der russische Präsident, dass er zum Frühstück Haferbrei, Quark mit Honig und rohe Wachteleier isst. Dazu gibt es einen nach eigenem Rezept aus Roter Bete und Meerrettich gemixten Smoothie.
Zu offiziellen Anlässen werden im Kreml gewöhnlich sieben Gänge gereicht. Hier sind die Gänge eines der Festmenüs:

Fischteller „Russkaja", Variationen von Atlantiklachs, Kaviar und geräuchertem Astrachan-Stör
Gebratenes Putenfilet, gefüllt mit Gänseleberpastete
Cremesuppe aus Steinpilzen
Kurilenlachs
Kalbsfilet mit Madeirasauce
„Grüner" Salat
Plombir-Eis „Körbchen" mit Früchten

ДЕНЬ
НАРОДНОГО
ЕДИНСТВА
4 ноября 2019 г.

МЕНЮ

Салат из карельской форели
с огурцами

Пельмени свекольные с перепелкой

Щербет из антоновских яблок

Морской окунь с овощами
или
Воронежская говядина
с печеным картофелем

Имбирный мусс с пряной сливой
и мороженое из белого шоколада

Шардоне,
Усадьба Дивноморское, Россия, 2016

«Западный Склон»,
Усадьба Дивноморское, Россия, 2015

Oder nehmen wird das Festmahl am 4. November 2019. Am 4. November wird seit 2005 der russische „Tag der Einheit" gefeiert, der den zu Sowjetzeiten wichtigsten Feiertag, den „Tag der Oktoberrevolution", ersetzt. Präsident Putin ließ seinen Gästen im Kreml ein Fünf-Gänge-Menue servieren. Auf Salat aus Karelischer Forelle mit Gurken folgten Rote-Beete-Pelmeni mit Wachteln und ein Sorbet aus Antonow-Äpfeln, dann durfte man wählen zwischen Meeresbarsch mit Gemüsen oder Woronescher Rind mit gebackenen Kartoffeln, und abgeschlossen wurde das Festessen mit einem Dessert: eine Ingwer-Mousse mit pikanter Sahne an Eis aus Weißer Schokolade. An Weinen wurden ein weißer Chardonnay und ein roter „Sapadnyj Slon" der Weinkellerei „Usadba Diwnomorskoje" im Krasnodarsker Krai gereicht.

Für ausländische Gäste wurde im Kreml häufig Kürbisstrudel mit getrockneten Pflaumen und gefüllten Kolorak-Hühnerbällchen zubereitet.

Kürbisstrudel mit getrockneten Pflaumen

Zutaten:

400 Gramm Kürbis • 1 Ei • 20 Gramm Mehl
50 Milliliter Sahne mit 35 Prozent Fettgehalt • 20 Gramm Butter
20 Gramm Smetana • 100 Gramm Trockenpflaumen • 40 Milliliter Maisöl
15 Gramm Zucker • 2 Gramm Salz • 20 Gramm Käse

Zubereitung:

Den frischen Kürbis schälen und fein reiben. Eigelb, Sahne, Mehl, Salz und Zucker hinzugeben, alles sorgfältig verrühren. Das Eiweiß schlagen. Zu der Masse geben und gut unterheben. Diese in eine heiße, mit Öl bestrichene Pfanne geben, dabei den gesamten Pfannenboden gleichmäßig ausstreichen. In den Ofen stellen und bei einer Temperatur von 180 Grad Celsius backen.

Die Trockenpflaumen klein schneiden und mit Butter in einer Pfanne etwas erwärmen. Die Trockenpflaumen gleichmäßig auf dem etwas abgekühlten Kürbisboden verteilen. Den Kürbisboden zu einem Strudel zusammenrollen. Auf ein Backblech legen, mit Smetana bestreichen, mit Käse bestreuen und so lange backen, bis die Oberfläche goldbraun ist.

Gefülltes Hühnerbällchen Kolorak

Zutaten:

600 Gramm Hühnchenfleisch • 1 Ei

30 Gramm Butter • 30 Milliliter Sahne mit 30 Prozent Fettgehalt

50 Milliliter Milch • etwas Dill • 200 Milliliter Hühnerbouillon

Zubereitung:

Das Hühnchenfleisch waschen, das Fleisch von den Knochen trennen und im Fleischwolf sehr fein zerkleinern, am besten mit dem Pastetenaufsatz. Milch, Sahne und Gewürze zum Hackfleisch geben und die Mischung aufschlagen. Das Ei hart kochen, abschrecken, schälen, längs halbieren, das Eigelb herauslösen. Den Dill waschen, trocknen, sehr fein hacken. Mit dem zerdrückten Eigelb verrühren und die Masse in die Eihälften füllen und aufeinanderlegen. Nun aus der Hackfleischmasse einen Fladen formen. Das Ei in die Mitte legen. Die Ränder des Fladens sorgfältig zusammenpressen. Den rohen Hackfleischball nun vorsichtig in heiße Bouillon geben und so lange kochen, bis er gar ist. In der abgeseihten Bouillon servieren.

Es gibt im Kreml auch ein eigenes Sprichwort: „Vorsicht bei Menschen, die weder essen noch bewirten können." Ein guter Rat.

Wir werden uns abwechslungsreich, ausgewogen und schmackhaft ernähren! Und möge die köstliche Adelsküche uns und unseren Gästen vergnügliche und genüssliche Momente schenken. Essen und trinken hält Leib und Seele zusammen.

Exkurs: Kulinarische Geographie und der Tisch als Kunstwerk

Exkurs: Kulinarische Geographie und der Tisch als Kunstwerk

Im gastronomischen Universum der russischen Aristokratie war die Qualität der Lebensmittel besonders wichtig. Die Gourmets wussten, in welchem Land die besten Lebensmittel einer bestimmten Art zum gegebenen Zeitpunkt erhältlich waren. Russland selbst wurde immer mit dem weltbesten Wodka und Kaviar assoziiert. Was den Beginn des 21. Jahrhunderts angeht, so wissen die Gastronomen, dass die besten Fleischwaren (Wurst, Schinken, Räucherwaren) in Italien und Frankreich hergestellt werden. Das beste Lammfleisch kommt aus Neuseeland und Australien. Das amerikanische „marmorierte" Rindfleisch hat auf der Welt nichts seinesgleichen. Die Kühe werden mit Bier getränkt und bekommen spezielle Massagen, man spricht ruhig und liebevoll mit ihnen. Trüffel, Tomaten und Olivenöl – das ist Italien. Käse und Wein, da denken wir an Frankreich.

Wenn Sie „mit den russischen Zaren speisen möchten", so müssen Sie höchste Ansprüche an die Qualität der Ausgangsstoffe stellen.

Hier möchte ich die Situation mit den Heringen noch einmal gesondert kommentieren. Es herrscht die Ansicht, dass die moderne Technologie der Heringskonservierung von dem holländischen Seemann Willem Beuckelszoon (auch Willem Beuckel, Willem Beuckelsz), erfunden wurde (im Volksmund Bejkel), der vor 600 Jahren lebte. Ihm zu Ehren heißt der beste geräucherte Hering bis heute in allen westeuropäischen Ländern „Beuckling" (Bückling).

In Holland wie auch in den meisten skandinavischen Ländern wird der zart gesalzene Hering vortrefflich zubereitet, doch zu Zarenzeiten bevorzugte man in Russland den norwegischen Hering. Das ist nicht verwunderlich, denn bis heute zeichnet sich der norwegische Hering durch seinen besonderen Fettgehalt und seine Größe aus. Im alten Petersburger „Almanach des Gastronomen" aus dem Jahre 1840 sind die Lieferungen an den Zarenhof beschrieben: „Holländische Heringe werden im Mai aus Rotterdam geliefert; die norwegischen Heringe werden im Mai aus Bergen und Stavanger geliefert, jedoch in großen Mengen."

Einen besonderen Platz in der russischen Adelsküche nahm der Käse ein. In Russland galt Käse wie auch in Frankreich als Dessert. Beginnen wir mit dem Parmesan, der zu Zarenzeiten „Parmasan" genannt wurde. Bei Puschkin lesen wir in einem Brief an Sobolewski aus dem Jahre 1826:

„Bei Galliani und Kollioni
Bestellst du dir in Twer
Mit Parmasan die Makkaroni
Und ein Spiegelei vorher."

Das Haus des Fürsten Wladimir Odojewski in Sankt-Petersburg vereinte in der Mitte des 19. Jahrhunderts die Merkmale eines glanzvollen literarischen und musikalischen Salons der höheren Kreise. Hier wurde das Lieblingsgericht des Komponisten Verdi serviert. Und das war Spargel mit Parmesan.

Parmesan ist vermutlich der berühmteste italienische Käse und hat die Form eines großen Zylinders. Das Gewicht eines Laibs beträgt 18 bis 25 Kilogramm und die Kruste ist sieben Millimeter dick. Diese Käse werden in den Regionen Parma und Emilia Romagna erzeugt, die sich im Jahr 1934 unter dem Namen Parmigiano Reggiano zusammengeschlossen haben. Käse, die in anderen Regionen Norditaliens hergestellt werden, heißen Grana Padano, was in der Übersetzung bedeutet „Granulierter Käse aus den Tälern der Po-Region", und Grana Trentino. Auf den Zarentisch kamen die Käse aus Parmigiano Reggiano, bei denen auch heute noch streng auf die Herkunft geachtet wird. Interessant ist die Tatsache, dass 100 Gramm Parmesan in 45 Minuten verdaut werden, während der Magen für die gleiche Menge Fleisch vier Stunden benötigt.

Mit besonderem Stolz erwähnen die italienischen Käser der Slow Food Assoziation den Käse Montebore aus Kuh- und Schafsmilch. Er hat die ungewöhnliche Form einer Pyramide. Sein Rezept galt als verloren und wurde erst vor kurzem rekonstruiert. Glaubt man der Legende, so wurde der Käse speziell zur Hochzeit von Isabella von Aragón mit dem Herzog Gian Galeazzo Sforza im Jahre 1489 in Mailand kreiert, bei den Festlichkeiten soll Leonardo da Vinci persönlich Zeremonienmeister gewesen sen. Den russischen Aristokraten hätte das sicher gefallen, jedoch war der Käse zu ihrer Zeit bereits aus dem Gebrauch gekommen.

Als ich untersuchte, welche Käsesorten Russland konkret einführte, kam folgende kleine Liste zusammen: Aus Frankreich mit seinen etwa 400 Käsesorten wurden 250 Sorten nach Russland geliefert. Sie klassifizierten sich in fünf Arten: fromage à pâte dure (Hartkäse), fromage à pâte demi-dure (Halbweichkäse), fromage à pâte molle (Weichkäse), fromage à pâte persillee (Käse mit Adern oder Blauschimmelkäse) und fromage de chèvre (aus Ziegenmilch). Besonders beliebt waren Brie aus der Champagne, sahniger Brillat-Savarin, roter Corbier und weicher, nicht gepresster Brin d'Amour aus Korsika, dessen Name wortwörtlich bedeutet „ein bisschen Liebe". Dieser Rohmilchkäse aus Schafsmilch ist von einem Mantel aus Bohnenkraut, Rosmarin und Wacholder umhüllt. Er zählt zu den handwerklich hergestellten Käsen (fromage artisanal), was bedeutet, dass er stets nur in sehr kleinen Mengen verfügbar ist.

Die russischen Aristokraten liebten auch andere Käsesorten. Aus Spanien kam der Lieblingskäse des Don Quichotte de la Mancha, der Manchego, sowie der Idiazábal mit dem Aroma von Mandeln und Kräutern aus dem Baskenland und aus der Milch der Latxa- und Carranzana-Schafe, die so besonders waren, dass das Anrecht, sie zu hüten, nur 116 Menschen auf der Welt besaßen, die ganz besondere Befähigungen nachweisen mussten.

Die alkoholischen Getränke mussten ebenfalls von höchster Qualität sein. Wie Fürst Wladimir Odojewski in seinem Buch „Die Küche" schrieb: „Berauschende Getränke von guter Qualität begünstigen solche Tugenden wie Aufrichtigkeit, Wohlgesonnenheit und Großmut."

Wer ein „Essen mit dem Zaren" vorbereiten möchte, darf auf keinen Fall vergessen, dass die russischen Aristokraten eine ästhetische Beziehung zum Essen hatten. Der Tisch war eine Leinwand, auf der ein Gemälde entstand. Leerflächen und Gegenstände waren ein wichtiger Teil der Komposition. Einen gedeckten Tisch hätte man mit einem Rahmen versehen, vertikal aufstellen und bewundern können, wie ein Gemälde in einem Kunstmuseum. Die körperliche Sättigung sollte stets von einer ästhetischen Sättigung begleitet werden. Der Gourmet hatte ein vielschichtiges Erlebnis. Man genießt etwas Schmackhaftes, Leichtes, Schönes, sitzt dabei auf der Terrasse einer alten Villa mit Aussicht auf den Park und einen verträumten Teich ... Die Gerichte waren ebenso poetisch wie malerisch, da die Kochkunst im zaristischen Russland ein ebenso wichtiges Gebiet war wie die Poesie oder die Malerei.

Der Name des Mannes, der an den Wurzeln der Koch- und Servierkunst steht, ist François Vatel. Ich meine dabei nicht die Zubereitung einer Mahlzeit, sondern die Gestaltung und Darreichung eines Gerichts. Eine Speise zu dekorieren ist eine wahre Kunst. Und zur Zarenzeit beherrschte man diese Kunst großartig! Doch der erste, der sich ernsthaft mit der Anordnung und der Reihenfolge der Bewirtung, wie sie auch heute noch der Gastronomie zugrunde liegen, beschäftigte, war eben jener François Vatel, der sich im 16. Jahrhundert in seinen Degen stürzte, weil ihm schien, es sei nicht genügend Fisch für ein Bankett des französischen Königs vorrätig. Vatel lehrte, dass der Tisch malerisch sein müsse, dass die Farben nicht ineinander verlaufen dürfen und dass, wie er betonte, „nicht zwei Gerichte nebeneinander stehen dürfen, die aus dem gleichen Fleisch zubereitet sind, das heißt, aus weißem, grünem, rotem und schwarzem Fleisch". Während wir uns allein bei dem Gedanken an „grünes Fleisch" schütteln, begeben wir uns zur Servierkunst „nach Vatel". Ihr rechtwinkliges Prinzip und die zugrunde liegende Symmetrie hat bis heute nichts an Bedeutung verloren. Vatel erfand zudem 28 Arten, Servietten zu falten. Zu Zarenzeiten wurde in Russland ei-

ne Falttechnik bevorzugt, die bis heute erhalten ist, „bastoné-frisé", das heißt, mit Falten und Streifen.
Interessant ist zudem, dass das Auftragen der Speisen nacheinander (service à la russe) nach einem musikalischen Prinzip funktioniert, während beim gleichzeitigen Auftragen aller Speisen (service à la française) das malerische Prinzip gilt. Bei einem russischen Festessen wird dieses Prinzip verwendet, auch wenn es als das französisches Prinzip gilt.
Ein genialer „Dekorateur" des Tisches war Marie-Antoine Carême, der größte Koch aller Zeiten. Er wurde mit Raffael verglichen, und niemand zweifelte daran, dass dieser Vergleich gerechtfertigt war. Für ihn war die Schönheit des Tisches alles. Die Speisen sollten das Auge erfreuen. Aber nicht zu lange, denn die heißen Speisen könnten dabei kalt werden. Ein schöner, malerischer Tisch ist die einzige künstlerische Form, bei der ihre höchste Anerkennung gleichzeitig ihre Vernichtung ist. Und das muss mit Freude und Appetit geschehen. Essen ist das einzige Kunstwerk, dessen Wert umso höher steigt, je schneller man es aufessen möchte. Versuchen Sie einmal, den Festtisch ohne Sorgfalt irgendwie einzudecken, und Sie merken, wie die Magie des Festes verschwindet. Ein geplantes Festmahl verwandelt sich in ein gewöhnliches Mittagessen, und ein Glas Champagner wird einfach ein Glas Champagner.
Der französische Schriftsteller und Philosoph Michel de Montaigne, der in der Epoche der Renaissance lebte, hörte eines Tages erstaunt und verblüfft die Ausführungen seines Gesprächspartners, der „eine ganze Rede über die Wissenschaft der Befriedigung der Speiseröhre hielt, mit einem Pathos und einer Wichtigkeit, als wolle er mir eine wesentliche theologische These auseinandersetzen ... Es ging darum, auf welche Art die Schüsseln dekoriert und aufgetragen werden sollen, damit sie auch dem Auge angenehm seien".
Mit der Auffassung von Essen, die der Realist de Montaigne vertritt, sind wir heute täglich konfrontiert. Für viele Menschen bedeutet gutes Essen, sich ei-

nen Hamburger zu bestellen, ein sehr gutes Essen, das bedeutet zwei Hamburger und ein ausgezeichnetes Essen, das sind drei Hamburger ...
Bereits im 20. Jahrhundert häuften sich die Stimmen, die die ästhetische Verarmung des Alltags bedauerten. Je höher der Standard für Bequemlichkeit stieg, umso eintöniger wurde das Leben. Der russische Philosoph Konstantin Leontjew (1831 bis 1891) war einer der ersten, der das Phänomen des „mittelmäßigen Menschen" beobachtete. Er bedauerte die Mittelmäßigkeit, weil alle mittelmäßigen Menschen einander gleichen wie ein Hamburger dem anderen. Es tröstete ihn nicht, dass dank der Mittelmäßigkeit der allgemeine Lebensstandard stieg. Er verachtete die „Gier nach Gleichheit", die die Welt gepackt hielt, weil der Preis des Komforts eine künstlerische Taubheit und Leere im Alltag waren. Konstantin Leontjew hätte die Idee einer Wiedergeburt der Zarenküche sicher unterstützt. Einer Küche, wo das Rationale und das Unvernünftige, das Logische und das Verrückte, das Minimalistische und der Überfluss einander begegnen, ohne ihre Position aufzugeben, und kulinarische Meisterwerke entstehen lassen.

Tabelle der alten Maße und Gewichte

Eimer = 12 Liter
Stof (zwei Wasserflaschen, 10 tscharok) = 1,23 Liter
Flasche = 0,6 Liter
Pud (40 Pfund) = 16,4 Kilogramm
Pfund (32 Lot, 96 Solotnik) = 410 Gramm
Lot = 13 Gramm
Solotnik = 4 Gramm
Gran (für trockene Produkte, die sich schütten lassen) 1/4 Eimer, 12 Gläser = 3,3 Liter
1 Pfund – 400 Gramm
1 Gran – 1/4 Eimer
1 Zuber – 2 Eimer
1 Glas – 200 Gramm
1 Solotnik – 4,2 Gramm
1 Stof – 6 Gläser
1 Lot – 12,8 Gramm
1 Pfund Getreidemehl – 3 Gläser
1 Pfund Buchweizenmehl – 2 1/2 Gläser
1 Pfund zerlassener Butter – 1 1/4 Glas
1 Pfund Gerstenkorn – 2 1/3 Gläser
1 Pfund Buchweizen – 2,1 Gläser
1 Pfund Grieß – 2 1/4 Gläser
1 Pfund Reis – 2 Gläser
1 Pfund Weizen – 2,2 Gläser
1 Pfund Graupen – 2 1/4 Gläser
1 Pfund Haferkorn – 2 1/4 Gläser
1 Pfund Mandeln, Rosinen – 3 Gläser
1 Pfund Puderzucker – 2 Gläser

Alte Tabelle zum Mengenvergleich

(Lebensmittel im Trockenzustand)

8 Pfund = 16 Gläser = 4 Quarten = 1 Gran
2 Pfund = 4 Gläser = 1 Quarta = 1/4 Gran
1 Pfund = 2 Gläser = 16 Esslöffel
1/2 Pfund = 1 Glas = 8 Esslöffel
1/4 Pfund = 1/2 Glas = 4 Esslöffel = 8 Lot
1/8 Pfund = 1/4 Glas = 2 Esslöffel = 4 Lot
1/16 Pfund = 1/8 Glas = 1 Esslöffel = 2 Lot

Alte Maße und Gewichte aus russischen Kochbüchern

1 Pfund Getreidemehl = 3 Gläser
1 Löffel Getreidemehl = 1/3 Glas
1 Pfund Kartoffelstärke = 2 1/2 Gläser
1 Pfund Buchweizenmehl = 2 1/2 Gläser
1 Löffel Butter = 1/8 Pfund
1 Pfund Öl = 8 Esslöffel
1 Pfund zerlassener Butter = 1 3/4 Glas
1 Pfund Gerstenkorn = 2 1/3 Gläser
1 Pfund Grieß = 2 1/4 Gläser
1 Pfund Reis = 2 Gläser
1 Pfund Weizen = 2 1/8 Gläser
1 Pfund Graupen = 2 1/4 Gläser
1 Pfund Buchweizenkörner, klein = 2 1/4 Gläser
1 Pfund Buchweizenkörner, groß = 2 1/2 Gläser
1 Pfund Hafer = 2 3/4 Gläser
1 Pfund weiße getrocknete Erbsen = 2 1/8 Gläser
1 Pfund grüne getrocknete Erbsen = 2 2/3 Gläser
1 Pfund Mandeln, Rosinen = 3 Gläser
1 Pfund Puderzucker = 2 Gläser
1 Pfund Zucker = 2 1/4 Gläser
1 Pfund gemahlener Kaffee = 5 Gläser
1 Pfund Kaffee = 2 1/2 Gläser
1 Pfund gebrochene Nudeln = 4 1/2 Gläser
1 Pfund Smetana = 1 2/3 Gläser
1 Pfund Weißbrot = 2 1/4 Baguettes
1 Pfund Trockenpflaumen = 2 1/2 Gläser
1 Pfund Erdbeeren, Kirschen o.ä. = 3 Gläser
2 kleine Muskatnüsse = 1 Solotnik

2 Teelöffel Zimt = 1 Solotnik
70 Nelken oder 2 Teelöffel = 1 Solotnik
1/2 Eimer Mehl, das heißt 1 Gran = 5 Pfund
1 Pfund Konfitüre = 1 1/4 Glas
12 Eigelb = 1 Glas
6 Eier = 1 Glas
4 dicke Blätter Gelatine = 2 Solotnik
1 Pfund dünne Gelatine = 170 Blätter
1 Arschin = 711 Millimeter
Viertel = 178 Millimeter
Werschin = 44,45 Millimeter

Anmerkung

Anmerkung: in der Praxis, insbesondere, wenn man kleine Mengen zubereitet werden die Mengenangaben gerundet. Zum Beispiel: 1 Pfund = 400 Gramm. Außerdem werden Mengen häufig in Löffeln angegeben, entweder Tee- oder Esslöffel. Auch ein Glas wird oft als Maß benutzt: ein übliches Haushaltsglas mit einem Volumen von 200 Milliliter Flüssigkeit. Das Maß der Flasche entspricht der modernen Flasche mit einem Volumen von 0,5 Liter plus 1/2 Glas. Am besten ist es, eine Flasche von 0,75 Liter Fassungsvermögen zu benutzen und eine Messskala auf ihr anzubringen.

Glossar

Blanc Manger – in Deutschland als Mandelsulz bekannt, eine „weiße Speise" aus Mandelmilch, Zucker und Gelantine
Blini – eine Art Eierkuchen oder Plinse. Blini werden aus Hefeteig unter Verwendung eines Minimums an Mehl und ohne Zucker zubereitet. Sie werden sehr dünn ausgebacken und können süß oder herzhaft bestrichen beziehungsweise gefüllt werden
Blintschiki – kleine Blini, in der Regel wird der Teig ohne Hefezugabe zubereitet
Borschtsch – eine Suppe, die in Ost- und Mittelosteuropa bekannt ist und teils als Haupt-, teils als Zwischengang serviert wird. Unbedingte Bestandteile sind Fleisch, Rote Bete und Weißkohl. Die Suppe wird lange bei schwacher Hitze gekocht, mit Smetana verfeinert und mit frischen Kräutern wie Dill, Petersilie, Knoblauchblättern bestreut
Consommé – eine klare Bouillon auf Fleisch-, Fisch- oder Gemüsebasis oder auf kombinierter Fleisch- und Fisch-, Fleisch- und Gemüse- oder Fisch- und Gemüsegrundlage. Sie muss lange köcheln und wird mit Eiweiß geklärt
Englischer Essig – in Großbritannien gibt es traditionell drei Essigsorten: Apfelessig, Malzessig und Sherry-Essig
Foie gras – bedeutet „fette Leber" (deutsch: Stopfleber), die durch Überfütterung von Enten und Gänsen gewonnen wird. In Frankreich wurde die foie gras zum nationalen und gastronomischen Kulturerbe erklärt und ist von französischen Tierschutzgesetzen ausgenommen
Jerez – auf der Krim laufen Sherryweine unter der Bezeichnung Jerez. Tatsächlich ist Jerez ein geschützter Begriff für die Sherryweine unweit der spanischen Stadt Jerez
Kalatsch – Hefegebäck in Kranzform, das warm gegessen wird
Kalja – eine russische Suppe, die ein wenig in Vergessenheit geraten ist. Die Hauptzutaten sind Fisch (oft mit Zusatz von Kaviar) oder Fleisch und Salzgurken- oder Sauerkrautlake, manchmal auch eine Mischung aus Lake und Kwas. Der Name des Gerichtes ist seit dem 18. Jahrhundert bekannt, in Russland gibt es das Gericht bereits seit dem 16. Jahrhundert

Kapaun – ein im Alter von 12 Wochen kastrierter und gemästeter Hahn. In Deutschland wird er auch Kapphahn genannt. Sein Fleisch ist besonders zart und saftig

Kascha – Brei oder Grütze, wird aus fast allen Getreide- und Körnersorten – Hafer, Gerste, Buchweizen, Dinkel, Reis, Grieß usw. – zubereitet. Kascha wird pur mit Butter gegessen, süß oder herzhaft angereichert, aber auch als Füllung für Blini, Fleisch- und Fischgerichte verwendet

Kulebjaka – eine große Hefeteigpastete, meist herzhaft mit Fisch oder Fleisch gefüllt, Kulebjaka ist seit dem 17. Jahrhundert für die russische Küche nachgewiesen

Kwas – ein seit dem 10. Jahrhundert in Russland bekanntes gegorenes Getränk, wird aus Brot oder Malz und Sauerteig hergestellt. In Deutschland ist Kwas auch als Brottrunk bekannt

Maiones – ein gefüllter Fisch oder ein gefülltes Stück Wild oder Fleisch, das mit Gelee überzogen und mit Mousse und Aspik und anderen Beilagen serviert wird

Papirossa – eine Zigarette mit langem Pappmundstück, nur der kürzere Teil des Röhrchens ist mit starkem, kurzfaserigem Presstabak (Machorka) gefüllt. Vor dem Rauchen knickt man das Röhrchen zweimal ein, so dass eine Luftkammer entsteht, die den Tabakrauch abkühlt

Pastila – eine in Russland seit dem 14. Jahrhundert bekannte Süßigkeit aus getrocknetem Früchtepüree

Pickles – eingelegte Gemüse, darunter Gurken, Tomaten, Paprika, Pilze, Zwiebeln

Piroggen – herzhaft oder süß gefüllte Teigtaschen aus Hefe-, Blätter- oder Mürbeteig. Wird als Vorspeise, Beilage, Hauptgericht gereicht

Poularde – besonders gemästetes Huhn, das bei Schlachtung mindestens 120 Tage alt ist

Rasstegai – eine Art mit Fisch oder Fleisch gefüllte, längliche, oben offene Pirogge

Sakuski – kalte, heute oft auch warme kleine Vorspeisen, darunter Salate, Sülzen, Kaviar, Wurst, Käse. Sakuski sind seit dem 10. Jahrhundert in der russischen Küche nachgewiesen

Samowar – Teemaschine, Wasserkocher, seit dem 18. Jahrhundert in Russland weit verbreitet

Schichtsahne – ein Milchprodukt. Die Milch wird mehrere Stunden erhitzt und die obere Rahmschicht immer wieder abgeschöpft

Smetana – eine Art Schmand oder Creme fraiche

Solonina – gepökelter Schinken, auch Salzstück genannt

Spanische Sauce – eine der fünf Grundsaucen der französischen Küche

Schtschi – ein typisches Gericht der russischen Küche mit langer Garzeit bei geringer Hitze. Es gibt drei Varianten dieser Suppe: Schtschi mit frischem Kohl, Schtschi mit Sauerkraut und vegetarische Schtschi

Ucha – klare russische Fischsuppe, die seit dem 10. Jahrhundert in Russland bekannt ist

Vol-au-vents – hohe, runde Blätterteigpasteten, die zumeist mit Fleisch- oder Fischragout gefüllt werden

Werst – altes russisches Längenmaß, 1 Werst = 1066,8 Meter

Vorspeisen

Salate

Suppen

Fleischgerichte

Geflügelgerichte

Wildgerichte

Fisch- und Meeresfrüchtegerichte

Beilagen

Saucen

Kascha

Herzhafte Backwaren

Süße Backwaren

Süßspeisen

Eingemachtes

Getränke

Weiteres